“十二五”国家重点出版物出版规划项目
国家自然科学基金资助出版
铁路科技图书出版基金资助出版

列车运行控制方法与技术丛书

列车运行控制系统多分辨率建模与仿真方法

蔡伯根　上官伟　王　剑　著

中国铁道出版社有限公司

2019年·北　京

内 容 简 介

本书为《列车运行控制方法与技术丛书》之一。本书为进一步推动我国新一代高速铁路列控系统的研究与开发，针对建立高可信度的系统仿真模型，从系统的总体方案验证、系统集成联调联试、系统评估优化等方面，详细阐述了列控系统多分辨率建模与仿真方法，并给出了列控系统多分辨率仿真平台实现与应用案例。

本书可作为高等院校轨道交通信号与控制、自动化等专业学生的教学用书，也可作为在职专业人员的继续教育教材或相关工程技术人员的参考、培训教材。

图书在版编目(CIP)数据

列车运行控制系统多分辨率建模与仿真方法/蔡伯根，上官伟，王剑著．—北京：中国铁道出版社有限公司，2019.12
(列车运行控制方法与技术丛书)
ISBN 978-7-113-25419-3

Ⅰ.①列… Ⅱ.①蔡…②上…③王… Ⅲ.①列车-运行-控制系统-系统建模②列车-运行-控制系统-系统仿真 Ⅳ.①U284.48

中国版本图书馆 CIP 数据核字(2019)第 006438 号

书　　名： 列车运行控制方法与技术丛书
列车运行控制系统多分辨率建模与仿真方法
作　　者： 蔡伯根　上官伟　王　剑

策　　划： 崔忠文　徐　清
责任编辑： 徐　清　　**编辑部电话：** 010-51873147　　**电子信箱：** dianwu@vip.sina.com
封面设计： 崔　欣
责任校对： 苗　丹
责任印制： 高春晓

出版发行： 中国铁道出版社有限公司(100054，北京市西城区右安门西街 8 号)
网　　址： http://www.tdpress.com
印　　刷： 中国铁道出版社印刷厂
版　　次： 2019 年 12 月第 1 版　2019 年 12 月第 1 次印刷
开　　本： 787 mm×1 092 mm　1/16　印张：12.25　字数：294 千
书　　号： ISBN 978-7-113-25419-3
定　　价： 68.00 元

《列车运行控制方法与技术丛书》编审委员会

崔忠文　中国铁道出版社

黄卫中　中国铁路通信信号股份有限公司

程荫杭　北京交通大学

董海荣　北京交通大学

蔡伯根　北京交通大学

序

截至2019年年底，我国高速铁路运营里程将达到3.5万公里，成为世界高速铁路运营里程最多的国家。高速铁路把环渤海经济圈、中原城市群、关中城市群、武汉城市圈、长株潭城市群、长三角经济圈、珠三角经济圈等经济区紧密联系在一起，大幅缩短城市间的时空距离，有效减低出行时间成本，对促进区域经济协调发展发挥巨大作用。我国在39个城市开通运营城市轨道交通，总通车里程达5 800多公里，北京、上海的城市轨道交通日运量已达1 100万人以上。高速铁路、城市轨道交通已成为我国公共交通骨干，在国民经济、社会发展中发挥着重要作用。

铁道信号系统是用于控制和防护列车运行的一类特殊设备，旨在保证轨道交通安全、高效运行。计算机、通信及控制等现代信息技术的应用，使铁道信号技术向系统化、网络化、智能化发展，构成了无缝覆盖铁路车、线、站，实时控制列车运行全过程的复杂自动控制系统——列车运行控制系统。伴随着高速铁路、城市轨道交通发展起来的列车运行控制技术和装备，是保证列车安全、高效运行的核心，是高速铁路、城市轨道交通技术先进性的体现。

过去十年，伴随着高速铁路和城市轨道交通的发展，国家高度重视列车运行控制技术和装备的发展，先后在北京交通大学建立了轨道交通控制与安全国家重点实验室、轨道交通运行控制工程研究中心及北京实验室等国家和省部级研究平台，设立了一系列国家自然基金、863计划、国家科技支撑计划及省部级研究项目，围绕高速铁路、轨道交通迫切需要的列车运行控制技术和装备，开展相关的应用基础、前沿技术和装备研究。经过潜心研究、努力攻关和拼搏实践，我国已攻克了列车运行控制核心技术，掌握了列车运行控制原理和方法，形成了需求提取、系统集成和联调联试、运用维护等涵盖列车运行控制系统全寿命周期的方法和技术，取得了一系列重大成果，使我国列车运行控制装备技术水平居世界前列。在借鉴欧洲列车控制系统(ETCS)技术规范基础上，我国提出了中国列车运行控制系统(CTCS)技术体系，制订了CTCS技术规范和标准。在引进国外核心技术基础上，自主研发了CTCS-2级列车运行控制系统和基于GSM-R的CTCS-3级列车运行控制系统的成套技术装备，实现了互联互通，保证了列车在高速铁路网中长距离、跨线安全、高效运行。经过多年努力，在攻克核心技术基础上，我国自主研制了适于城市轨道交通的基于通信的列车控制(CBTC)系统。2010年底,北京亦庄线CBTC示范工程顺利开通运营,使我国成为第四个掌握CBTC技术的国家,解决了多年困扰城市轨道交通发展的技术难题。2010年至今,带动CBTC信号系统每公里造价下降达30%以上,降低了城市轨道交通全寿命周期成本,有效支撑了城市轨道交通快速发展和安全运营。

《列车运行控制方法与技术丛书》在系统总结近年来我国列车运行控制核心技术攻关、关键装备研制、工程建造与运用维护等方面所取得的丰富成果基础上,全面介绍了列车运行控制系统的基本原理和关键技术,系统设计、测试验证、安全保证及运营维护等方法。本丛书由轨道交通控制与安全国家重点实验室、轨道交通运行控制国家工程研究中心组织编写,荣幸地入选"十二五"国家重点出版物出版规划项目,并得到铁路科技图书出版基金、轨道交通控制与安全国家重点实验室的支持与资助。

《列车运行控制方法与技术丛书》对于列车运行控制系统领域具有较高的学术价值和实用意义,可为从事列车运行控制的科学研究、关键技术装备研发和运营维护人员提供参考。

编审委员会

2019年3月

前　言

现代铁路系统具有运能大、能耗低、污染小、安全舒适等优势，是最具可持续性和环境友好性的交通运输系统，在我国综合交通体系中具有不可替代的突出地位。20 世纪 50 年代以来，运营速度 200 km/h 以上的高速铁路建设在日本、法国、德国等世界上多个国家取得了成功，快捷、方便、舒适的高速铁路不仅推动了国家社会经济的发展，而且丰富了铁路的内涵。进入 21 世纪，相较公路、航空、水运等交通方式，高速铁路因具有输送能力大、速度快、安全性高、正点率高、占用土地资源少、能耗低、环境污染小、全天候运行的特点，综合比较具有较大优势，在交通运输体系中扮演的角色日益突出，成为世界铁路发展的潮流，也是展现国家综合实力和发展水平的象征。

列车运行控制系统是高速铁路的重要组成部分之一，其主要任务是控制列车运行的间隔和速度，保证高速列车安全、高效地运行。我国依托武广和郑西等高速铁路建设项目，开展了高速铁路列控系统的创新研发工作，相继颁发了 CTCS-3 级列控系统总体技术方案、应答器应用原则、列控系统测试案例、列控系统评估办法等一系列标准规范，实现了 RBC 和车载等关键设备的国产化，创建了具有自主知识产权的高速铁路列控系统技术标准体系。在列控系统的研究过程中，设计、开发、测试、评价、人员培训等过程均要求相关实验的支持，列控系统中各个设备的更新、完善也需要经历不断地确认与评估的过程。然而，由于铁路运输系统的特殊性，针对列控系统的某些测试验证工作往往具有危险性或不可再现性，因而无法或者难以在现场进行；有些工作即使可以在现场进行，但时间、人力、物力花费巨大。因此，为了进一步推动我国新一代高速铁路列控系统的研究与开发，实现系统的总体方案验证、系统集成联调联试、系统评估优化工作，迫切需要建立高可信度的系统仿真模型为列控系统从选型设计、方案评价、产品测试、系统升级等系统全生命周期过程进行服务。

为了满足国民经济、交通运输基础建设和科学研究对列车运行控制仿真系统开发的旺盛需求，同时为了深入研究列车运行控制仿真技术理论，帮助广大读者学习和掌握列车运行控制系统仿真理论及方法，作者基于多分辨率建模的思想撰写了《列车运行控制系统多分辨率建模与仿真方法》，希望该书能成为广大读者的良师益友，为进一步推动我国列车运行控制系统仿真基础理论的发展做出应有的贡献。

全书共六章。

第一章绪论，概述列车运行控制系统建模、仿真的基本概念方法，分析列控系统建模仿真需求及其特征，并对其技术应用及发展趋势进行介绍。从系统建模与仿真的基本概念出发，对基于 HLA 的多分辨率建模方法在列控系统中应用进行分析。

第二章列控系统多分辨率模型体系，介绍列控系统多分辨率模型的基本概念，对列控系统仿真的多分辨率特性进行详细介绍，同时给出列控系统多分辨率模型域的数学描述方法。

第三章列控系统多分辨率实体聚合解聚方法，基于多分辨率实体聚合解聚的基本思想，结合列控系统仿真的实际需要，分别介绍列控系统多分辨率实体的静态、动态聚合解聚方法。

第四章列控系统多分辨率模型输出信息一致性维护，主要阐述列控系统多分辨率模型输出一致性维护的基本概念及方法，针对列控系统中控车过程的实际特征，详细介绍列控系统不同分辨率控车信息及列车运行状态信息的一致性维护方法，对列控系统多分辨率模型的输出信息映射项权重评价方法进行说明，并给出列控系统多分辨率模型一致性维护的仿真实现过程。

第五章基于 HLA 的列控系统多分辨率模型实体仿真实现，详细分析列控系统典型子系统仿真功能需求，介绍基于 HLA 的列控系统多分辨率仿真架构设计方法，阐述列控系统关键子系统的多分辨率模型与多分辨率实体动态聚合解聚的实现过程，同时介绍列控系统多分辨率仿真实体互操作性以及故障注入仿真的实现方法。

第六章列控系统多分辨率仿真平台实现与应用案例，概述列控系统仿真可信性的基本概念，并结合列控系统仿真实际开发过程，介绍列控系统全生命周期可行性框架的设计与实现方法。同时介绍 CTCS-3 级列控系统半实物仿真支撑平台的实现过程，在此基础上详细介绍列控系统控车模型多分辨率的仿真实现过程，并针对列控系统多分辨率仿真需要，举例说明列控系统多分辨率模型注入事件的仿真实现过程。

本书由蔡伯根、上官伟、王剑著。

参加撰写人员有：蔡伯根（第一章、第二章），上官伟（第四章、第五章），王剑（第三章），荀晨曦（第六章）。参与本书撰写的还有严细辉、刘江、柴琳果、盛昭、陈斌、张瑞芬、孙婧、刘振国等，袁亚辉、宋鸿宇、刘俊囡、孟月月、张永光等参与了本书的校对工作，在此谨向他们表示衷心的感谢。对所有在本书的写作和出版过程中给予热情帮助和支持的朋友们表示感谢。

本专著由国家自然科学基金重大项目“高速列车信息控制系统可靠性实时评估理论与方法(项目编号:61490705)”资助。

由于作者水平有限，书中难免有不当之处，敬请各位同仁和读者不吝赐教。

作　者

2019年3月

于北京交通大学

目　录

第一章 绪 论

随着列车运行控制系统(简称列控系统)的不断发展,列控系统仿真理论与方法已经成为轨道交通系统中的一个重要研究领域。本章概述了列控系统建模、仿真(Modeling and Simulation,M&S)的基本概念方法,分析了列控系统M&S需求及其特征,并对其技术应用及发展进行介绍。其中,基于高层体系架构(HLA)的多分辨率建模方法能够根据需求给出对模型的不同角度、不同层次的解释,因此利用多分辨率建模方法,可以构建满足宏观及微观需求的列车运行控制系统仿真模型。

第一节 列控系统建模、仿真概述

为了解系统建模、仿真的本质与内涵,首先需要明确"系统"的概念。自然界和人类社会中,凡具有特定功能、按照某些规律结合起来相互关联、相互制约、相互作用、相互依存的事物总体,均可称之为系统。系统有三个要素,即实体、属性、活动。实体确定系统的构成,也就确定了系统的边界;属性也称为描述变量,描述每一实体的特征;活动定义系统内部实体之间的相互作用,反映了系统内部发生变化的过程。

系统仿真(System Simulation)是建立在控制理论、相似理论、信息处理技术和计算机技术等理论基础之上的,以计算机和其他专用物理效应设备为工具,根据系统分析的目的,在分析系统各要素性质及其相互关系的基础上,建立能描述系统结构或行为过程的、具有一定逻辑关系或数量关系的仿真模型并进行试验,同时借助专家经验知识、统计数据等资料对试验结果进行分析研究,以获得正确决策或系统性能评估所需的各种信息。为了实现仿真,首先要采用某种方法对真实系统进行抽象,得到系统模型,其过程称为系统建模。经过抽象所得到的系统模型,并不是真实系统的完全复现,而是根据研究的需要从某些方面对系统进行简化提炼的结果。这样,使得该模型既可代表真实系统的基本特征,又能使仿真工作简化和得以实现。系统建模和仿真的基本关系如图1-1所示。

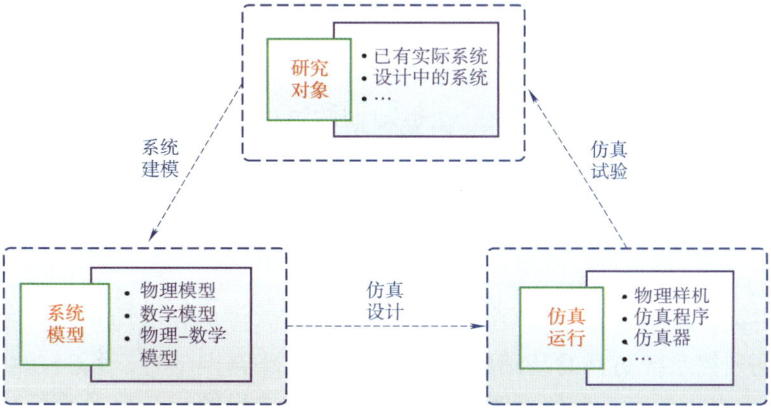

图1-1 系统建模与仿真的基本关系

通过建模，使得实际系统的某些特征在模型中得到保持，即建立被研究系统与模型间的同态关系。特征的保持可以是输入/输出关系的保持，或是系统状态的保持，或是系统内部结构的保持，其中，较高层次的同态包含了较低层次的同态。

在高速铁路领域，随着我国列控系统发展步伐日益加快，迫切需要对具有更高效、更稳定的、适用于高速铁路运输的列控系统展开进一步的研究与开发，这些新系统的设计、研究、开发、试验、评价、培训等过程均要求系统的支持，系统中各个功能模块的研究、完善也需要建立相应的模型并进行进一步地确认与评估。然而，由于铁路运输系统的特殊性，针对列控系统这样一个复杂系统的某些测试验证工作往往具有危险性或不可再现性，因而无法或者难以在铁路现场进行；有些工作即使在现场可以进行，但工程花费巨大，不能重复进行。综上所述，为进一步推动我国列控系统的研究与开发，迫切需要采用先进的高可信度的仿真技术来为列控系统从选型设计、方案评价、产品的测试、系统的优化等系统的全生命周期进行服务，铁路相关决策、设计、应用部门也在不同的场合提出了对列车运行控制仿真系统进行系统的研究和开发的迫切需求。

列控系统仿真即通过模型实现列车运行控制过程的模仿，并对其进行规划、设计与运行管理的一种活动。列控系统仿真可以动态地、逼真地模仿列车运行控制过程中的各种场景，复现列车运行控制过程的时空变化态势，并通过仿真过程中产生的数据及其分析结果实现对现行运行系统的性能评价，同时也能对新建系统的性能进行预测，辅助完成相关决策方案的评价及优化。与一般复杂仿真系统的开发类似，列控系统建模与仿真遵循以下几个基本步骤：

步骤 1　列控系统仿真问题描述与定义

列控系统仿真面向实际、具体的问题。在开发仿真系统前，要在详细调查、分析的基础上，明确列控仿真系统所要解决的问题及实现的功能目标，同时确定描述这些目标的相关参数或变量，制定相应的评价准则，完成列控系统仿真需求分析。

步骤 2　建立列控系统仿真模型

模型（model）是对实际或设计中系统的某种形式的抽象、简化与描述，通过模型可以分析系统的结构、状态、动态行为和能力。建立准确的列控系统仿真模型是开展列车运行控制过程仿真模型试验的前提条件，因此需要对列控系统及其各子系统的功能进行深入的分析与研究，在此基础上采用适当的建模方法建立相应的仿真模型，并对所建立的列控系统仿真模型进行论证及确认，确保模型的准确性。此外，仿真模型的建立通常与所选用的仿真语言密切相关，本书采用 C＋＋作为列控系统仿真实现语言。

步骤 3　列控系统仿真模型实现

在建立并确认列控系统仿真模型后，需要根据所采用的仿真编程语言编制所建模型的仿真实现程序。为了使仿真运行能够准确反映列控系统仿真模型的运行特征，必须使仿真实现程序与相应仿真模型在内部逻辑关系及数学关系方面保持高度的一致性，以确保仿真程序的运行结果能够精确地反映列控系统仿真模型应具备的性能。

步骤 4　仿真支撑数据准备

为便于进行列控系统仿真，需要在仿真运行开始前完成仿真支撑数据的准备工作。仿真支撑数据是实现列控系统仿真的基础数据，主要包括铁路路网信息、设备控制信息、列车运行动力学信息等，利用仿真支撑数据可实现列控系统仿真过程的初始化及系统内部变量间关系定义，为列控系统仿真运行提供必要的数据支持。

步骤 5　列控系统仿真测试方案设计

在列控仿真系统正式运行前还需要建立相应的仿真试验框架，即确定仿真测试试验方案。列控系统仿真测试方案的确定与多种因素有关，如仿真建模的目的、仿真性能及仿真结果处理需求等。本书中采用测试序列的方式描述列控系统仿真测试过程，通过编制相应的测试序列实现预期设定的仿真目标，完成针对具体问题的仿真测试与分析。

步骤 6　列控系统模型仿真运行

列控系统仿真模型经过确认和验证后，即可利用计算机在所指定的仿真测试方案指导下进行相应的仿真运行。根据仿真目标系统的特点，系统模型可采用不同的仿真运行机制及工具，鉴于列控系统的高度复杂性，本书采用基于分布式仿真体系框架下的高层体系结构(High Level Architecture，HLA)/运行时支撑环境(Run-Time Infrastructure，RTI)实现列控系统模型的仿真运行。

步骤 7　仿真结果输出与分析

根据所编制的测试序列完成相应的仿真运行任务后，即可对仿真过程中生成的数据进行分析，验证仿真结果是否满足预期设想，并进一步做出相应的决策或评估。

以上所述的列控系统仿真基本步骤全过程是一个辩证、迭代的过程，其逻辑顺序关系如图 1-2 所示。

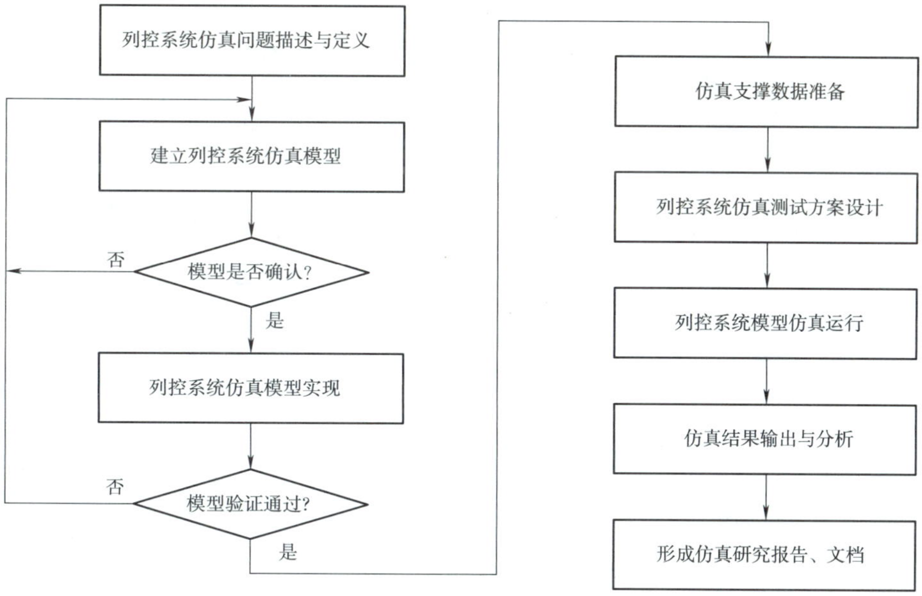

图 1-2　列控系统仿真内容与基本步骤

第二节　列控系统建模、仿真需求及其特征

需求分析是一个项目的开端，也是项目实施最重要的关键点。需求分析应尽量提供系统实现功能需求的全部信息，需求分析内容应正确、完整、一致和可验证。基于需求分析的基本理论，本节从列控仿真系统总体目标出发，以 CTCS-3 级列控系统为例，分析列控系统建模、仿真基本功能需求，为列控仿真系统的相关设计与实现提供规范性指导。

一、列控仿真系统总体目标

如图 1-3 所示，以 CTCS-3 级列控系统为例，所构建的列控系统仿真测试平台是一个基于计算机专用局域网络和 GSM-R 网络（GSM-R 网络设备不含在本系统），集仿真、测试和研发功能为一体的半实物仿真平台。各主要仿真实体之间相互独立，预留真实设备接口，便于用真实设备直接取代仿真设备。

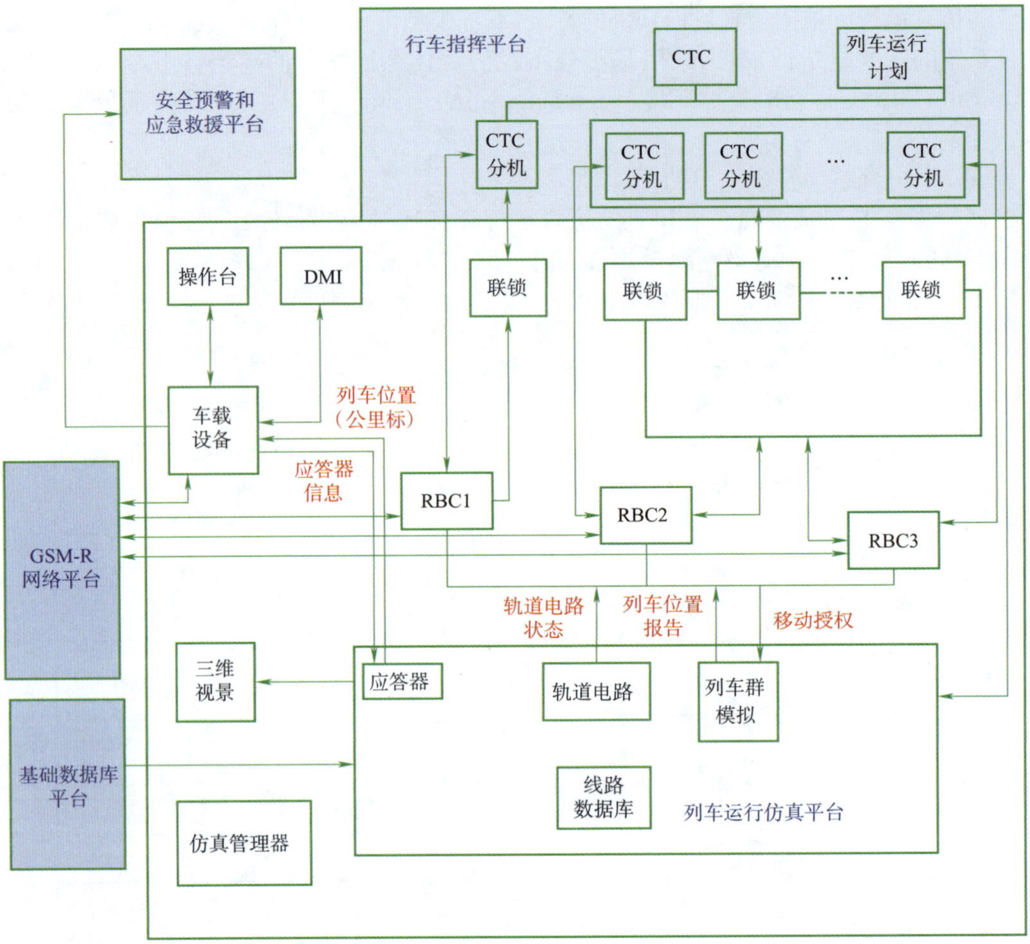

图 1-3　CTCS-3 级列控系统仿真平台

1. 列控系统仿真平台的组成部分

CTCS-3 级列控系统仿真平台主要包括如下三部分：

（1）列控运行仿真平台：仿真 CTCS-3 级列控系统的工作原理，实现车载设备的基本功能，地面设备（含 RBC，计算机联锁，应答器等）的基本功能，仿真各主要实体（包括计算机联锁，RBC，车载设备，CTC 等）之间的信息流程。

（2）测试平台：为关键设备的测试提供环境，包括车载设备（含安全计算机，DMI，BTM，RTM，司法记录器等）和地面设备（含 RBC，查询应答器）。

(3)评估平台:评估系统的整体性能及各关键设备的性能。

2. 列控系统仿真平台的总体目标

结合实际应用需要,本书构建的列控系统仿真平台的总体目标表述为:

(1)可视化展示

采用图形化方式,直观方便的展示系统功能和运行机制;采用二维图形、表格等方式显示仿真过程中实时传输数据;利用记录下的仿真数据回放、演示仿真过程。

(2)部件设备测试

对各列控子系统或部件(主要包括车载子系统、CTC 和应答器)进行可嵌入式仿真设计和实现;支持列控系统各子系统的半实物仿真与功能测试;实现关键部件之间的互联互通测试与验证。

(3)不同分辨率下的列控系统运行场景验证

构建列控系统多分辨率仿真模型,在仿真平台上运行模型设计方案,对于方案进行测试评估;基于仿真平台,对于高速铁路在特殊环境下的运营效能进行测试评估。

(4)数据处理和异常分析

对于高速铁路数据进行离线或在线处理,还原列控系统真实的运行状态;对高速铁路列车运行中出现的异常情况进行分析,查找原因。

二、列控系统建模、仿真基本功能需求

根据建模对象的不同,可以将已有的列控系统模型分为控制器模型、列车运行模型和系统规范模型。控制器模型是对列控系统各个关键设备的属性及其相互关系的客观描述,在建模过程中确定了各个关键设备的属性、状态,以及它们之间的关联机制,通过建立控制器的仿真模型,可以仿真验证一些新的控制方案及算法的有效性,因此,对于控制器的仿真一般以功能实现为目的。列车运行模型是用仿真的方法获取列车运行过程信息,针对轨道交通流建立宏观、微观的模型,以便于研究列车及列车群的运行特性。系统规范模型是用逻辑推论的方法,对于列控系统规范进行建模,以验证系统规范逻辑的正确性,目的是找出系统规范设计中的逻辑缺陷,以保证列控系统安全运行。

根据建模的需求不同,也可以将列控系统模型分为功能模型和分析模型。功能模型是对列控系统的内部逻辑通过构建数学模型并仿真实现,使得构造出来的模型可以模拟实际系统的输入输出功能,甚至具有与实际系统相一致的接口和界面。分析模型是通过构建模型以表现系统的结构和静、动态特性,支持优化计算和决策分析,为系统测试、验证提供依据。

为了构建一个符合 CTCS-3 级规范的、兼容的、互联互通的列控系统,为 CTCS 以后更高级别的系统提供先进的技术途径和管理运作方式,为未来轨道交通管理的其他领域的协调发展提供前提条件,列控仿真系统应具备以下基本功能:

1. 原理演示

仿真平台的主要功能是仿真 CTCS 的工作原理,支持 CTCS-3 级的仿真及 CTCS-2 级和 CTCS-3 级之间的互联互通的仿真。

仿真的内容主要包括:车载设备的主要功能;地面设备(含 RBC,列控中心,计算机联锁,CTC 车站分机,应答器,轨道电路等)的主要功能;各主要实体之间的信息流程(包括:计算机

联锁，列控中心，RBC，车载设备，CTC 车站分机，地面应答器和车载查询器等之间的信息交互过程）。

2. 关键设备测试评估

为关键设备或关键部件的研发测试和评估测试提供环境，如车载设备（含安全计算机，DMI，BTM，RTM，JRU 等），RBC 等，实现功能测试、安全性测试和互联互通测试等。能根据被测设备的特点，对仿真测试平台的资源进行动态配置，快速搭建相应的测试环境，通过自动选择和执行测试案例，自动统计测试结果，实现对相关设备和部件的自动测试。

3. 系统实际方案的验证与评估

通过对仿真系统的资源进行配置，对一条实际线路的 CTCS 系统的各种设计方案进行验证和比选。

4. 仿真平台可重用性及普遍性

列控仿真系统及其相关组成部件应具有良好的重用能力，实现仿真模块及仿真算法的继承，利用原有算法实现具体功能，同时可在原有算法的基础上对所研究新算法进行改进，扩充原有功能；仿真平台应具备便捷、迅速的成员、功能以及接口扩展能力，能够提供便捷的组件（联邦成员）添加功能。

5. 培训和示范工具

用于 CTCS 各级列控系统相关内容的培训，使受训人员熟悉 CTCS 的工作原理和各种设备的工作机理，通过设置各种仿真案例，提高操作人员处理各种现场复杂异常情况的能力。另外，该平台还可以作为对受训人员进行考核的工具。

6. 研发平台

以该平台为基础，对各种控制算法进行验证。

第三节　列控系统建模、仿真技术应用及发展

目前，列控系统已从调度、联锁、闭塞等设备的简单组合，逐渐向集调度指挥、运行控制及自动驾驶为一体、功能完善、层次分明的综合自动化系统方向发展，呈现出系统化、网络化、智能化及通信信号一体化的特点。一些学者考虑从模型抽象的角度研究列控系统建模问题，对适用于不同运输能力线路的系统级别（对应的不同的车载设备和地面设备配置）、面向不同的仿真模型用户（如行车计划编制人员、列车运行调度人员、司机等）、针对不同的仿真建模目的（如功能测试、互联互通测试、控制算法优化、安全评估、运营评估、人员培训等）、描述不同的仿真模型运行场景（如多车协同运行场景、设备故障测试场景、列车等级切换场景等）以及应用于系统生命周期的不同阶段（系统设计、规范制订、设备子系统测试、互联互通测试、试验、方案验证等），恰当地选取合适的建模方法和仿真手段，建立多样化、不同详细程度、不同侧重点的仿真模型（如列车、线路、车载设备、地面设备、车地信息交互过程等）。

一、列控系统建模技术应用

列控系统包含了多个不同类型的子系统，各子系统的仿真模型具有不同特性，为了实现不同的仿真目的，需采用合理的建模方法建立实际列控系统设备的仿真系统模型。

目前，国内外对列控系统建模理论的研究主要从基于面向对象思想、基于形式化建模及验证、基于 UML(Unified Modeling Language，统一建模语言)描述、基于智能控制算法、基于多分辨率建模等几个方向展开。

巴西 São Paulo University 的学者 F. M. Rachel 和 P. S. Cugnasca 采用面向对象的方法建立了列车自动驾驶(Automatic Train Operation，ATO)的仿真模型并与传统的基于事件的仿真软件开发方法进行比较。荷兰学者 Basten 等基于高级 Petri 网对联锁系统进行仿真和分析；丹麦学者 Jansen 等用着色 Petri 网建立了 ETCS(European Train Control System，欧洲列车控制系统)的层次化模型，并用 CPN/tools 工具进行仿真；法国国家运输安全研究院 Lahlou 等采用着色 Petri 网对 ERTMS(European Railway Transportation Management System，欧洲铁路运输管理系统)的几条运营规则进行形式化建模和仿真，以便对规则的安全性进行分析；德国学者 Meyer 等采用着色 Petri 网对德国铁路的列车控制系统的建模，用了 168 个层次性网络，2 583 个网络元素建立一个由车载、RBC 和环境三部分组成的系统模型；德国学者 Einer 等采用着色 Petri 网建立了铁路平交道口的控制模型；德国学者 Decknatel 等采用混合(连续和离散)高级着色 Petri 网来建立列控系统的模型，并采用标准的 Petri 网工具来对混合模型进行仿真分析，用于比较固定闭塞和移动闭塞条件下列控系统的性能。

北京交通大学的卢衍丹等人提出采用面向对象的概念对列控系统进行仿真评估，初步构建了铁路信号仿真系统各实体对应的组件库，凭借面向对象技术的可复用性、可扩展性和高开发效率，使得降低仿真系统的开发周期和费用成为可能。清华大学的 YAN Xiang 等提出一种基于组件—端口(Component-Port)概念的高速铁路信号设备建模方法并应用于 CTCS-3 级列控系统的 HIL(Hardware-In-the-Loop，硬件在环)仿真平台构建过程中，结果表明，采用这种方法构建的仿真组件可以聚合为大规模 HIL 仿真系统，提高开发效率、缩短系统开发周期。

北京交通大学的高霖采用层次时间有色 Petri 网的形式化建模方法对 CBTC 区域控制中心列车管理过程构建了顶层、数据信息交互层和 MA(Movement Authority，移动授权)计算层的三层模型，通过基于状态空间的分析方法验证了模型的合理性与数据传输的正确性，为区域控制中心系统的软件实现提供了理论依据。北京交通大学的李雁对 CTCS-3 级列控系统车地通信协议的一致性测试进行了研究，借助测试描述语言 TTCN-3 (the Testing and Test Control Notation version 3)，采用测试工具 Ttworkbencn 搭建了测试系统，通过分析测试结果，对测试过程中的异常进行分析并给出解决方法。中国铁道科学研究院的王振一等人应用 Petri 网理论对轨道区段和列车的运行进行建模，为行车指挥提供一个系统模拟和仿真的框架；同济大学的吴芳美等人利用有色 Petri 网的特点结合一些铁路信号设备的变化规律给出相应的有色 Petri 网描述；中国铁道科学研究院的杨扬用 Petri 网对联锁系统中的核心部分——联锁机中的联锁软件进行形式化定义和分析；同济大学杨晋辉使用 UML 采用 Petri 网对联锁软件与安全性相关的动态行为进行形式化描述；北京交通大学吴东勇、张勇等基于着色 Petri 网建立 CTCS-3 系统的层次化模型，并建立车载系统和 RBC 系统的基本功能模型，对几种无线工作方式进行建模和仿真。

北京交通大学何文锋采用 UML 对 CTCS-3 级列控系统车载子系统进行建模分析，从系统需求、静态结构和动态行为三个方面描述系统主要特征，在此基础上阐述车载子系统测试案例和测试序列的设计方法。北京交通大学黄友能、唐涛基于分层建模的思想，利用 UML 建立城轨列车运行控制仿真系统的分层模型，对北京地铁一号线列控系统进行了仿真，结果表明，仿真系统分层模型符合实际列控系统原理，为进一步开发、测试实际列控系统提供了依据。北京交通大学王悉、唐涛探索了一种基于 Rational 统一过程的仿真软件开发方法，并将其应用于城轨列车运行控制仿真系统的开发过程中，借助 RUP 和 UML，对仿真系统的建模和软件开发过程进行了规范化描述，达到提高仿真软件正确性和可维护性的目标。北京交通大学王艳、蔡伯根采用 UML 和 CPN 对列控系统进行描述，既利用了 UML 的可视化建模特点，又具备 Petri Net 建模理论的严格数学分析、验证能力，研究了从 UML 动态模型到 CPN 模型的转换规则和实现方法，并用于 CTCS-3 级列控系统建模中，设计了 CTCS-3 级列控系统车载和 RBC 的通信顺序图和状态图，并应用转换规则将这两种动态图转换为 CPN 模型，通过 CPN Tools 对模型的有界性、死锁等进行分析，验证模型的正确性，为列控系统的建模理论和方法提供了新的思路。

西南交通大学朱小鸥、冯晓云提出一种基于预测控制的车载 ATP 控制算法，并开发了一套仿真系统对算法进行分析，验证算法的可行性。北京交通大学吴海俊分析了列车制动控制中存在的模糊性问题及其产生原因，将模糊神经网络理论应用于列车制动的建模中，以货车为例进行建模和计算，并通过 Matlab/Simulink 对列车制动过程进行仿真，证明该建模方法可运用于列车制动控制的建模中，且具有运算速度快、精度高的优点。北京交通大学董海荣、宁滨等提出一种基于自调节模糊控制算法的 ATO 建模方法，构建一种列车动态新模型，该模型在动态特性上优于传统单质点模型，计算量小于传统多质点模型，Matlab 数值仿真表明，这种带自调节能力的模糊控制算法可促使 ATO 有效跟踪列车的精确速度和位置。北京交通大学闫琦、穆建成将 Agent 建模理论引入 CBTC 系统仿真中，建立了基于 Agent 的 CBTC 系统仿真框架，对实体模型和功能性模型进行具体设计并实现其基本功能，借助 Matlab 对仿真系统产生的数据进行分析，验证了基于 Agent 的 CBTC 仿真模型的安全有效性。西南交通大学陆小红、郭进对高速铁路列车自动驾驶系统进行了研究，给出列车牵引、惰行、制动三个阶段的 ATO 控制算法，利用最优控制力来控制列车运行。

北京交通大学蔡伯根、上官伟等将多分辨率建模理论引入 CTCS-3 级列控系统的建模中，构建一个典型的列控系统多分辨率模型，并在 HLA 仿真框架下实现一个由仿真运行管理器、轨旁设备和多车仿真器构成的仿真联邦，验证基于 HLA 的列控系统多分辨率建模理论及仿真方法的可行性。

此外，基于高层体系结构 HLA(High Level Architecture)和基于多智能体(Multi-Agent)理论的仿真建模技术在铁路运输领域的应用也渐渐得到了学者们的关注。德国学者 Böcker 等采用多 Agent 技术研究了列车解编优化问题。美国学者 Parkes 等建立了较宏观的基于路网的分布式调度模型，将路网分成若干个调度区域，每个调度区域作为一个调度 Agent，控制通过该区域的列车。北京交通大学李先进等将多智能体技术用于列车运行调整；北京交通大学蒋熙借鉴 HLA 的基本思想和相关的技术规范，设计了铁路编组站综合仿真系统的仿真体系结构，建立基于柔性集成框架的铁路运输仿真开放式分布仿真体系结构。北京交通大学郭建媛等借鉴 HLA 的思想，提出一种基于多 Agent 的仿真模型，对仿真环境的构成、功能及其通信方式进行研究。北京交通大学张莉艳基于专家系统技术建立了移动闭塞条件下的列车运行调整仿真系统。

二、列控系统仿真技术应用

国外在列车控制仿真系统研究领域发展得较早，并已有部分研究成果在铁路运输系统中得到了广泛应用。

1970年，英国铁路研究所设计了第一套列车运行仿真器——基于时间的通用领域的列车仿真器(General Area Time based Train Simulation, GATTS)，并在1983年投入使用后成为英国铁路集成电子控制中心的一种标准；1987年该研究所又开发了VISION(Visualization and Interactive Simulation of Infrastructure and Operations on rail Networks)系统，VISION仿真器利用了GATTS中有利于建立友好界面的建模因素，以图表形式输入，数据格式和类型能任意改变，极大地促进了各种轨道的精确建模。该系统的主要功能包括：模拟简单或复杂路网上列车、信号系统及基础设施之间的相互作用的效果；研究铁路运输系统在各种假设条件下(IF-THEN)的效果；对铁路系统不同区域的分析等。

美国卡内基大学铁路系统研究中心也致力于铁路运输中能耗管理的研究，开发了TOM仿真系统(Rail Transit Train Operation Model)。该系统采用了面向对象的思路，使功能和软件结构模块化。TOM仿真系统模型如图1-4所示。

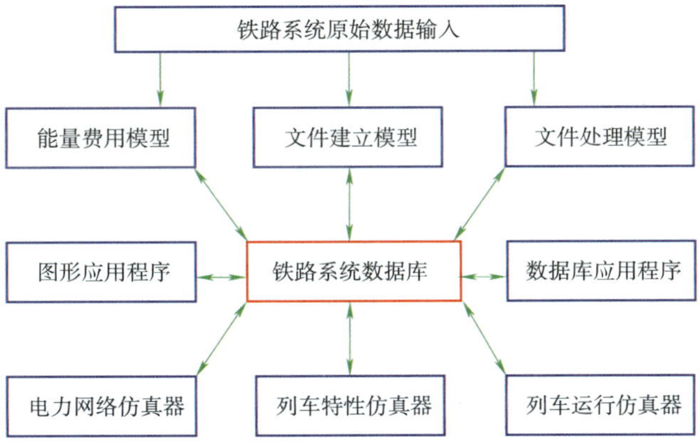

图1-4　TOM仿真系统模型

TOM包括了列车性能、电力网和列车移动的仿真。它的应用很广，包括系统性能、能耗评估、列车控制系统设计评估和安全评估。

美国SYSTRA咨询有限公司一直致力于具有友好人机界面的轻轨和大铁系统仿真器的开发研制，并于2000年底全面完成了注册为RAILSIM的铁路系统仿真软件组。RALISIM仿真软件组主要由网络仿真器(Network Simulator)、列车运行仿真系统分析和技术应用计算器(Train Performance Calculator)、信号设计器(Signal Designer)、图形编辑器(Graphical Editor)、报告生成器(Report Generator)和直流负载电流分析器(DC Load Flow Analyzer)等六部分组成。RALISIM仿真软件中考虑了系统结构因素，用户不但可以使用现有的信号系统，而且可以根据需要定制信号设备并将其应用于系统中。另外，该仿真软件可以利用局域网络组成仿真系统，大大提高了仿真能力。对于结果数据，软件可以按照线图、数据报表、文字报告、通用CAD文件格式等形式进行显示或输出，使用户非常方便地进行不同数据之间的对比。

西门子公司的 VICOS T&S 仿真系统则可用来培训驾驶员和进行仿真。该仿真系统可用于培训中心对列车进行配置，并对故障进行模拟和限速设定。此外，该系统还能给出满足运输要求渐长的解决方案和对时刻表进行测试。

日本交通控制实验室研制的 ULRAS 系统从研究新干线的交通控制系统出发，可以进行列车运行计算、列车模型对运营的影响分析、延误恢复及分析、不同通信信号制式的影响分析、多列车运行能力及效果的评价等，该模拟系统已经在日本得到广泛应用。

目前，国外比较有代表性的列控系统仿真/测试平台还包括：欧洲铁路研究中心开发的 ETCS 仿真系统，可以仿真 ETCS 等级 0、1、2 的功能。德国空间技术中心的交通运输研究所建立的仿真测试平台 RailSiTe 系统，该系统可以仿真和测试车载系统、联锁系统、轨旁系统及列车控制台等多个设备。法国 EASA 公司的车载系统、无线闭塞中心仿真测试平台及互联互通测试平台。英维斯集团下属西屋铁路系统公司和 Dimetronic 信号公司开发的 ERTMS/ETCS 仿真测试系统，可以实现 RBC、车载设备和联锁设备的一体化仿真，以及提供轨道信号的验证功能。西门子公司的 VICOS T&S 仿真系统则可用于培训驾驶员和进行仿真，该仿真系统可以在培训中心对列车基本参数进行配置，并可进行故障模拟，对限速进行设定等，此外，还能给出满足运输要求渐长的解决方案和对列车时刻表进行测试。意大利 ANSALDO 公司搭建了 ERTMS/ETCS 仿真测试环境，可以对轨旁子系统（包括 RBC、Balise、联锁等）进行功能测试和异常情况仿真。美国 GE 公司研发了 ITCS（增强型列控系统）半实物测试平台并将其用于我国青藏铁路现场列控设备的测试，该平台由实际＋仿真车载系统、实际＋仿真传输网络、实际＋仿真车站控制设备以及仿真控制中心等子系统构成，可以在实验室环境下模拟现场列控设备的运行状态，为现场设备提供测试验证平台。

国内在列控系统仿真领域起步较晚（20 世纪 80 年代），但近些年发展非常迅速，非常具有代表性的仿真系统有原上海铁道大学陈永生副教授开发的“城市轨道交通 ATS 仿真系统”、原上海铁道大学吴芳美教授开发的“车站通用信号仿真系统”和北京理工大学、上海中岳公司、中国铁路通信信号集团针对上海地铁一、二线联合开发的列车自动运行仿真系统等系统以及北京交通大学轨道交通控制与安全国家重点实验室建立的 CTCS-3 级列车运行控制仿真测试平台及基于城市轨道交通的 CBTC 仿真系统。

三、列控系统建模、仿真技术发展趋势

随着系统仿真及其相关技术的不断发展，列控系统仿真技术也必将随之不断完善和丰富。列控系统仿真技术的发展趋势体现在以下几个方面：

1. 分布式、集成化的综合仿真系统

列控系统是由若干个功能不一的子系统构成，结构相对复杂，传统的集中式仿真方法已无法适应列控系统的仿真需求，因此需要采用分布式仿真技术实现各子系统的“分离”，简化列控系统仿真建模工作；同时利用集成技术将各独立仿真子系统组合成为具有协同仿真功能的综合化列控仿真系统。

2. 多分辨率、层次化仿真机制

列车运行控制过程包含大量的信息交互场景，其中更是涉及多种不同的信息处理与计算过程，因此需要针对列控系统中信息交互的不同仿真粒度需求构建具有多种分辨率、层次化的

仿真系统,以适应不同模式、不同粒度下的信息交互仿真实现。

3. 仿真系统平台化

针对列控系统的测试、开发等目的,要求列控仿真系统能够提供建模、运算、数据处理(包括二次开发后的集成和封装)、数据传递等全部仿真工作流程要求的功能,并且通过数据流集成在列控仿真平台上。同时,在时间尺度上支持全开发流程的仿真要求,在空间尺度上支持不同开发团队甚至是交叉型组织架构间的协同工作以及数据的管理。

4. 仿真系统智能化

列控仿真系统应面向不同层次、不同领域的用户群体,因此需要引进更加友好的操作界面、智能化的求解器及模型管理,同时不断改进 GUI(Graphical User Interface,图形用户接口),以便仿真系统使用者直接体验到列控仿真系统后台工具提供的强大功能,减少系统软件学习和使用的困难,提供易学易用的强大工具。

5. 丰富的二次开发选项

提供源代码级的二次开发支持,开放的架构满足不同用户的专业开发要求。列控仿真系统应能在强大的工具平台上,根据自身需要进行二次开发,同时支持用户从源代码级别开始的创新和工程化定制,并能够通过封装集成到原有平台中。

第四节 基于 HLA 的多分辨率列控系统建模分析

随着复杂系统仿真研究的不断发展,支撑复杂系统建模与仿真的理论及方法也不断丰富,列控系统典型的建模仿真方法主要包括 UML 与 Petri 网建模方法、基于多智能体的建模方法、基于元胞自动机的列控系统建模方法和基于多分辨率的列控系统建模方法。基于 HLA (High Level Architecture)的多分辨率建模仿真方法(MRM&S)可以满足日益复杂的系统仿真需求,已成为系统建模与仿真的重要分支。

一、高层体系结构(HLA)的基本概念

分布式交互仿真技术从产生到 DIS 2. x、IEEE 1 278. x 系列和 AISP 协议的制定,进而发展到今天的 HLA,都是试图解决 M&S 领域存在的问题:绝大多数仿真器的实现较为独立,仿真器之间的互操作性和重用性差;开发、维护和使用费时而且成本高;可验证性、有效性和置信度较差。HLA 就是从体系架构上建立的这样一种框架,它能尽可能涵盖 M&S 领域中所涉及的各种不同类型的仿真系统,并利于它们之间的互操作和重用性,同时能利用不断发展的新技术,来满足复杂大系统的仿真需求。

HLA 按照面向对象的方法来构建仿真系统,它是在面向对象分析与设计的基础上划分仿真成员,构建仿真联邦的技术。HLA 仿真系统的层次结构如图 1-5 所示。

在基于 HLA 的仿真系统中,联邦(Federation)是指用于达到某一特定仿真目的的分布仿真系统,它由若干个相互作用的联邦成员(Federate)、联邦执行数据(File Execute Data,FED)文件及运行时支撑环境(Run-Time Infrastructure,RTI)软件等共同构成。所有参与联邦运行的应用程序都可以称为联邦成员,联邦成员由若干个相互作用的对象构成,对象是联邦的基本元素。HLA 定义了联邦和联邦成员构建、描述和交互的基本准则和方法,此外,联邦可以作为成员加入更大的仿真联邦。

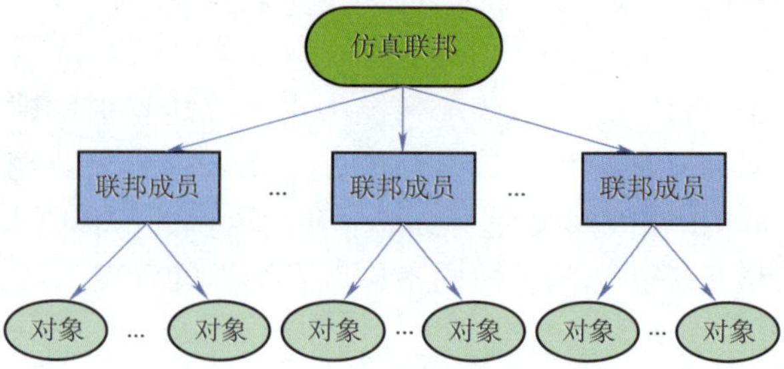

图 1-5　HLA 仿真系统的层次结构

HLA 是采用面向对象方法(Object-Oriented Analysis and Design,OOAD)在分布式仿真领域建立的标准规范,但是 HLA 中的对象模型的概念,与 OOAD 中对象模型的概念并不完全一致。在面向对象分析和设计领域,对象模型被描述为系统的抽象,设计和开发对象模型的目的是为了促进对系统的理解。为此,大多数 OOAD 方法要求从多个不同的角度为真实系统定义多个对象模型,包括对象和对象状态转移的各种静态及动态关系的完整描述。相对面向对象方法而言,HLA 的仿真对象模型(Simulation Object Model,SOM)对系统描述比较窄,它仅仅关注联邦和联邦成员进行信息交互的要求和能力。SOM 仅仅描述联邦成员的公共接口,即联邦成员中参与交互的对象类和交互类,至于联邦成员如何设计其内部功能的详细描述,应该由成员设计支持文档及其他相关的文档资料提供,而不是由 SOM 提供;而对应联邦对象模型(Federation Object Model,FOM)来说,主要目的在于描述联邦成员之间的信息交换。

在 OOAD 中,对象被定义为数据和方法的封装体;而在 HLA 中,对象由表示其特征的属性完全定义。在联邦运行过程中,通过这些属性值在联邦成员之间的传递可以实现信息的交互,联邦成员内部的数据操作方法负责对这些属性值进行更新和维护。在 HLA 中,对象间的信息交互是通过属性值的更新或彼此间发送交互变量来实现,属性值的更新可以由联邦中的所有成员来完成。但是在 OOAD 中,对象的状态以及更新对象状态的操作(方法),都是通过对象的类封装在一起的。

HLA 是分布式交互仿真的高层体系架构,不考虑如何由对象来构建成员,而是在已有成员的情况下考虑如何构建联邦。对于仿真系统的分析、对象的划分和确定、仿真应用系统的构建等底层工作,正是 OOAD 方法要解决的问题。HLA 主要考虑在联邦成员的基础上如何进行联邦集成,即如何设计联邦成员间的交互以达到仿真的目的。HLA 的基本思想就是采用面向对象的方法来设计、开发和实现仿真系统的对象类型(Object Model,OM),以获得仿真联邦高层次的互操作性。基于 HLA 的仿真系统典型逻辑结构如图 1-6 所示。

在 HLA 中,互操作定义为一个成员能向其他成员提供服务和接受其他成员的服务。由成员构建联邦的关键是要求各成员之间可以相互操作,HLA 和任务空间概念模型、数据标准一起构成了联邦成员之间互操作性的充分条件。虽然 HLA 本身并不能完全实现互操作,但它定义了实现联邦成员互操作的体系结构和机制。除了方便成员之间的互操作性外,HLA 还向联邦成员提供灵活的仿真框架。

各联邦成员和运行时支撑环境(Run-Time Infrastructure,RTI),一起构成一个开放的分

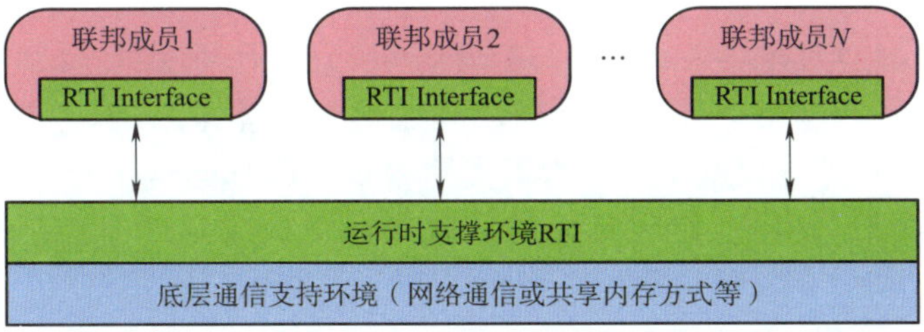

图 1-6 基于 HLA 的仿真系统典型逻辑结构

布式仿真系统，整个系统具有可扩充性。其中，联邦成员可以是真实实体仿真系统、构造或虚拟仿真系统以及一些辅助性的仿真应用，如联邦运行管理控制器、数据采集器。

HLA 是一个开放的、支持面向对象的体系结构。最显著的特点是通过提供通用的、相对独立的支撑服务程序，将应用程序层同底层支撑环境分离，即将具体的仿真功能实现、仿真运行管理和底层通信三者分开，隐蔽各自的表现细节，从而可以使各部分相对独立发展。同时，HLA 可实现应用系统的即插即用，易于新的仿真系统的集成和管理，并能根据不同的用户需求和不同的应用目的，实现联邦的快速组合和重新配置，保证联邦范围内的互操作和重用。与 DIS 不同，HLA 的联邦成员有能力确定它们会产生什么信息以及它们需要接收什么信息，数据传输服务的类型(例如可靠的或者快速的)等。正因为如此，采用 HLA 后，整个联邦范围内所发送的数据量明显减少，因而可以使一个网络上同时有更多的仿真应用，而且仿真软件也被简化。HLA 不规定对象由什么构成，也不规定对象交互的规则，考虑的重点是如何实现成员之间的互操作，即如何将已有的联邦成员集成为联邦。这是 DIS 和 HLA 的主要区别。

HLA 最先由美国军方提出，其标准为 DMSO HLA1.3。HLA 规则于 2000 年 9 月正式被 IEEE 接受成为 IEEE M&S 的标准(标准号：IEEE 1516)。参照 IEEE HLA 1516 系列标准，HLA 框架体系主要由三部分组成：HLA 规则(HLA Rules)、HLA 成员接口规范(Federate Interface Specification，FIS)和 HLA 对象模型模板(Object Model Template，OMT)。

(一)HLA 规则

现有的 HLA 规则共有 10 条，其中前 5 条规定了仿真联邦必须满足的要求，后 5 条规定了联邦成员必须满足的要求。具体规则包括：

(1)每个联邦必须有一个联邦对象模型，该联邦对象模型的格式应该与 HLA OMT 兼容。

(2)联邦中，所有与仿真有关的对象实例应该在联邦成员中描述而不是在 RTI 中。

(3)在联邦运行过程中，各成员之间的交互必须通过 RTI 来执行。

(4)在联邦运行过程中，所有联邦成员应按照 HLA 接口规范与 RTI 交互。

(5)在联邦运行过程中，在任一时刻，同一实例属性最多只能为一个联邦成员所拥有。

(6)每个联邦成员必须有一个符合 HLA OMT 规范的成员对象模型。

(7)每个联邦成员必须有能力更新/反射任何 SOM 中指定的对象类的实例属性，并能发送/接收任何 SOM 中指定的交互类的交互实例。

(8)在联邦运行过程中，每个联邦成员必须具有动态接收和转移对象属性所有权的能力。

(9)每个联邦成员应能改变其对 SOM 中规定的更新实例属性值的条件(如改变域值)。

(10)联邦成员必须管理好局部时钟，以保证与其他成员进行协同数据交换。

上述规则是 HLA 框架对仿真联邦及成员的基本约束，是基于 HLA 的仿真系统正常运行的基础。

(二)HLA 成员接口规范

HLA 是一个为仿真建模主计划提供通用集成框架的体系结构,它要求使用标准应用程序接口在联邦成员之间进行数据交互。为了支持分布式联邦运行中有效的数据交互,定义了一系列标准服务和接口。另外,对联邦成员及联邦成员的重用的支持能力也得到了进一步发展。

现有的成员接口规范共可分为如下七大类:

(1)联邦管理(图 1-7),主要描述一个联邦执行的创建/修改/销毁、成员加入/退出等过程,此外,还包括成员间的同步、联邦的保存和恢复等内容。

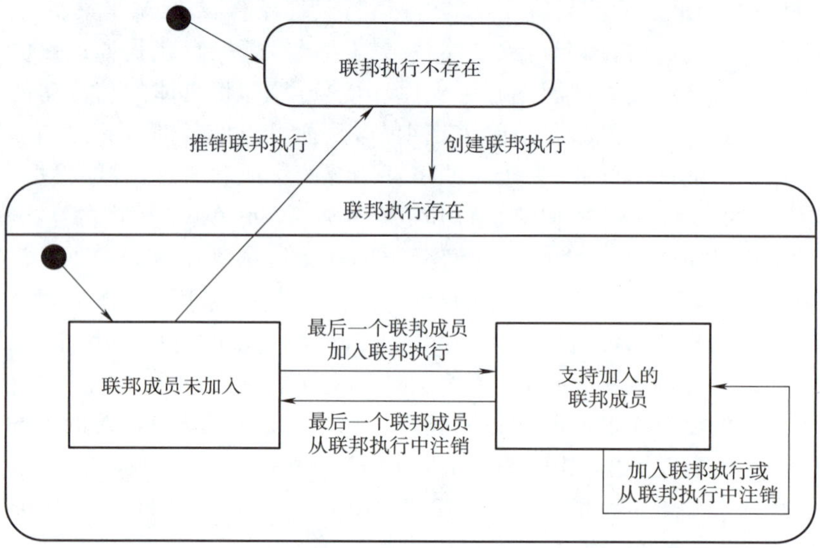

图 1-7　联邦管理

(2)声明管理,主要描述联邦成员公布/订购对象类或交互类的过程。它是 HLA 引入的、建立在类层次上的一种数据过滤机制,即数据“生产者”向 RTI 表明自己能“生产”的数据,数据“消费者”向 RTI 订购自己所需的数据,由 RTI 负责在数据的“供需”双方进行匹配,极大地减少了网络上的冗余数据。

(3)对象管理,建立在声明管理基础上,主要描述对象实例的注册/发现、属性值的更新/反射、交互实例的发送/接收以及对象实例的删除等过程。

(4)所有权管理,其基本内容是协调和管理联邦范围内实例属性所有权的转移(包括所有权转让和所有权获取两大类)。

(5)时间管理,时间是分布式仿真的核心,HLA 时间管理控制系统仿真时间的推进,主要任务是使仿真世界中事件的发生顺序与真实世界中事件的发生顺序一致,保证各成员能以同样的顺序观察到事件的产生,并能协调它们之间的活动。

(6)数据分发管理,在实例属性层次上进一步增强 HLA 数据过滤的能力,减少仿真运行过程中无用数据的传输和接收,减少网络数据量,增强构建大型仿真系统的能力,同时提高仿真效率。

(7)管理对象模型及其他辅助服务，这类服务并非 HLA 仿真系统必需使用的接口，但这些支持服务能够为仿真系统开发人员更方便地控制仿真联邦提供便利。其中管理对象模型(Management Object Model，MOM)提供在仿真运行过程中对 RTI、联邦及联邦成员进行监控和管理的接口。

这七大类接口在 IEEE 1516.1 标准文档中有详细描述。

运行时支撑环境(Run-Time Infrastructure,RTI)是指用具体的编程语言实现了 HLA 成员接口规范中定义的 API 函数集合的软件，它能为仿真应用提供通用的、相对独立的支撑服务。按照 HLA 规则的约定，联邦成员间的信息交换只能通过 HLA/RTI 提供的服务进行，因此 RTI 相当于一条软总线，可以实现各联邦成员的“即插即用”，即加入联邦的各成员只需声明自身能公布的数据和需要订购的数据，RTI 会负责将某个成员发布的数据正确地传送给订购该数据的成员。

(三)HLA 对象模型模板

HLA 采用对象模型来描述联邦及其成员，对象模型描述了联邦在运行过程中需要交互的各种数据及相关信息，HLA 规定，基于 HLA 框架的仿真系统必须使用统一的对象模型模板来规范对象模型的描述，这是 HLA 实现重用的重要机制之一。

HLA OMT 可以分为用来描述仿真联邦的 FOM 和用来描述联邦成员的成员 SOM 两类。

FOM 提供联邦成员间用公共的标准化格式进行数据交换的规范，描述仿真过程中涉及的对象类、对象类属性、交互类、交互参数的特性，它建立了一个实现联邦成员间互操作所必须的“信息模型协议”。

SOM 是单一联邦成员的对象模型，描述成员公布或订购的对象类、对象类属性、交互类、交互参数的特性，这些特性反映成员在参与联邦运行时所具备的能力。

参照 IEEE HLA 1516 系列标准，OMT 由 13 个表格组成，每个表格描述了联邦及其成员的一个方面。这些表格的作用、格式及构造方法在 IEEE 1516.2 标准文档中有详细描述。

(四)基于 HLA 的仿真开发过程模型

为有效促进基于 HLA 的仿真系统的开发和使用，IEEE 提出两个标准文档对 HLA 仿真联邦的设计、开发及 VV&A 过程进行规范，分别是：HLA 联邦开发和执行过程模型(Federation Development and Execution Process，FEDEP)和 HLA 联邦的校核、确认与验证(Verification，Validation and Accreditation，VV&A)。

按照 FEDEP 模型，基于 HLA 的仿真系统开发过程可用图 1-8 来简单描述。

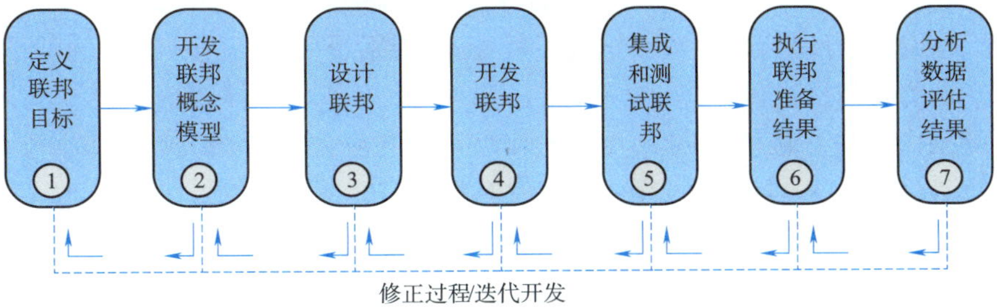

图 1-8 基于 HLA 的仿真系统开发过程

关于 FEDEP 每个步骤的主要任务及每步对应的 VV&A 过程在 IEEE 1516.3、1516.4 标准文档中有详细描述。

二、多分辨率建模基本概念与描述规范

“分辨率”在不同领域具有不同的含义，在多分辨率建模的发展过程中，众多研究学者从不同角度分别给出了分辨率的定义，其中具有代表性的有如下几种：

(1)Manfred Roza 和 Paul Van Gool 等认为分辨率是：用来描述现实世界某些方面的模型或仿真应用的详细程度或精度；

(2)John A. Hamilton 给出的分辨率定义是：仿真可以输入和输出的详细程度；

(3)美国仿真互操作标准化组织(SISO)给出了分辨率的一个被广泛认可的定义：分辨率是指在建模或仿真中，模型描述真实世界的精确度和详细程度，亦称粒度；

(4)RAND 公司的 Paul K. Davis 等人给出的定义是：在模型中系统各要素及其行为被描述的详细程度；

(5)Dennis R. Powell 等从面向对象的角度来定义模型的分辨率：分辨率是仿真中对象的表示粒度的度量。

以上定义虽然表述各异，但本质上是一致的，目前仿真领域对模型分辨率的概念基本趋于统一，即模型的分辨率是指模型所描述实体的细节层次和详细程度。

多分辨率建模的形式化描述一直是多分辨率建模领域的难点，建模与仿真领域的研究人员先后提出了几种形式化描述规范，但尚未形成系统化的理论体系。本小节对多分辨率建模的几种典型描述规范进行简要分析，并为建立列控系统多分辨率模型的数学描述奠定理论基础。

(一)DEVS 理论基础

DEVS(Discrete Event System Specification)是 Arizona 大学 B. P. Zeigler 教授提出的模型形式化描述规范，可以描述离散事件系统、连续系统和离散时间系统，也可描述离散/连续混合系统。它把每个子系统作为具有内部独立结构和输入输出接口的模块，这些模块通过连接关系组合为更大的模块，从而形成对模型层次化、模块化的描述。

DEVS 模型可以分为原子(Atomic)模型和耦合(Coupled)模型。原子模型描述了离散事件系统的自治行为，包括系统状态转变、外部输入事件响应和系统输出等；耦合模型则由若干原子模型连接而成，其内部成员可以是原子模型，也可以是耦合模型。

DEVS 用数偶(s,e)表示系统状态，其中 s 为系统状态值，e 为系统处于状态 s 的持续时间。

基本 DEVS 原子模型由一个八元组来描述：

$$M=\langle X,s_0,S,Y,ta,\delta_{int},\delta_{ext},\lambda\rangle \tag{1-1}$$

式中，X 为输入事件集合；s_0 为系统初始状态；S 为系统所有可能状态序列的集合；Y 为输出事件集合；ta 为时间推进函数，$ta:S\rightarrow R^{+}_{0,\infty}$，$ta(s)$表示无外部事件到达时系统状态 S 保持的时间；δ_{int} 为模型内部状态转移函数，$\delta_{int}:S\rightarrow S$，若无外部事件到达，系统经过时间 $ta(s)$后，从状态 S 转变到状态 $\delta_{int}(s)$，同时将 e 置 0；δ_{ext} 为外部状态转移函数，$\delta_{ext}:Q\times X\rightarrow S$，其中 Q 为系统所有可能状态的集合，$Q=\{(s,e)\mid s\in S,0\leqslant e\leqslant ta(s)\}$，若外部事件 $x\in X$ 到达时系统在状态 S 持续的时间为 e，则系统从状态 S 转变到状态 $\delta_{ext}(s,e,x)$，同时将 e 置 0；λ 为输出函数，$\lambda:S\rightarrow Y$，输出事件在系统内部状态转移时产生，且状态转移前的状态 S 用于产生输出 $\lambda(s)$；$Select$ 为选择函数，用于选择耦合模型的下一事件。

基本 DEVS 耦合模型的形式化描述为：

$$N=\langle X,Y,D,\{M_d\},\{I_d\},\{Z_{i,d}\},Select\rangle \tag{1-2}$$

式中，X 为输入事件集合；Y 为输出事件集合；D 为成员模型索引的集合；M_d 为成员模型的集合，$\{M_d \mid d\in D\}$，即对 $\forall d\in D$，M_d 是一个 DEVS 模型；I_d 为对模型 M_d 有影响的模型索引的集合，即对 $\forall d\in D\cup\{N\}$，有 $I_d\subseteq D\cup\{N\}$，$d\notin I_d$；$Z_{i,d}$ 为模型 i 的输出到模型 d 的输入转换函数，描述了耦合模型的输入输出与成员模型的连接关系，以及成员模型间输入输出的连接关系。

基本 DEVS 模型在任意时刻仅能处理一个输入事件，为满足多个输入事件的并行处理，B. P. Zeigler 提出了并行 DEVS 模型，其原子模型和耦合模型描述如下。

并行 DEVS 原子模型的形式化描述为：

$$M=<X,s_0,S,Y,ta,\delta_{int},\delta_{ext},\delta_{con},\lambda> \tag{1-3}$$

式中，δ_{con} 为并发状态转移函数；$\delta_{con}:S\times X^b\rightarrow S$，$X^b$ 为输入事件组合的集合；用于描述并发的输入事件。其余变量含义同基本 DEVS 原子模型。

并行 DEVS 耦合模型的形式化描述为：

$$N=<X,Y,D,\{M_d\},\{I_d\},\{Z_{i,d}\}> \tag{1-4}$$

与基本 DEVS 耦合模型相比，只是去掉了 *Select* 函数，其余变量含义同基本 DEVS 耦合模型。

可以证明，DEVS 模型具有耦合封闭性。所谓耦合封闭性是指一个模型描述规范的耦合模型可以转化为原子模型来描述，从而耦合模型看作为原子模型来构造更复杂的耦合模型。但是，传统的 DEVS 只适用于描述具有静态结构的系统模型，其应用范围受到限制。

（二）基于动态变结构 DEVS 的多分辨率模型描述

Barros 对基本 DEVS 进行了扩展，提出了动态变结构 DEVS(Dynamic Structure DEVS，DSDEVS)描述理论。由于多分辨率模型是在运行过程中改变分辨率，模型结构会发生改变，即多分辨率模型具有变结构性质，因此，DSDEVS 可以用来描述多分辨率建模问题。

一个动态变结构离散事件系统的基本模型是基本 DEVS 模型，其耦合模型可用如下四元组表示：

$$DSDEN_N=<X_N,Y_N,\chi,M_\chi> \tag{1-5}$$

式中，N 为系统网名称；X_N 为系统网输入集合；Y_N 为系统网输出集合；χ 为动态网执行的名称；M_χ 为动态网执行 χ 的模型。

虽然 DSDEVS 可以描述多分辨率建模问题，但在描述能力上存在一些不足，如不能对模型分辨率进行描述，不能描述同一实体不同分辨率模型的并发运行，不能处理不同分辨率模型转换时的一致性问题。

（三）多分辨率模型系统的描述规范(MRMS)

刘宝宏等针对 DSDEVS 在描述多分辨率建模问题中的不足，提出了多分辨率模型系和分辨率模式的概念，在此基础上，借鉴 DSDEVS 的思想，设计了多分辨率模型系统的描述规范 MRMS(Multi-Resolution Model System Specification)，并证明 MRMS 满足耦合封闭性。其中，多分辨率模型系是指同一实体的不同分辨率模型的集合，它可以描述不同分辨率模型间的内在联系。分辨率模式是指模型运行期间，不同实体的分辨率所构成的分辨率组合。下面对 MRMS 的基本理论进行简单介绍。

MRMS 的原子模型与基本 DEVS 原子模型相同。MRMS 耦合模型的形式化描述为：

$$MRMS=<X_S,Y_S,\kappa,\{M_k\},\chi,M_\chi> \tag{1-6}$$

式中，X_S 为系统输入；Y_S 为系统输出；κ 为实体的集合；对 $k\in\kappa$，M_k 为实体 k 的多分辨率模型系的子集，即 $M_k \subset MF_k$，MF_k 为实体 k 的多分辨率模型系，关于 M_k 的描述详见式(1-1)；χ 为模型分辨率控制器；M_χ 为控制器模型，其形式化描述为：

$$M_\chi = < X_\chi, s_{0,\chi}, S_\chi, Y_\chi, \pi, \Psi, \{M_\varphi\}, \delta_\chi, \lambda_\chi, \tau_\chi > \tag{1-7}$$

式中，X_χ 为 χ 的输入；$s_{0,\chi}$ 为 χ 的初始状态；S_χ 为 χ 的状态集合；Y_χ 为 χ 的输出；Ψ 为模型分辨率模式的集合，其定义为 $\Psi = \underset{i\in\kappa}{\times}\{2^{\gamma_i} - \varphi\}$；$\pi$ 为分辨率转换函数，它根据 χ 的输入和当前状态来转换模型的分辨率，其定义为 $\pi: X_\chi \times S_\chi \to \Psi$；$\varphi$ 为模型分辨率模式，$\varphi = \pi(x_\chi, s_\chi) \in \Psi$；$M_\varphi$ 表示当模型分辨率模式为 φ 时系统的运行结构[详细描述见式(1-2)]；δ_χ 为 χ 的状态转移函数；λ_χ 为 χ 的输出函数；τ_χ 为 χ 的时间推进函数。

在式(1-7)中，当模型分辨率模式为 φ 时，系统运行结构 M_φ 的形式化描述为：

$$M_\varphi = < D_\varphi, \{I_{\varphi,d}\}, \{C_{\varphi,d}\}, \{Z_{\varphi,d}\}, \{R_{\varphi,d}\} > \tag{1-8}$$

式中，D_φ 为系统中模块的集合；$I_{\varphi,d}$ 为对模块 d 有影响的模块的集合；$C_{\varphi,d}$ 为需要与模块 d 进行一致性维护的模块集合；$Z_{\varphi,d}$ 为模块间的内部关联；$R_{\varphi,d}$ 为不同分辨率模块间的关联函数。

在式(1-8)中，M_k 为 k 的多分辨率模型系的子集，其形式化描述为：

$$M_k = < \gamma_k, \{M_r^k\}, \{R_{i,j}^k\} > \tag{1-9}$$

式中，γ_k 为实体 k 的模型分辨率的集合，可作为模型的索引，如若 $r_k \in \gamma_k$，则 M_r^k 表示实体 k 的分辨率为 r 的模型；$\{M_r^k\}$ 为实体 k 的不同分辨率模型的集合，其元素 M_r^k 可用 DEVS 模型来描述；$\{R_{i,j}^k\}$ 用于描述实体 k 的不同分辨率模型间的联系，其定义为：$R_{i,j}: Y_R^i \to X_R^j$，其中，$i, j \in \gamma$，$X_R^j \subset X^j$，$Y_R^i \subset Y^i$，表示与模型分辨率相关的输入输出。

MRMS 将多分辨率建模问题分为模型抽象问题和聚合解聚问题两类，由于前者只需抽象出被建模系统的整体行为特征或规律，故一般使用 DEVS 原子模型描述为：

$$M_r^k = < X_r^k, Y_r^k, S_r^k, ta_r^k, \delta_r^k, \lambda_r^k > \tag{1-10}$$

对于多分辨率建模的聚合解聚问题，由于要涉及系统模型内部模块间的相互影响，故一般使用 DEVS 耦合模型描述为：

$$M_r^k = < X_r^k, Y_r^k, D_r^k, \{M_{r,d}^k\}, \{I_{r,d}^k\}, \{Z_{r,d}^k\} > \tag{1-11}$$

从式(1-6)MRMS 耦合模型的描述规范可以看出，MRMS 引入了被称为模型分辨率控制器(Resolution Controller)的特殊模块 χ 来支持多分辨率建模，χ 的状态中保存了模型的分辨率信息和分辨率控制信息。控制器模型 M_χ 的状态和系统输入 X_χ 共同控制模型分辨率的转换，任何模型的分辨率转换通过 π 映射到模型的分辨率模式中。

从上面的分析可以看到，MRMS 具备描述同一实体不同分辨率模型并发运行的能力，可以描述同一实体不同分辨率模型间的联系，可以描述模型分辨率的动态改变，这正是 MRMS 优于传统 DSDEVS 的地方。

此外，MRMS 体现了模型和控制相分离的思想，即在不同分辨率模式下，基本模型并未改变，改变的只是各模型间的连接关系。

(四)多分辨率 DEVS 描述规范

MR-DEVS 是由 Li Yuan、李伯虎等提出的一套针对多分辨率建模问题的系统形式化描述规范。MR-DEVS 具备描述由分辨率改变而引起的模型结构动态改变的能力，它可以抓住并描述多分辨率建模的所有关键特性，如可以根据模型分辨率改变自动调节模型结构，具备描述模型聚合解聚并维护其一致性的能力，可以描述模型分辨率的改变过程及引发原因。下面对 MR-DEVS 的基本概念和理论进行简单介绍。

MR-DEVS 引入了两个基本概念，其定义如下：

多分辨率实体(Multi-Resolution Entity，MRE)是指可以在不同分辨率等级上与其他对象进行交互的概念实体。

多分辨率系统(Multi-Resolution System，MRS)是指包含多种多分辨率实体的复杂系统。MRS 与普通系统的区别在于前者可以处理变分辨率问题。

MR-DEVS 原子模型是一种用来描述 MRE 的、具备自调节能力的动态变结构 DEVS，其形式化描述为：

$$MR\text{-}DEVS=\langle X_{Res},Y_{Res},R,\Psi,\varphi_0,\{m_{\varphi_0}\},\{M_r\},\{C_{i\to j}\},\{Z_\varphi\}\rangle \tag{1-12}$$

式中，X_{Res}，Y_{Res} 为分辨率改变时收发通知事件的端口，当实体分辨率改变时，它可以通过端口 Y_{Res} 发送通知事件，其他交互实体根据收到的事件改变各自的分辨率，对应地，实体也可以通过端口 X_{Res} 接收来自其他交互实体或外部环境的通知事件以改变实体当前的分辨率；

R 为实体分辨率的集合，亦可作为同一实体不同分辨率模型索引的集合；

Ψ 为交互过程中实体分辨率模式的集合，$\Psi=\{2^R-\phi\}$；

φ_0 为实体的初始分辨率模式，$\varphi_0\in\Psi$；$\{m_{\varphi_0}\}$ 为实体在分辨率 φ_0 下的模型的集合，$m_{\varphi_0}\in M_{\varphi_0}$，$M_{\varphi_0}\subset M_r$($M_r$ 的含义本节后面的部分有详细描述)；

$C_{i\to j}$ 为不同分辨率模型的一致性映射函数，当实体运行在并发模式时，不同分辨率模型间的一致性由 $C_{i\to j}$ 来保持，其定义为：$C_{i\to j}:S_{m_i}\leftrightarrow S_{m_j}$，$i,j\in R$，$i\neq j$，其中，对于 $\forall r\in R$，$m_r\in M_r$，S_{m_r} 为 m_r 所有可能状态的集合；

Z_φ 描述了同一实体在分辨率模式为 φ 时不同模块间的耦合关系，其定义为：$Z_\varphi:Y_r^i\to X_r^j$，$\varphi\in\Psi$ 且 $r\in R$。对 $\forall r\in R$，Y_r^i，X_r^j 分别为模型 m_r^i，m_r^j 的输出和输入，其中 m_r^i，$m_r^j\in M_r$，i，j 为模块的索引且 $i\neq j$。当实体运行在解聚状态时，构成实体的这些模块彼此耦合以形成实体的耦合模型，Z_φ 可以描述这些耦合关系或特征，这正是模型聚合时所需的关键要素。

式(1-12)中，M_r 为实体在分辨率 $r(r\in R)$ 下的模型的集合，对于所有的 $m_r\in M_r$，m_r 为一个变结构的 DEVS 模型，其形式化描述为：

$$m_r=\langle X_r,Y_r,s_{r,0},S_r,\delta_{int},\delta_{ext},\delta_{con},\{\rho_{r\to i}\},\lambda_\rho,\lambda,ta\rangle \tag{1-13}$$

式中，X_r，Y_r 分别为模型的输入、输出集合，负责在内部模型间发送仿真交互事件，而 MR-DEVS 原子模型中的 X_{Res}，Y_{Res} 负责在模型与外部交互对象间收发通知事件(由分辨率变化来触发)；

$s_{r,0}$ 为模型初始状态，$s_{r,0}\in S_r$；

S_r 为模型状态的集合；

δ_{int} 为内部状态迁移函数，其定义为：$\delta_{int}:S_r\to S_r$；

δ_{ext} 为外部状态迁移函数，其定义为：$\delta_{ext}:Q\times X_r^b\to S_r$，其中，$Q=\{(s,e)\mid s\in S,0\leqslant e\leqslant ta(s)\}$ 为模型所有可能状态的集合；

δ_{con} 为并发状态迁移函数，定义为：$\delta_{con}:S_r\times X_r^b\to S_r$；

$\rho_{r\to i}$ 为分辨率转换函数，用于将当前分辨率下的模型转换至更高/更低分辨率下的模型，同时保持前后两个模型集的连续性，其定义为：$\rho_{r\to i}:S_r\times X_{Res}\to M_i$，$i,r\in R$，$i\neq r$；

λ_ρ 为变分辨率事件的通知函数，定义为：$\lambda_\rho:S_r\to Y_{Res}$；

λ 为输出函数，定义为：$\lambda:S_r\to Y_r$；

ta 为时间推进函数，定义为：$ta:S_r\to R^{\geqslant 0}\cup\{\infty\}$。

MR-DEVS 耦合模型是一种用来描述 MRS 的、具备自调节能力的高阶动态 MR-DEVS（原子模型）网络，其形式化描述为：

$$MR\text{-}NDEVS = \langle X_{NRes}, Y_{NRes}, n_{init}, N \rangle \tag{1-14}$$

式中，X_{NRes}，Y_{NRes} 为分辨率改变事件的通知端口，当网络中某个实体的分辨率改变时，它可以通过端口 Y_{Res} 发送通知事件至其他交互实体，交互实体据此改变各自的分辨率。同时，网络可以从端口 Y_{Res} 获取该通知事件并将其发送到局域网内的其他相关对象或者通过端口 Y_{NRes} 发送至其他网络，相应地，网络可以从端口 X_{NRes} 接收来自其他网络的通知事件并改变网络中某些实体的分辨率；

n_{init} 为初始网络，$n_{init} \in N$；

N 为网络的最小集，其形式化描述为：

$$n = \langle X, Y, D, \{M_d\}, \{I_d\}, \{Z_{i,j}\}, \rho_N, \lambda_N \rangle \tag{1-15}$$

式中，X，Y 为网络内实体的输入、输出集合；

D 为网络内实体的集合，亦可作为网络内实体索引的集合；

M_d 为成员模型，对于所有的 $d \in D$，M_d 为实体 d 的 MR-DEVS 原子模型；

I_d 为对实体 d 有影响的实体的集合，对所有的 $d \in D$，有 $I_d \subset D \cup \{N\}$，其中 N 为网络本身的名称；

$Z_{i,j}$ 为输出输入转换函数，其定义为：$Z_{i,j}: Y_i \rightarrow X_j$，其中 $i, j \in D \cup \{N\}$，$i \neq j$；

ρ_N 为网络转换函数，其定义为：$\rho_N: S^n \times X_{NRes} \rightarrow N$，其中 $S^n = \underset{d \in D}{\times} Y_{Res}^d$ 为局域网中所有实体通知事件（由分辨率改变触发）的叉积；

λ_N 为分辨率改变事件的通知函数，其定义为：$\lambda_N: S^n \rightarrow Y_{NRes}$，当某实体改变分辨率时，它可以通过端口 Y_{NRes} 发送通知事件至其他网络的相关实体，这些实体据此改变各自的分辨率。

可以证明，MR-NDEVS 具备耦合封闭性。这意味着 MR-NDEVS 可以作为原子模型加入更大的系统模型中，从而使得 MR-DEVS 描述规范具备层次化描述能力。前面的分析还表明，MR-DEVS 可以描述系统模型中某实体的不同分辨率模型的并发运行，可以描述同一实体不同分辨率模型间的联系，可以描述模型分辨率的动态改变，可以描述不同分辨率模型并发运行的一致性维护问题等。这些优点使得 MR-DEVS 几乎抓住了多分辨率建模问题的所有关键特性，因此，该描述规范特别适用于多分辨率建模问题。

三、多分辨率建模的一致性问题

多分辨率模型间的一致性是多分辨率建模研究的重要内容。一般情况下，不同分辨率的模型关于对象、事件、仿真算法、仿真时间以及仿真环境等存在不同的假设，从而造成不同分辨率模型之间所固有的不一致性和维护不同分辨率模型之间一致性时的困难。对于多分辨率模型系中各模型之间关系的讨论必然涉及一致性的问题，一个模型系中的各个模型需要在一定程度上在某些方面保持一致性。

在多分辨率建模中，同一实体多分辨率模型间的一致性是指同一实体的不同分辨率模型在相同的实验框架下，在输入输出、行为、状态或结构等方面彼此一致的程度。

建立同一实体的不同分辨率模型时，基本假设、模型抽象方法、各模型内部算法等的不同引起了不同分辨率模型间的一致性问题。另外，由于从高分辨率模型转换到低分辨率模型过程中存在信息的损失，维护不同分辨率模型间完全的一致性从理论上讲是不可能的。可见，模型间的一致性是多分辨率建模的固有属性，不同分辨率模型间不存在完全的一致性。

从一致性的定义可知，多分辨率模型间的一致性可划分为四个层次：分析一致性、I/O一致性、状态一致性和结构一致性。其中，分析一致性和I/O一致性均属行为层次的一致性；状态一致性和结构一致性则与模型内部结构有关。四个层次的一致性之间构成包含关系，从一致性要求的严格程度来看，结构一致性>状态一致性>I/O一致性>分析一致性。对于高速铁路列控系统而言，通常侧重于研究系统的运行机理，因此一般只会涉及状态一致性的维护问题。

多分辨率模型的一致性问题通常发生在聚合、解聚或不同分辨率模型并发运行过程中。以高速铁路列控系统多分辨率模型为例，假设低分辨率模型 M^L 描述的是两列列车在下行区间中运行的跟踪模型，其中列车A为前行列车，列车B为追踪列车；高分辨率模型 M_A^H，M_B^H 描述单个列车的运行模型。再假设 M^L 中保存了列车A、B的追踪间隔，M_A^H，M_B^H 中分别包含列车A、B的当前里程。若某一时刻，仿真切换到高、低分辨率模型并发运行，则下面的情况就引发了不同分辨率模型间的一致性问题。

设 M_A^H 计算出的里程为 D_A，M_B^H 计算出的里程为 D_B，M^L 计算出的两列列车的追踪间隔为 ΔD。若 $\Delta D \ll (D_A - D_B)$ 或 $\Delta D \gg (D_A - D_B)$，以至于仿真误差超过了预期的阈值，甚至误差大到会导致错误的仿真结果（极端情形如：M^L 中保持的列车A、B的前后关系为A在B前，而从 M_A^H，M_B^H 推算出的结果可能为B在A前），这时，就出现了高低分辨率模型内部状态不一致的情况，从而需要进行一致性维护。

对不同分辨率模型间状态一致性问题的经典描述如图1-9所示。

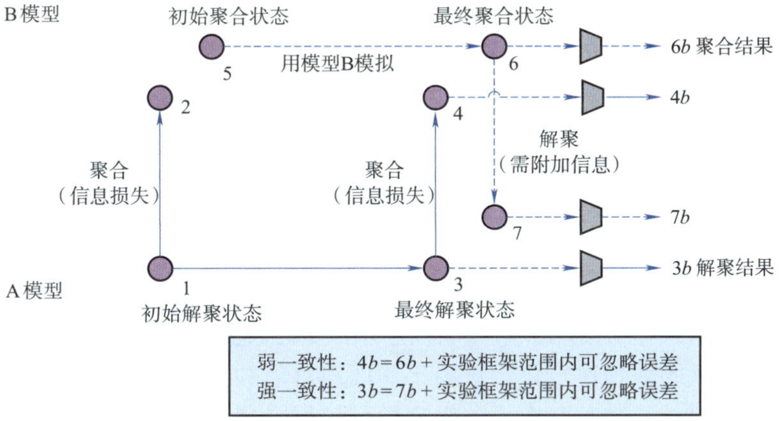

图1-9　状态一致性问题的经典描述

在图1-9中，“梯形”符号表示映射算子，它将最终状态进行映射以得到用户所关心的、需要进行一致性维护的状态集合。对于同一实体，若其低分辨率模型的运行结果中包含的状态数据由其高分辨率模型运行结果的状态聚合而成的状态数据基本吻合，即仿真误差在可容忍的范围内时，称该多分辨率模型的状态是弱一致的（如图中的4b和6b）；若其低分辨率模型的运行结果中所包含的状态数据经解聚后，与其高分辨率模型运行结果的状态数据基本吻合，则称该多分辨率模型的状态是强一致的。

若不同分辨率模型间满足状态一致性要求，则无需考虑多分辨率模型的一致性维护问题。

然而，实际系统的多分辨率模型在仿真过程中，总会存在一致性方面的问题，这些问题可能会影响仿真结果的可信度，甚至会导致错误的仿真结果，因此，必须考虑如何实现不同分辨率模型间的一致性维护。

多分辨率模型之间的一致性和模型之间的建模目标是否相同、假设是否一致，与模型中各个子模型之间的关系是否相同有关。对于这些前提都相同的不同分辨率模型，二者的一致性依赖于模型抽象是否恰当，简化是否得当。对于这些前提不相同的多分辨率模型，由于建模目的不同，所以只需要维护某些可能相互影响的因素之间的一致性。由于模型间的一致性与模型间的相关性有关，因此要区分模型的一致性和模型的有效性。同一实体的两个不同分辨率的模型之间的一致性可能几乎为零，但两个模型又都是有效的，也就是说两个模型描述的是同一事物的完全不同的方面，二者在一致性方面没有可比性。

在一般的多分辨率建模与仿真中，一致性维护工作主要是维护关键因素之间的一致性。对于列控系统仿真，主要考虑在仿真过程中对一致性的要求有多大，同时保证不出现不合理的仿真情景和仿真结果，而不是去追求完全的一致性。因此，进行一致性维护的第一步就是确定维护哪些因素在哪些时刻的一致性，维护所有因素在所有时刻的一致性没有必要，也没有意义。

四、多分辨率建模的基本方法

多分辨率建模方法是多分辨率建模研究的重点之一，目前已经提出的一些多分辨率建模的方法主要包括聚合解聚法、视点选择法(Selective Viewing，SV)、多分辨率实体法(Multi-Resolution Entities，MRE)、IHVR法(Integrated Hierarchical Variable Resolution Modeling，综合层次化可变分辨率建模)等。但目前为止，并不存在一种普遍适用的多分辨率建模方法，只能根据具体的应用领域和仿真目的，选择相对最优的建模方法。本节对几种典型的多分辨率建模方法进行分析，并讨论可能的一致性维护方案。

在讨论多分辨率建模方法之前，需要明确多分辨率建模领域的一个基本原则：一般情况下，模型间存在交互关系时，要求发生交互的实体模型具有相互匹配的分辨率，即解聚态模型不能和聚合态模型直接交互，反之亦然。

(一)聚合解聚法

聚合解聚法是多分辨率建模领域最广泛使用的方法，它符合人们认识复杂系统的思维习惯，从实际系统到模型的映射比较自然且易于用面向对象的方法实现。其主要思想是：由高分辨率模型聚合得到低分辨率模型；由低分辨率模型解聚得到高分辨率模型。一般情况下，聚合是指用一个属性取代一组属性的过程，解聚则相反。从DEVS角度看，聚合是将一个耦合模型抽象并映射为一个复杂度较低的耦合模型，且在一定的建模框架内保持行为的一致性。

聚合解聚映射函数的设计是聚合解聚法的关键，即如何将某分辨率下模型的属性(如空间位置、行为、状态等)映射到另一分辨率的模型中。设$S.x$表示实体S的属性x，聚合算子将实体$S_1,S_2,...,S_n$聚合为实体S，则从高分辨率模型到低分辨率模型的聚合映射可描述为：

$$f_A:S_1.a_1\times S_2.a_2\times...\times S_n.a_n\rightarrow S.a \tag{1-16}$$

一般情况下，聚合操作是多对一的，因此，一个聚合模型不存在唯一对应的解聚模型。同时，由于解聚模型要描述更细节层次、更详细的信息，所以，在没有其他限制条件的情况下，不存在从低分辨率模型属性到高分辨率模型属性的唯一映射，即解聚操作在没有附加信息的情况下是无法完成的。由此，对于从低分辨率到高分辨率的解聚映射问题，需假设每个解聚映射都有一个和具体模型相关的限制条件 ω 集，则解聚映射 f_D 可描述为：

$$f_D(S.a,\omega)=(S_1.a_1,S_2.a_2,...,S_n.a_n) \tag{1-17}$$

由此可知，在设计解聚操作的映射函数时，需要根据具体模型给出附加条件，才能给出唯一合理的从低分辨率到高分辨率的映射。

（二）视点选择法

视点选择法是指在仿真过程中，模型一直在最高分辨率下运行，当需要和其他低分辨率的实体交互时，它根据高分辨率模型的信息生成交互所需要的低分辨率信息来模拟实体低分辨率下的模型。显然，在任意时刻都运行最高分辨率的模型是一种极端的做法。该方法一般适用于几乎所有仿真时刻都需要最高分辨率模型，而只有少数时刻该模型和其他低分辨率模型发生交互的情况。

严格地说，视点选择法并不是多分辨率建模方法，因为实际上仿真仅仅依赖于一个最高分辨率的模型。但是该方法却反映了从不同的视角看待同一问题的思想。视点选择法类似于软件设计模式中的 MVC(Model View Controller)结构。实体的最高分辨率模型相当于 Model，根据最高分辨率模型所产生的低分辨率的临时模型相当于 View，而 Controller 则控制何时以及怎样由高分辨率的模型产生低分辨率的视图。

模型间的一致性比较容易维护是该方法的优点，其不足是：

(1)任何时候都运行高分辨率的模型对资源的要求较高；

(2)高分辨率模型复杂度较高，开发起来比较困难；

(3)高分辨率的模型可能会限制人们进行分析决策的能力；

(4)有些模型可能并不存在严格的层次关系，所以也就不存在分辨率高的模型，所以不能使用视点选择法。

（三）多分辨率实体法

多分辨率实体法是由弗吉尼亚大学的 Anand Natrajan 等人提出的一个多分辨率建模框架 UNIFY 中的核心技术。该框架关注的焦点是多分辨率模型之间的一致性问题。UNIFY 包括以下技术：多分辨率实体、属性依赖性关联图（Attribute Dependency Graphs，ADG）和交互分类方法。其中，多分辨率实体表示是其核心内容，所以该方法被称为分辨率实体法。

MRE 由同一个实体的不同分辨率的模型构成。在整个仿真运行过程中，这些不同分辨率的模型一直存在，所以需要在不同分辨率的属性之间一致地维护一个交互的效果。MRE 的一致性维护主要通过 ADG 图和与具体仿真应用相关的映射函数来实现。

ADG 建立不同分辨率的属性之间的联系，映射函数则具体描述这些联系。映射函数是任何多分辨率建模方法都要涉及的问题，通过映射函数将一个分辨率下的属性映射为另一个分辨率下相应的属性。ADG 和映射函数共同构成了一致性执行器（Consistency Enforcer，CE）来维护一个多分辨率实体内部属性之间的一致性。在 ADG 中，结点表示属性，而结点之间的弧线表示属性之间的联系。该联系的语义则通过映射函数来具体表达。

交互分类方法提供了基于交互的语义特性对交互进行分类的方法。交互协调器（Interaction Resolver）基于交互分类来解决 MRE 中相互依赖的并发交互的执行问题。MRE 通过在内部维护不同分辨率层次上属性的一致性支持多分辨率模型的并发交互。每个 MRE 负责在跨分辨率层次上保持逻辑上的一致性，当前交互的效果应该在 MRE 所有层次的属性上能一致地反映出来。多分辨率实体法原理如图 1-10 所示。

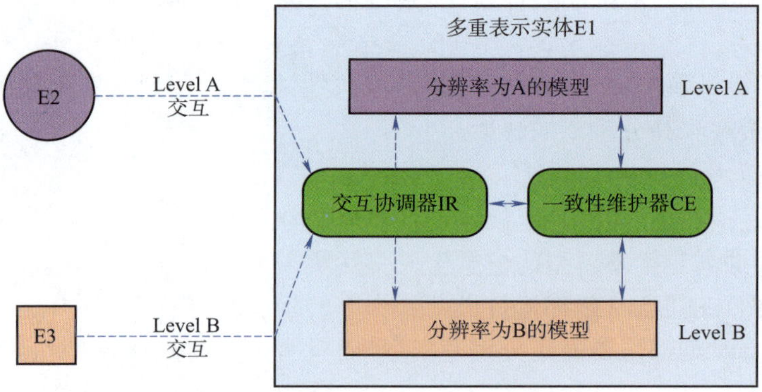

图 1-10　多分辨率实体法原理

(四)综合层次化可变分辨率建模法

IHVR 法是由美国 RAND 公司的 Davis 等人提出来的多分辨率建模方法。当需要处理实体、属性、实体间逻辑关系等的多分辨率问题时,使用面向对象方法是十分有效的,但是,对于过程的多分辨率问题面向对象方法和其他一些方法却显示出明显的不足。在 IHVR 方法中,主要的过程变量以一种层次树的结构来描述,分辨率最低的变量放在最上层。不同层次的变量对应不同层次的过程函数。下面举例来说明该方法的思想,考虑一个计算毁伤期望(Damage Expectancy,DE)的过程。

传统毁伤期望计算过程如图 1-11 所示。此时,所有的变量都在同一个层次上,DE 通过一个具有很多参数的复杂函数计算,为了计算 DE,需要知道所有这些参数的取值。使用 IHVR 方法时,其计算流程如图 1-12 所示。在该图中,变量以一种层次化的方式进行组织,不同分辨率的过程可以采用不同层次的变量进行计算,例如如果已知单发攻击的毁伤概率和攻击所用武器的数量,就可以在最低分辨率层次上计算 DE 的值。如果知道更多的参数值,则可以在更高分辨率下计算。

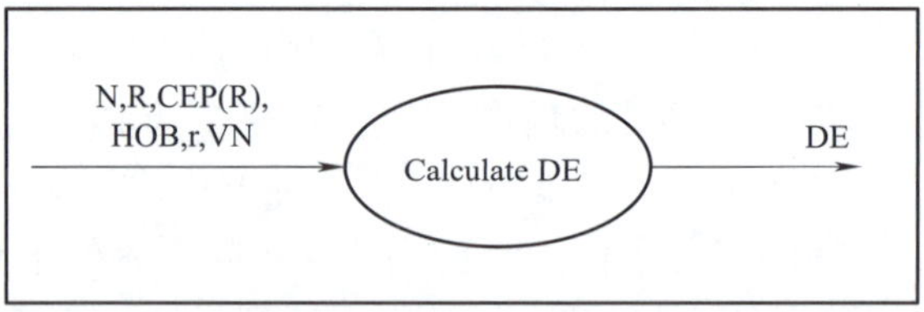

图 1-11　传统毁伤期望计算过程

当对一个实际系统建模时,系统通常存在多个相互关联的过程,每个过程都存在相应的变量层次树,这些树的变量之间通常存在跨层次的交叉连接,从而造成变量不存在严格的层次关系。不过,对于很多实际问题,通过选择适当的变量,可以使变量之间的跨层次交叉连接足够小,或者可以将其忽略或者可以对其进行补偿。IHVR 法为过程的多分辨率建模提供了一个可供借鉴的方法。

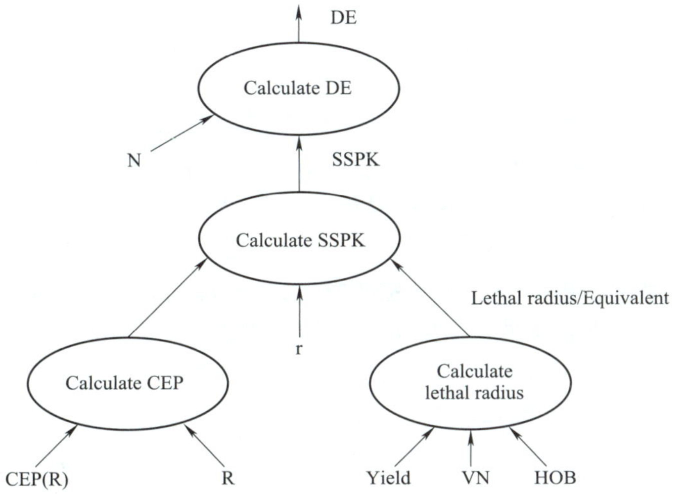

图 1-12 基于 IHVR 方法的毁伤期望计算过程

五、多分辨率建模方法在列控系统中的应用分析

由上述对常用多分辨率建模方法的介绍可以看到，不同的建模方法具有各自不同的优势和不足，针对高速铁路列控系统的层次化特征，则应当选择合适的方法来实现列控系统的多分辨率建模。

列控系统运行受到系统内部、外部以及人因问题等多方面制约，并且人为及外在环境影响的作用极大且具有高度不确定性，因此，列控系统的仿真模型建立需要考虑列车群运行过程、地面子系统、地面设备、车载子系统、GSM-R 网络、外部环境、各类人员操作行为等各个方面的建模，涉及多个学科领域的交叉与融合，其仿真元素的复杂性和分布性决定了列控系统内部仿真模型的精度和细节程度具有复杂多样化的特点。如：仿真系统中含有众多相互作用的不同分辨率层次的仿真单元，这些单元由相应的模型组成，因此系统需要大量的状态变量来维护模型间的一致性并描述系统的状态；系统可能处于与外界环境相互作用的开放状态；系统整体追求的是多个互不相同甚至互相矛盾的目标，而这些目标很可能还体现在不同的系统细节层次上；系统动态过程错综复杂，各子过程时间、空间尺度都具有很大差别。这些特点给对系统整体进行建模带来巨大困难。

列控系统具有来自于系统论的“层次性”特点和模块化结构，这些客观事实使得列控系统属于复杂系统的范畴。复杂系统建模理论也在不断发展，从最基本的混合建模方法、组合建模方法，发展到 Agent 理论、Petri 网建模方法、云理论、基于元模型的建模方法、多分辨率建模理论等。传统的列控系统建模方法(如上面介绍的 UML/Petri 网、Agent/MAS 及元胞自动机方法)多侧重于某一设备、结点等工程性要素的小范围建模，立足于满足单一层次粒度应用需求。涉及单一模型虽然能够在建模目标的明确性、模型细节程度、算法和计算性能方面有一定优势，但由于列车运行控制系统涉及多个功能组织的协同作用，以及列车运行环境和人的行为等自然性要素和社会性要素的不确定性和可变性，因此，单一模型不能宏观体现列车运行优化、安全、节能和高效等控制目标和列车运行控制策略、列车运行过程、列车控制行为，甚至具体到某一功能实现间的因果关系。为了使模型能够实现不同的仿真运行场景、满足不同的仿真目的，需要采用多分辨率建模理论，分析列控系统仿真建模的多分辨率特性，对列车运行控制系统进行多层次、多粒度的划分，建立满足不同分辨率程度要求的列车、线路、车载设备、地面设备、信息交互过程的多分辨率模型，将模型的多分辨率问题贯穿建模仿真的全过程。

列控系统的内部可以分为若干层次，每一个层次的运作形式都不一样，对于每一层次系统结构和系统机理，人员关心的角度和详细程度也不同，多分辨率建模方法能够根据他们的需求给出对模型的不同角度、不同层次的解释，因此利用多分辨率建模方法，可以构建满足宏观及微观需求的列车运行控制系统仿真模型。

基于上述分析，本书基于多分辨率建模理论，同时结合列控系统的组成，重点介绍适用于列控系统整体全面建模的多分辨率建模方法，依托 HLA/RTI 技术构建相对独立的多个、多种、不同详细程度的仿真模型，构成一个多分辨率、多方面展示的实时综合列控仿真系统，并能够维护仿真系统在不同细节详细程度上的一致性，保证仿真系统与实际系统的一致性，从而实现列控系统的全系统综合仿真，为列控系统的整体效能研究提供一个适用于多专业、多学科综合的高级仿真平台。

第二章　列控系统多分辨率模型体系

本章从列控系统多分辨率模型的基本概念出发，详细分析列控系统仿真的多分辨率特性，建立列控系统多分辨率模型实体框架，并基于多分辨率模型域的基本思想，介绍列控系统多分辨率模型域的数学描述方法及相应的仿真验证过程。

第一节　列控系统多分辨率模型的基本概念

参考目前国际上对分辨率的相关定义，本书将列控仿真系统的分辨率定义为：

定义 2.1　列控仿真系统分辨率：在建模、仿真过程中，以信息交互的细节层次不同为准则，采用不用精度、层次的建模方法来描述列控系统完成的各项功能，这些精度、层次可以定义为列控系统建模中的分辨率。

目前，国际上对多分辨率建模的定义还没有形成统一的认识，以本书给出的列控仿真系统分辨率定义为基础，给出列控系统多分辨率建模定义为：

定义 2.2　列控仿真系统多分辨率建模：在建模、仿真过程中，以信息交互的细节层次不同为准则，对列控系统建立多分辨率的模型，这些不同分辨率的模型相互作用，协调运行来完成特定的仿真任务，以达到提高仿真逼真度或提高仿真效率的目的。

结合列控仿真系统各层次间不同粒度的仿真需求，可构建如图 2-1 所示的列控系统多分辨率模型。

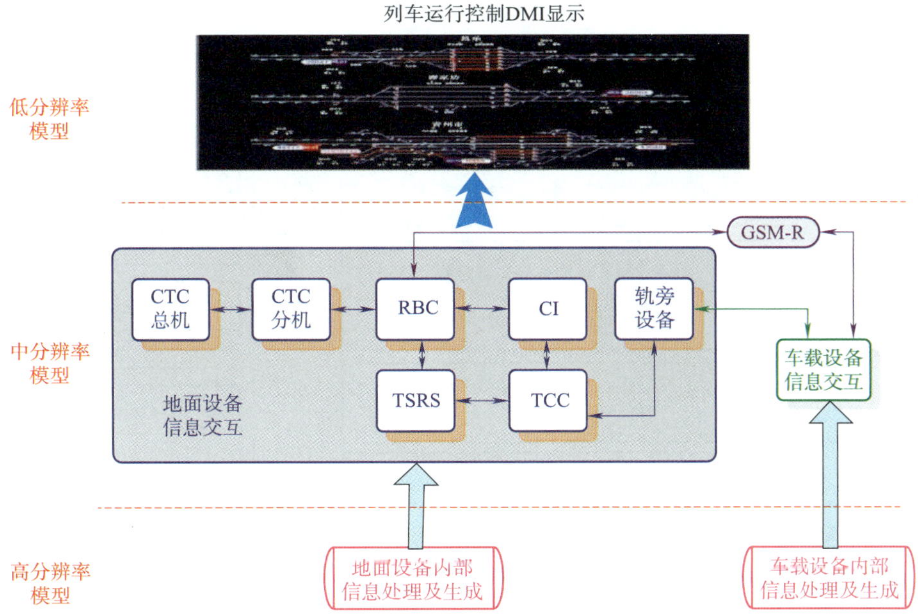

图 2-1　列控系统多分辨率模型

在列车运行过程中，地面子系统与车载子系统之间及各子系统内部均存在大量的信息交互过程，列控系统正是通过信息交互实现列车运行控制管理，同时将信息处理结果以可视化的形式呈现给相关人员，便于其进行统一管理及控制，按照信息交互细节，可将列控系统划分为高、中、低三种分辨率。

1. 高分辨率模型

高分辨率模型是描述列控系统及其各个子系统内部对其所需信息进行处理过程的模型，该模型是列控系统信息传递过程中最为精细的过程模型，在列控系统仿真过程中具有最高的分辨率。

2. 中分辨率模型

中分辨率模型是列控系统及其各个子系统间的信息交互过程模型，该模型在列控系统仿真过程中实现了各个子系统间的信息交换及共享，其分辨率仅次于高分辨率模型。

3. 低分辨率模型

低分辨率模型是列控系统仿真过程中的信息显示过程，完成列控系统控制结果及相关控制信息的可视化过程，该模型在列控系统仿真过程中分辨率最低。

第二节　列控系统仿真的多分辨率特性分析

一、列车运行控制过程的层次化划分

列车运行控制系统是一个包含安全防护、速度控制、信息反馈等功能，层次分明的分布式系统。列车运行控制是一个持续的过程，需要根据列车在铁路线路上运行的外部环境和系统内部实时状态，向参与系统运行的人员提供信息参考，对线路上的列车的速度、加速度等状态进行控制，以保证所有列车的安全运行。对列车运行控制的全过程进行层次划分，可以分为 4 层，如图 2-2 所示。

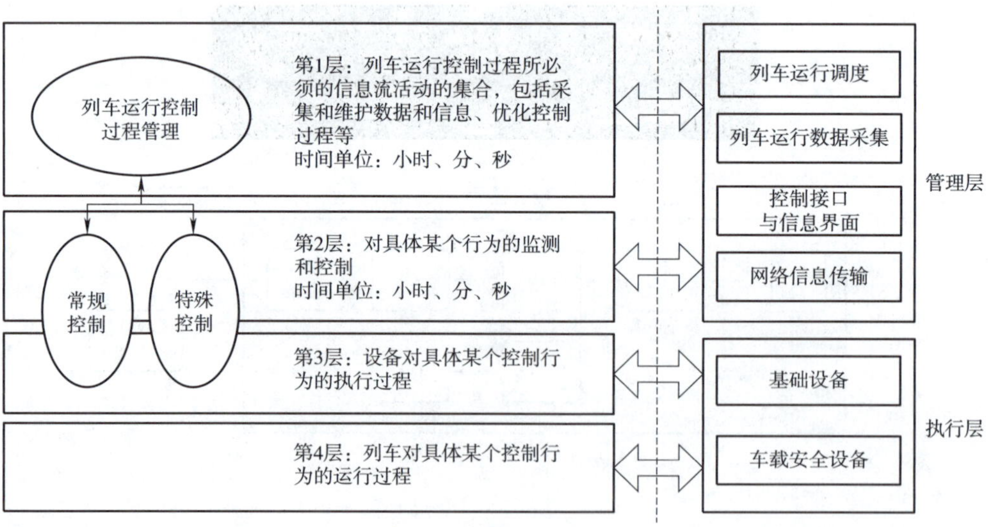

图 2-2　列车运行控制全过程层次化划分

执行层通过现场具体设备(如车载设备、RBC 等),对列车运行过程实行实时监控;管理层通过运行调度、数据统计、节能管理等应用来组织列车运行,并对执行层的信息进行采集、传递和加工处理。在运输组织的指导下,管理层根据列车实际运行过程中采集的有关实时数据,进行短期内列车运行的计划、调度、配置的安全优化工作。

二、列控系统仿真的多分辨率特性

(一)列控系统仿真运营场景的多分辨率特性

列车运行控制系统规范综合考虑列车实际运行产生的种种情况,设定了列车的 14 种主要运营场景,包括:注册与启动、进出动车段、级间转换、行车许可、RBC 切换、自动过分相、重联与摘解、临时限速、降级情况、灾害防护、调车作业、人工解锁进路、特殊进路、注销。需要对这些运营场景一一进行仿真实现。

在列车的正常运行状态建模仿真中,需要多个仿真场景的串联及并联运行,才能仿真实现列车从起始站发车、区间运行、经停车站、再次区间运行、抵达终点站的完整全过程。一个较为简单的列车运行过程仿真(没有经停车站)涉及的仿真场景关系如图 2-3 所示。

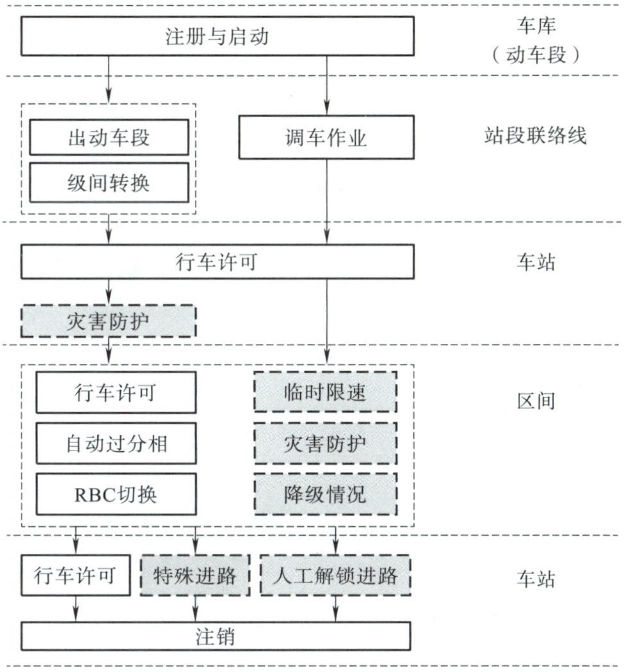

图 2-3　列车从出库发车至抵达终点站的列控系统仿真场景组合

其中,首先运行注册与启动场景,根据列车的具体状态,选择进入调车作业场景或出动车段场景;在站段联络线区域,列车在出动车段的过程中,还需要进行等级转换,这两个场景是并行发生;在车站区域,执行行车许可场景,如果出现突发情况,进入灾害防护(站台紧急情况)场景;在区间运行仿真过程中,行车许可、自动过分相、RBC 切换场景重复、接连发生,如果在仿真过程中加入一些特殊的线路条件,就需要调用临时限速、灾害防护、降级情况等仿真场景;抵达终点站后,进入行车许可(接车进路)场景,如果仿真过程需要测试进路不成功或出现突发情况的列控系统相关功能，需要执行特殊进路、人工解锁进路仿真场景，最后进行注销场景。

在上述仿真过程中已经将仿真场景的转换进行了简化，如果在列车的运行过程中，由于环境因素或是线路条件限制，需要对列车运行控制系统级别进行切换，调用的仿真场景会更多，情况会更加复杂。

在这些仿真场景下包括多个仿真子场景，每个子场景下还包含相关设备间复杂的接口协议和交互流程的仿真实现。在多数仿真子场景中，车载设备运行在某一种或是某几种模式条件下，有时还需要运行在 CTCS-2 级的模式下，与地面设备共同配合，完成子场景仿真的全过程。在 CTCS-3 级列控系统规范中定义了车载设备的 9 种主要工作模式，包括：完全监控模式、部分监控模式、目视行车模式、引导模式、调车模式、待机模式、隔离模式、机车信号模式、休眠模式。每个工作模式下，司机的具体操作行为、车载设备控车运行的流程都是不同的。列车运行控制系统仿真场景见表 2-1。

表 2-1　列车运行控制系统仿真场景

编号	主要运营场景	运营子场景	车载设备工作模式	外部环境参与
1	注册与起动	设备上电	待机模式	动车组机械师
				司机
		列车唤醒	待机模式→休眠模式	司机
		列车注册		司机
		输入列车数据		司机
		准备发车		司机
		起动列车	引导模式	司机
			完全监控模式	
			目视行车模式	
2	注销	RBC 注销列车信息	待机模式	司机
		关闭电源		
3	进出动车段	进入动车段	调车模式(C2)	司机
		驶出动车段	待机模式(C2)→部分监控模式(C2)→完全监控模式(C2)	司机
		动车段内移动	调车模式(C2)	
		通过进路		
		区间闭塞分区		
4	级间转换	C2→C3		司机
		C3→C2		
5	行车许可	接发车进路		
6	RBC 切换	常规流程		
		特例		
7	自动过分相	自动过分相		

续上表

编号	主要运营场景	运营子场景	车载设备工作模式	外部环境参与
8	重联与摘解	列车重联	休眠模式	司机
			待机模式	
			调车模式	
		列车摘解	完全监控模式→完全监控模式	
			非完全监控模式→引导模式	
			非完全监控模式→完全监控模式	
			完全监控模式→引导模式	
9	临时限速	生成临时限速		施工调度员、行调员
		执行临时限速		施工调度员
		发送临时限速		
		撤销临时限速		施工调度员、行调员
10	降级情况	区间轨道非正常占用		司机、调度员、设备维护人员
		站内轨道非正常占用		
		道岔失去表示故障		
		信号灯灯丝断丝故障		
		RBC 设备故障		
		车站联锁通信故障		
		车载设备故障		
		应答器设备故障		
		无线通信设备故障		
11	灾害防护	风雨雪		
		塌方、落物		
		车站站台		站台工作人员
		指定列车紧急停车		调度员
12	调车作业	调车作业	调车模式	司机
			待机模式	
13	人工解锁进路	人工解锁进路		调度员
14	特殊进路	特殊进路		调度员

表 2-1 中每个场景也是由内部的子场景串并联组合而成的，如果进一步细分罗列，也会增加复杂程度。可以根据具体需求，选择其中的个别场景，进一步分析。

（二）列控系统仿真功能的多分辨率特性

列控系统的结构具有层次化特性，从而，不同层次对应的系统的仿真功能也具有多分辨率特性。

系统总体的仿真功能包括：向司机提供安全驾驶列车的必要信息；监控列车及调车运行；轨道占用检查；兼容 CTCS-2 级系统等。

进行详细拆分，子系统级的仿真功能可以划分为如下类别：地面子系统相关功能、车载子系统相关功能、附加功能、事故及故障条件下的相关功能。这些功能类别下对应的具体描述如图 2-4 所示。

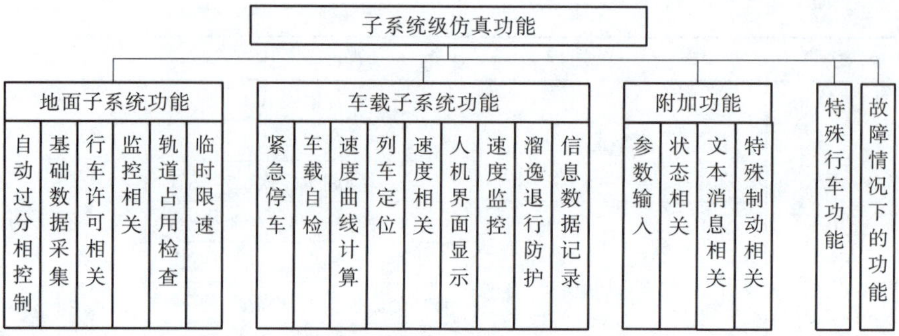

图 2-4　列控系统子系统级仿真功能划分

进一步详细划分功能，可以具体到子系统下各个设备的主要仿真功能。以地面子系统为例，地面子系统的设备级仿真功能划分结果如图 2-5 所示。

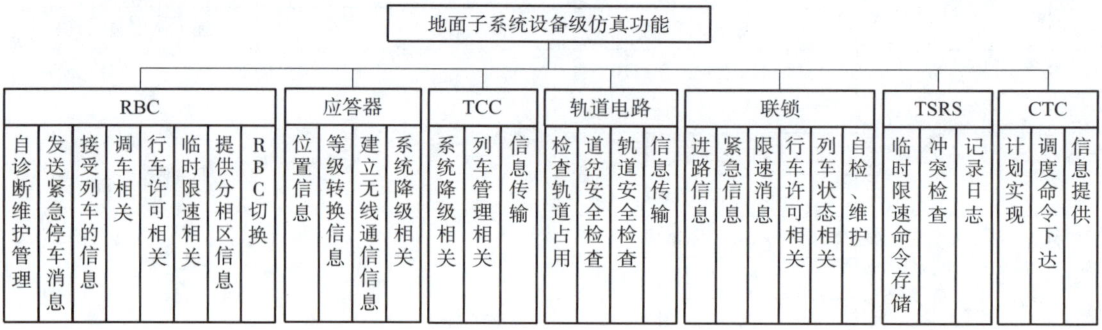

图 2-5　地面子系统设备级仿真功能划分

系统的一些关键设备可以再次划分为多个组件的组成，如 RBC 设备就包括：RBC 主机、RBC 维护终端、接口服务器、RBC 本地终端、司法记录器、密钥管理工具等组件。这些组件也对应有各自的具体功能。以 RBC 设备为例，组件级仿真功能划分结果如图 2-6 所示。

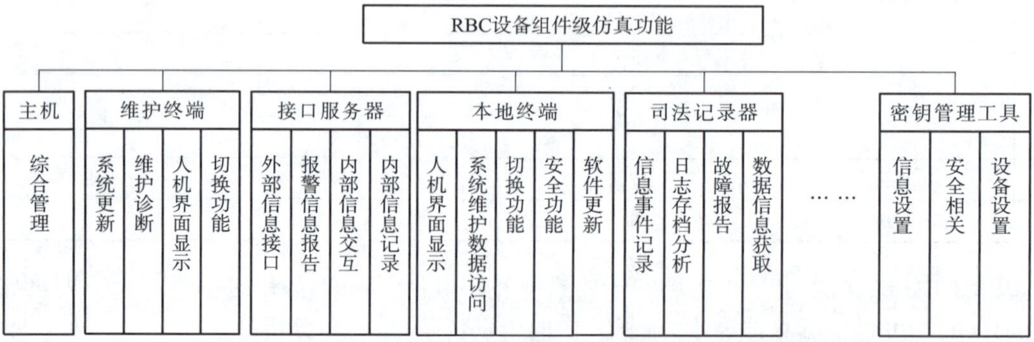

图 2-6　RBC 设备组件级仿真功能划分

由于系统的结构具有层次化特性，从而相应的系统内部的实体的仿真功能也具有多分辨率特性。

三、列控系统多分辨率模型实体框架

《CTCS-3 级列车运行控制系统总体技术方案》定义了 CTCS-3 级列控系统主要由地面子系统和车载子系统构成，同时，还定义了与列控系统密切相关的外部环境，包括：列车、司机、GSM-R 网

络、其他车载设备接口以及地面外部设备等。基于对列车运行控制系统的多分辨率特性分析，并考虑与列控系统交互密切的部分外部环境系统，将各系统进行划分得到相关的子系统或设备，各子系统又再次划分为众多设备，各设备又划分为核心的功能单元或功能部件。同时考虑系统的仿真建模需求，设置便于建模仿真操作的仿真专用模块（灰色模块表示的是建模仿真专用的特殊实体，不属于原列车运行控制系统部件），从而得到列控系统的多分辨率模型实体划分，如图 2-7 所示。

这些实体在系统中有着不同分辨率属性定义，列控系统的多分辨率模型实体框架及主要接口关系如图 2-8 所示。

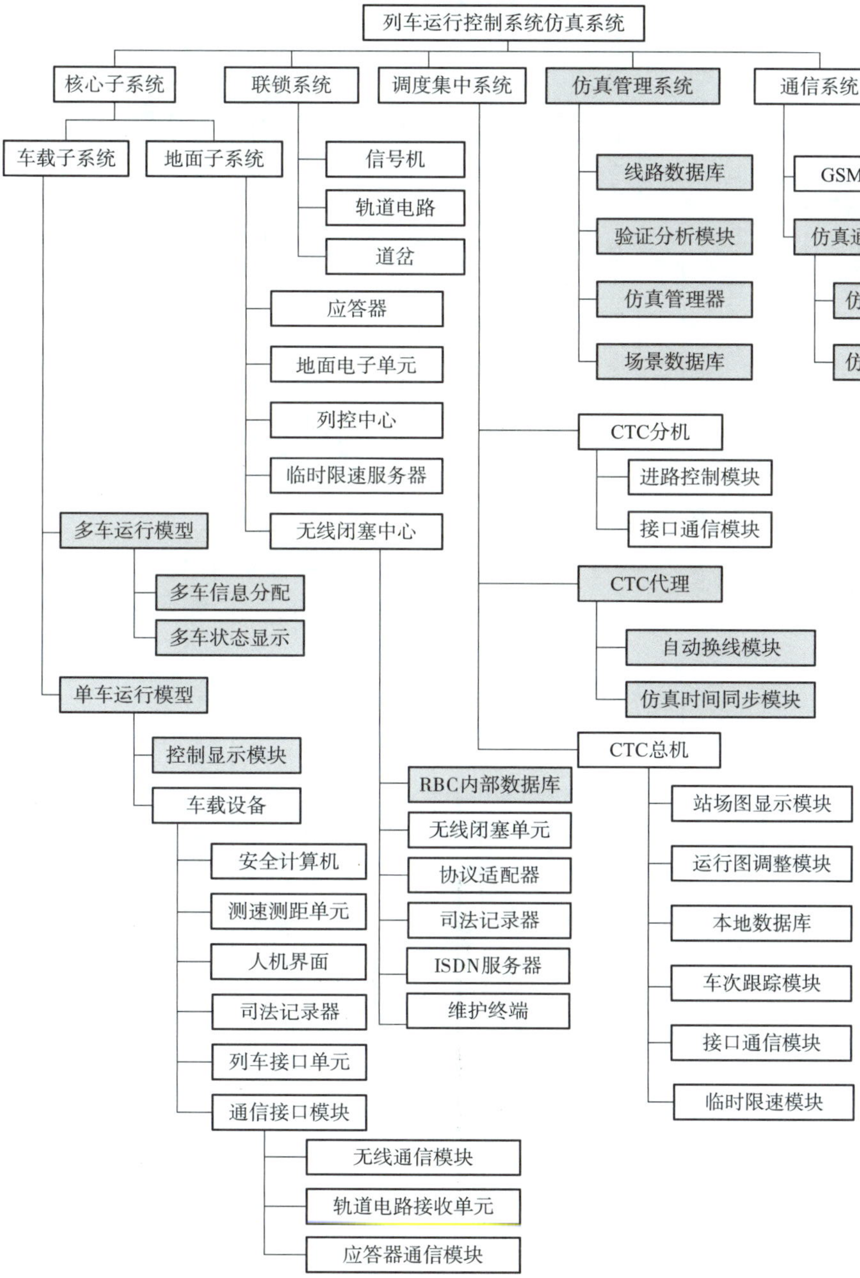

图 2-7　列控系统多分辨率模型实体划分

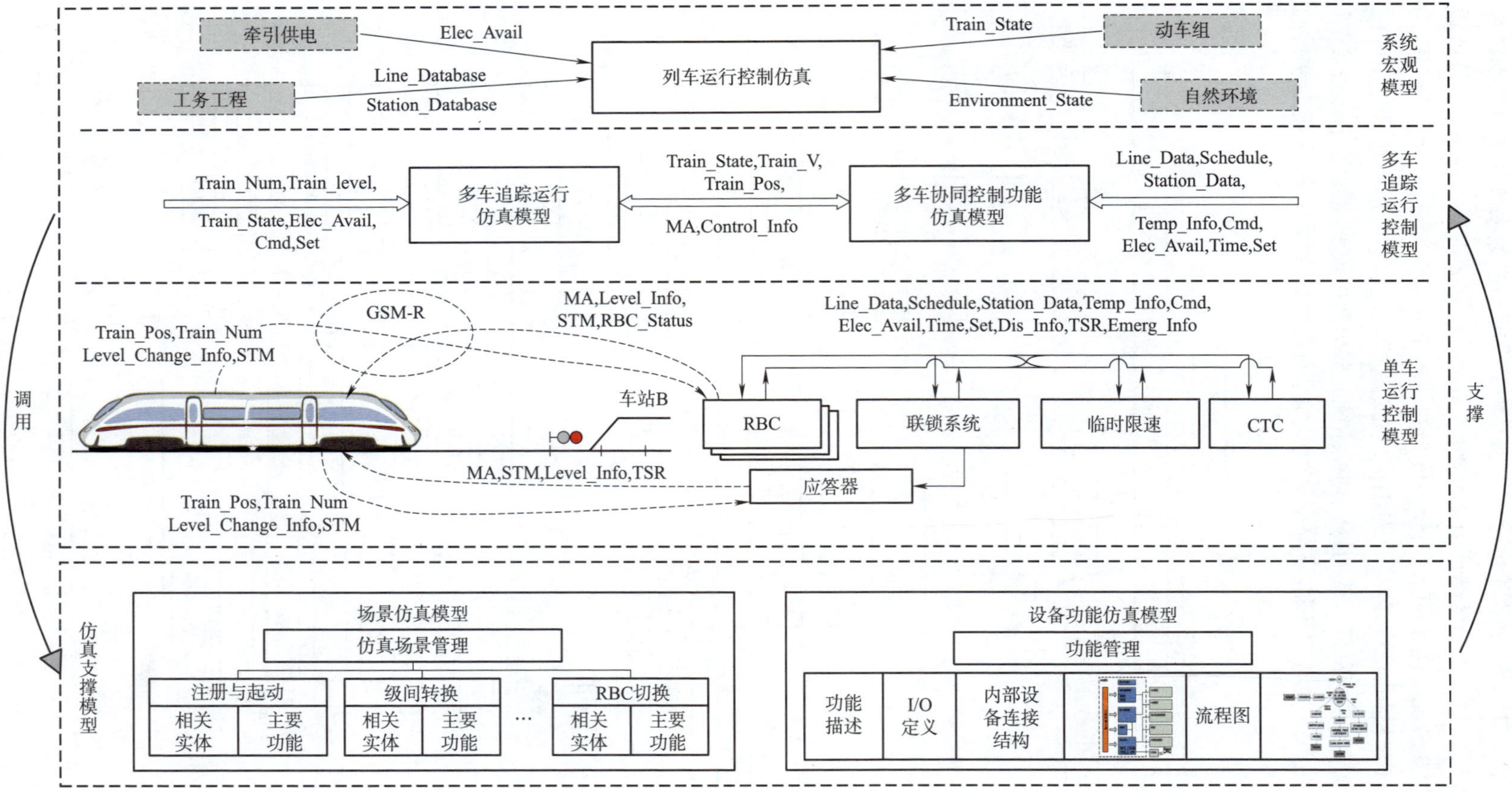

图2-8　列控系统的多分辨率模型实体框架及主要接口关系

整个框架综合考虑了列控仿真系统从宏观至微观的不同层次：系统宏观模型、多车追踪运行控制模型、单车运行控制模型以及支撑仿真运行的场景模型和功能模型。

系统宏观模型考虑的是列控系统作为整个高速铁路系统的控制系统，与其他系统都存在着直接或间接的信息交互过程，通过该仿真实体的一些输入输出特性，明确对列控仿真系统产生明显影响的外部接口。

多车追踪运行控制模型考虑的是仿真体现较大尺度的某一指定线路上的多车追踪运行过程，观测在多车协同控制功能仿真模型的控制下多车追踪运行的效果。

单车运行控制模型描述的是某一列车的具体运行过程以及与各个核心地面设备的通信过程，列车运行控制系统的动态结构变换过程可以在这一层次中得到很好体现。

支撑仿真运行的场景模型和功能模型用于管理、设计及提供在单车运行过程中串联的若干个系统需求规范中定义的仿真场景，以及相应场景中具体仿真模型实体实现的功能描述及定义。

在整个框架中，低分辨率的对象是列控系统整体、宏观的呈现，高分辨率的对象是列控系统局部、细节的描述。

第三节　列控系统多分辨率模型域的数学描述方法

模型对认识实际系统的定性、定量行为，进行模型检验、模型的仿真分析等都有重要作用。多分辨率建模理论的基本思想是：建立描述实际系统一个或多个不同视角、不同抽象层次的模型系。多分辨率模型描述方法是多分辨率建模理论的基础。

一、多分辨率模型域基本思想

列车运行控制系统的执行过程涉及多个功能组织的协同作用，运行过程中，系统的外部环境也是可变的，且时间条件也具有不同分辨率的特征。因此列车运行控制系统仿真建模需求是多层次、多粒度的。

目前，关于列控系统的仿真实现以及列控系统单个设备的仿真实现已经有很多，为了提高已有仿真模块以及初步建成的仿真平台的可重用性，本节提出一种新的思想，将多分辨率建模从传统的建模仿真一体化中剥离出来，对于建模的理论和方法独立开展研究，把仿真交还给开发人员，模型为仿真提供数据、结构，仿真模块基于设计的仿真功能和属性，完成仿真运行，并将运行结果反馈给模型。

因此，本节提出多分辨率模型域的概念，在模型域内部，对于多分辨率模型进行统一管理，将模型与仿真模块间的通信数据进行统一分发，将外部对于分辨率切换的需求进行统一组织和实现，从而在仿真过程中，不同分辨率模型结构可以实现动态切换且不影响仿真系统的正常运行，将剥离了仿真的多分辨率模型相关的所有部分统称为多分辨率模型域。

在之前的多分辨率建模理论研究中，大多数提及的是多分辨率模型系的概念。多分辨率模型系是指描述同一实体的不同分辨率模型表示的集合。这一定义已经不能适用于本节提出的多分辨率思想。同时，由于列控系统模型是由多组多分辨率模型系组成的，因此本节提出多分辨率模型群的概念。多分辨率模型群中包括描述一个过程中涉及的不同侧重方向以及不同复杂程度的多组多分辨率模型系的集合，如图 2-9 所示。

为了实现多分辨率模型域的思想，仅仅有多分辨率模型群是不够的，模型与仿真之间需要

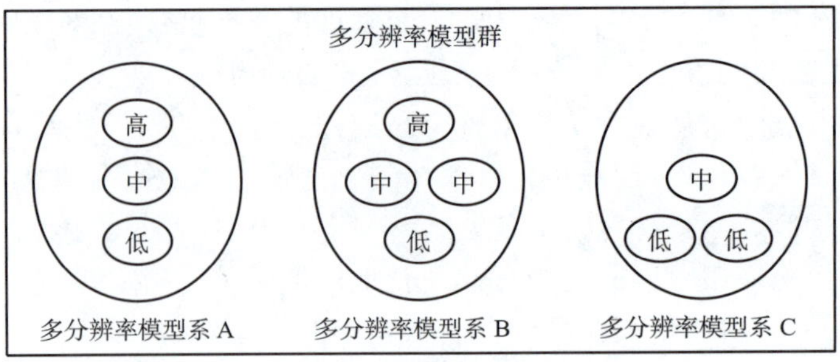

图 2-9　多分辨率模型群的概念

设置数据接口模型,用于传输仿真系统运行过程中得到的仿真数据至多分辨率模型,该接口模型需要定义分辨率映射函数,将仿真数据的信息和时间轴分别进行多分辨率映射处理,对信息进行分辨率标识。

多分辨率模型的分辨率切换的触发条件也是在模型设计中需要进行考虑的。模型的分辨率切换事件一般有两种触发原因,一种是来自外部的人员或是用户有某种特定的需求,进行外部的分辨率切换指令输入,可以看作是被动触发;还有一种是来自仿真过程的数据,经判断是否符合某一特定条件,若符合,则切换为另一分辨率模型,可以看作是内部的分辨率切换指令输出,即主动触发。因此可以针对这一条件,设计分辨率切换触发接口模型。

分辨率切换触发接口模型只是将分辨率切换的触发事件统一化输入至多分辨率模型域,但是,由于多分辨率模型群中涉及多个多分辨率模型系的集合,因此为了处理该触发事件,完成模型的分辨率切换,需要定义多分辨率模型域管理模型。该模型完成分辨率的显式描述;当多个分辨率模型同时运行时,确定不同分辨率模型的优先级;当有模型切换时,负责将来自动态数据接口模型的前一时刻的仿真数据进行多分辨率切换,分配给切换后的模型,以此保证模型聚合解聚过程中数据的正确性。

因此,在多分辨率模型域中,除了多分辨率模型群,还包括模型与仿真系统的接口模型、分辨率切换触发接口模型、多分辨率模型域管理模型。多分辨率模型域结构示意如图 2-10 所示。

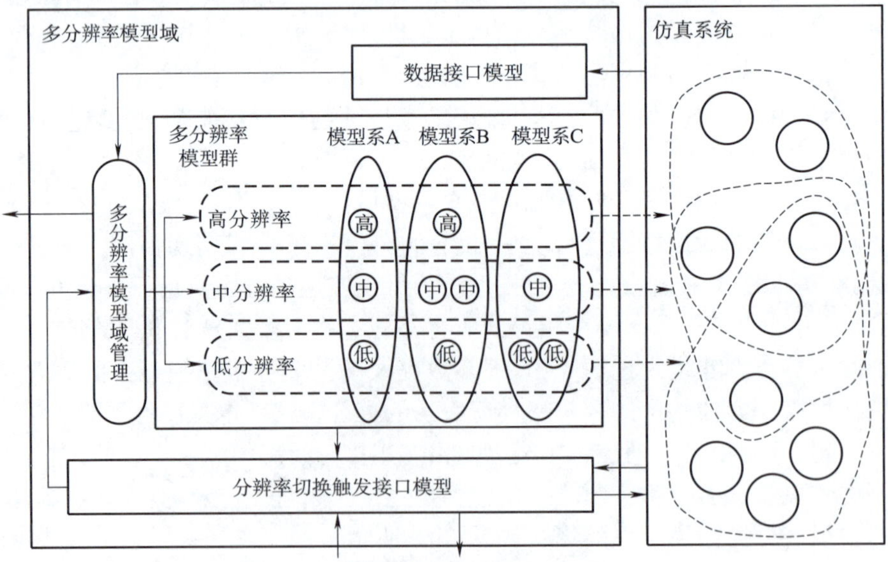

图 2-10　多分辨率模型域结构示意

二、多分辨率模型域的数学描述方法

（一）多分辨率模型域的定义

基于多分辨率模型域的结构图，结合系统建模领域中的通用标准模型定义，可以将多分辨率模型域（MRMS）定义为：

$$MRMS=\langle MRMG,MRDI,RSTI,X,Y,S,MRSC\rangle \tag{2-1}$$

式中 $MRMG$——多分辨率模型群的数学描述；

$MRDI$——管理所有多分辨率模型与仿真系统间的通信过程，将仿真信息按照仿真需求进行分辨率映射处理并对于仿真信息进行分辨率标记，便于多分辨率模型域管理模型进行分配；

$RSTI$——处理来自于多分辨率模型域外部的分辨率切换信息，包括来自于仿真系统的或是外部人员要求的信息；

X——表示来自多分辨率模型域外部的所有输入；

Y——表示多分辨率模型域对外的所有输出；

S——描述多分辨率模型域的状态；

$MRSC$——管理多分辨率模型域中的多个多分辨率模型系，处理来自多分辨率模型域外部的动态数据配发、分辨率切换等信息，并向多分辨率模型域外部反馈处理后的结果，实时向外部显式描述多分辨率模型域的状态。

（二）多分辨率模型群的定义

如前所述，多分辨率模型群是描述多个实体的多个不同分辨率模型系的集合。因此多分辨率模型群的数学定义是：

$$MRMG=\langle \{MRMF_i\},\{Rel_{ij}\}\rangle \tag{2-2}$$

式中 $\{MRMF_i\}$——描述多分辨率模型群中存在的多个模型系的集合；

$\{Rel_{ij}\}$——描述多分辨率模型系两两之间的关系。

关于多分辨率模型系的数学定义是：

$$MRMF=\langle n,r,P,\{RM_i\},X_S,Y_S,X_R,C_R,Y_R,\Psi\rangle \tag{2-3}$$

式中 n——描述该模型中活动的不同分辨率模型数目；

r——当模型系中只有单一分辨率模型活动时，显式描述模型分辨率；

P——当模型系中存在多个不同分辨率模型同时运行时，显式描述处于主导地位的某一分辨率；

$\{RM_i\}$——分辨率层次为 i 时的模型集合；

X_S——经过预处理的仿真系统向模型发送的仿真运行数据输入$=\bigcup_i RM_i(X)$；

Y_S——模型经过处理后反馈给仿真系统的数据输出$=\bigcup_i RM_i(Y)$；

X_R——分辨率切换或分辨率优先级切换信息$=\langle X_0,r=(j:j\in i,\text{目标分辨率})\rangle$，$X_0$ 指切换后的模型初始数据；

C_R——分辨率切换或分辨率优先级切换导致的仿真系统状态结构变换信息$(RM_i(obj),RM_j(obj))$；

Y_R——分辨率切换或分辨率优先级切换完成信息；

Ψ——分辨率切换或分辨率优先级切换函数；$X_R\times(RM_r,r)\rightarrow(RM_j,r=j)$或 $X_R\times$

$(RM_P, P) \rightarrow (RM_j, P=j)$。

分辨率模型 RM 的定义为：

$$RM = \langle X, Y, S, \{obj_k\} \rangle \tag{2-4}$$

式中 X——输入事件集合；

Y——输出事件集合；

S——该分辨率层次下的仿真系统状态结构 $RM = \bigcup_k obj_k(s)$；

$\{obj_k\}$——该分辨率层次下的仿真系统需要调用的仿真模块集合。

多分辨率模型系内部各个元素之间的关系如图 2-11 所示。在多分辨率模型系中，存在一个分辨率模型活动，若存在多个不同分辨率模型活动，则认定某一处于主导地位的分辨率模型。仿真输入事件 X_S 属于多分辨率模型系的外部输入，通过接口模型的分辨率处理后，输入多个分辨率层次的模型集合 $\{RM_i\}$，得到向仿真系统的输出 Y_S。在仿真系统运行过程中，当仿真系统中该分辨率模型调用的仿真模块 obj_k 的状态改变时，该分辨率对象模型 RM_r 的状态 S 也会相应发生改变。

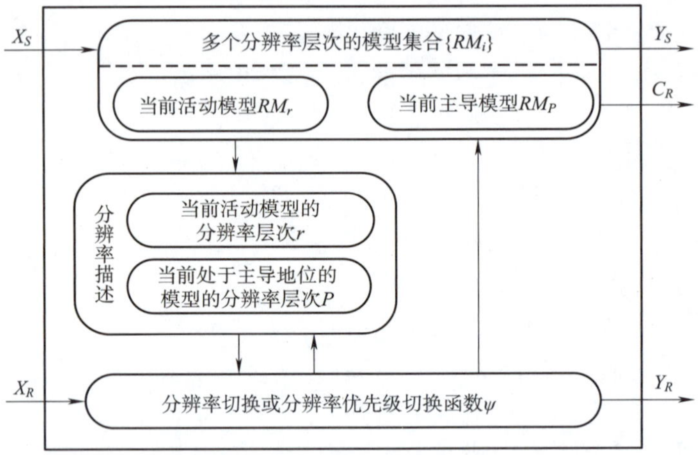

图 2-11　多分辨率模型系内部结构

分辨率切换或分辨率优先级切换函数 Ψ 处理来自多分辨率模型系外部的分辨率切换或分辨率优先级切换信息 X_R。当 X_R 要求从分辨率层次 i 切换为 j 时，函数 Ψ 处理 X_R 得到模型层次信息 j，基于基础模型库结合当前 RM_i 以及相关切换数据构建当前时刻的 RM_j，此时刚生成的 RM_j 向仿真系统输出需要仿真系统配合完成的状态结构变换信息 C_R，状态结构变换信息 C_R 中包括新的仿真对象模型集合 $RM_j(obj)$，仿真空间删除原有的 $RM_i(obj)$，而替换为一套新的仿真对象模型集合 $RM_j(obj)$，更改分辨率级别为 j，完成不同分辨率或分辨率优先级的切换。完成后，输出切换完成信息 Y_R。

（三）数据接口模型的定义

数据接口模型将仿真系统的信息进行分辨率映射处理，并加入分辨率标识，转发至多分辨率模型域管理模型。

数据接口模型（$MRDI$）的数学定义是：

$$MRDI = \langle X_D, \{\omega_i\}, D_i, \{MRD_i\}, \theta \rangle \tag{2-5}$$

式中　X_D——仿真系统向模型域发送的仿真运行数据输入，该数据没有分辨率标识；

$\{\omega_i\}$——分辨率映射函数集合 $\omega_i = X_D \times i \rightarrow D_i$；

D_i——仿真运行数据在分辨率为 i 时的数据内容；

$\{MRD_i\}$——处理后的多分辨率数据集合；

θ——分辨率标识函数 $= D_i \rightarrow MRD_i$。

多分辨率数据集合的数学定义是：

$$MRD = \langle d, Info_{send}, Info_{receive}, r \rangle \tag{2-6}$$

式中　d——该分辨率层次下的数据内容；

$Info_{send}$——发送数据的仿真模块信息 $= \langle obj, \{r_k\} \rangle$，其中，$obj$ 指产生数据的仿真模块，$\{r_k\}$ 指产生数据的仿真模块所隶属的分辨率层次集合，主要是考虑到描述该仿真模块隶属于多个分辨率层次的情况；

$Info_{receive}$——接收数据的模型信息 $= \langle RM, r \rangle$，其中，RM 指产生分辨率模型名称，r 指该模型的分辨率层次；

r——直观描述该数据所处的分辨率层次。

(四)分辨率切换触发接口模型的定义

模型分辨率改变的需求主要来自两个方面，一个是人员在观测仿真进程的过程中，提出的强制性的分辨率切换指令，该指令由于目的性比较明确，所以只需要进行简单的处理，发送至多分辨率模型域管理模型即可；而一个是仿真进程中，实时接收仿真的数据，参考设定好的分辨率切换规则，判断是否满足分辨率切换条件，生成主动的分辨率切换指令，发送至多分辨率模型域管理模型。

分辨率切换触发接口($RSTI$)的数学定义是：

$$RSTI = \langle X_{human}, X_D, X_{simulation}, \rho, E_R, M_{SC}, Y_R, \Phi, \Sigma \rangle \tag{2-7}$$

式中　X_{human}——来自外部环境的人员实时设置的分辨率切换信息 $=(j: j \in i$，目标分辨率)；

X_D——来自仿真系统的实时仿真运行数据；

$X_{simulation}$——当仿真运行数据满足分辨率切换条件后，生成的分辨率切换信息 $=(j: j \in i$，目标分辨率)；

ρ——仿真数据监控函数 $X_D \rightarrow X_{simulation}$；

E_R——生成的发送至多分辨率模型域管理模型的分辨率切换信息 $=(j: j \in i$，目标分辨率)；

M_{SC}——仿真过程控制信息 $\{PAUSE, RESUME\}$；

Y_R——来自多分辨率模型系的分辨率切换或分辨率优先级切换完成信息；

Φ——仿真过程控制函数 $E_R \rightarrow M_{SC}(PAUSE) Y_R \rightarrow M_{SC}(RESUME)$；

Σ——多分辨率切换信息统一化函数 $X_{human} \rightarrow E_R (X_{simulation} \rightarrow E_R)$。

图 2-12 描述了多分辨率切换触发接口的内部组件的相互关系。来自于仿真的运行数据 X_D 输入到仿真数据监控函数 ρ，当判断需要调整模型分辨率级别时，生成带有仿真标识的分辨率切换信息 $X_{simulation}$，$X_{simulation}$ 与 X_{human} 输入到多分辨率切换信息统一化函数 Σ 中，生成分辨率切换信息 E_R，并发送至多分辨率模型域管理模型。与此同时，仿真过程控制函数 Φ 接受分辨率切换信息 E_R，生成仿真过程控制信息 $M_{SC}(PAUSE)$ 至仿真系统，暂停仿真进程。当多分

辨率模型群完成模型分辨率切换之后，仿真过程控制函数 Φ 接受分辨率切换或分辨率优先级切换完成信息 Y_R，生成仿真过程控制信息 M_{SC}(RESUME)至仿真系统，仿真进程按照新的多分辨率模型群定义的新的仿真对象及仿真对象结构继续进行。

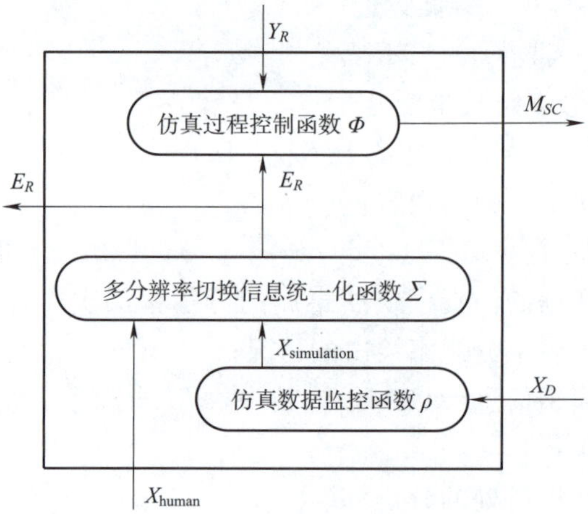

图 2-12　多分辨率切换触发接口内部结构

（五）多分辨率模型域管理模型的定义

多分辨率模型域管理模型管理整个多分辨率模型群，协调各个接口模块，完成多分辨率模型域的相关功能，并实时记录当前运行分辨率级别或是主导分辨率级别、当前模型域的主要状态等多分辨率模型域的状态信息。

多分辨率模型域管理模型的数学定义是：

$$MRSC=\langle \{MRD_i\}, E_R, X_S, X_R, \omega, \{\mu_{ij}\}, T, S\rangle \tag{2-8}$$

式中　$\{MRD_i\}$——经数据接口模型处理后的具有多分辨率标识的仿真数据集合；

E_R——来自分辨率切换触发接口的分辨率切换信息；

X_S——处理后的向多分辨率模型群发送的仿真运行数据输入；

X_R——向多分辨率模型群发送的分辨率切换或分辨率优先级切换信息；

ω——仿真数据处理函数 $\{MRD_i\}\to X_S$；

$\{\mu_{ij}\}$——数据内容分辨率映射函数 $\{MRD_i\}\times j\to\{MRD_j\}$；

T——分辨率切换或分辨率优先级切换信息生成函数，根据分辨率切换信息 E_R 决定需要进行分辨率切换的目标多分辨率模型系的切换分辨率级别，并调用数据内容分辨率映射函数 μ_{ij} 对于当前仿真数据进行映射，生成分辨率切换或分辨率优先级切换信息 X_R；

S——描述多分辨率模型域管理模型的输入输出数据记录。

图 2-13 描述了多分辨率模型域管理模型的内部组件的相互关系。在不需要进行分辨率切换的时候，来自于数据接口模型处理后的多分辨率数据集合 $\{MRD_i\}$ 经过仿真数据处理函数 ω 生成向多分辨率模型群发送的仿真运行数据输入 X_S。若需要进行分辨率切换的时候，收到来自多分辨率切换触发接口的多分辨率切换信息 E_R，切换信息生成函数 T 根据 E_R 决定需要进行分辨率切换的目标多分辨率模型系的切换分辨率级别，并调用数据内容分辨率映射函数 μ_{ij} 对于当前仿真数据进行映射，生成分辨率切换或分辨率优先级切换信息 X_R，与此同时，

实时记录并输出多分辨率模型域管理模型的输入输出数据 S。

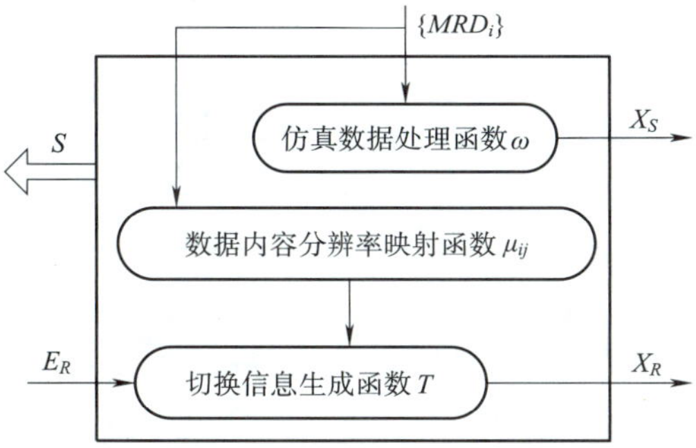

图 2-13　多分辨率模型域管理模型内部结构

三、列控系统多分辨率模型域仿真验证

(一)面向列车运行过程的多分辨率模型域思想

列车运行模型系主要包括三个不同分辨率层次的模型,即路网车流模型、多车运行模型和单车运行模型。其中,低分辨率模型为路网车流模型,中分辨率模型为多车运行模型,高分辨率模型为单车运行模型。处于低分辨率的路网车流模型的关注点在于线路上的列车流的运行状态;处于中分辨率的多车运行模型的关注点在于多列列车按照运行图追踪运行的过程;处于高分辨率的单车运行模型的关注点在于单车速度防护、驾驶控制的过程。

由于低分辨率的路网车流模型属于对于列车运行过程的宏观描述,模型不需要调用实际的仿真模块进行实现,但是需要实时获取仿真运行数据,参考列车运行计划或是列车运行图进行数学的计算推导。因此,可以假设列车运行模型的初始状态是处于中分辨率的多车运行模型,当需要关注某一列列车的运行过程时,模型进行分辨率切换处理,将该列列车的运行过程用高分辨率的单车运行模型表示,与地面设备模型进行通信,为了保证仿真运行的高效,除了该列列车之外的其他列车运行过程还是采用中分辨率的多车运行模型进行表示。在模型运行过程中,低分辨率的路网车流模型从仿真系统获得列车运行计划、列车运行调整信息、时间信息以及路网状态信息等,但不对仿真系统进行控制操作,该模型与其他模型并发运行,并不处于主导地位。

为了实现列车运行过程的多分辨率模型仿真,被调用的仿真模块包括地面设备、多车仿真模块、单车仿真模块等。在仿真过程中,只需要切换列车运行过程的相关模型的分辨率,因此在多分辨率模型域中,仅存在一个多分辨率模型系,即列车运行多分辨率模型系。将车站及地面设备作为外部输入,触发列车运行多分辨率模型系的多分辨率切换、重组等相关行为,从而使得地面设备与列车的多分辨率模型域进行交互,完成列车在线路上运行过程的仿真。

(二)多分辨率模型域建模仿真验证实例

建立简单的列车运行过程模型,铁路线路如图 2-14 所示。该铁路线路包括 3 个车站:A,B,C。其中,A 为始发站,B 为中间站,C 为终点站。

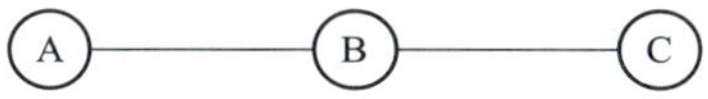

图 2-14　模拟的简单铁路线路

在图 2-14 所示的铁路网络上模拟运行 3 趟列车从 A 站到 C 站。列车的运行时间表见表 2-2。

表 2-2 模拟列车运行时间表

车次号	A站 发车时间	B站		C站 到达时间
		到达时间	发车时间	
G001	14:00	16:12	16:15	17:45
G002	14:30	16:33	16:35	18:05
G003	15:00	17:03	17:08	18:30

将列车运行过程进行多分辨率处理,三列列车作为一个多车运行模型,多分辨率模型域调用的仿真模块不是单车而是多车,当需要关注三列列车中的某一列列车单车运行的细节时,进行分辨率切换,分解为只描述该列列车的高分辨率的单车模型和描述其他两列列车的中分辨率的多车模型,当不需要关注更多的细节的时候,再次进行分辨率切换,重新采用一个多车运行模型对于三列列车的运行过程进行描述,从而减轻系统运行的负担。

在此处,将分辨率切换的时机设定为列车驶入图 2-15 所示的区间,而切换至高分辨率的列车设定为三列列车中的尾车。因此,当三列列车在初始运行的过程中,模型运行在中分辨率模型,调用多车仿真模块;当三趟列车的尾车驶入图 2-15 所设定的区间之后,多车模型进行重新组合,进行模型的分辨率切换,尾车运行在高分辨率模型;当尾车驶出图 2-15 所示的红线区间之后,再次进行模型重组以及分辨率切换,三列列车的运行过程又回到中分辨率模型。

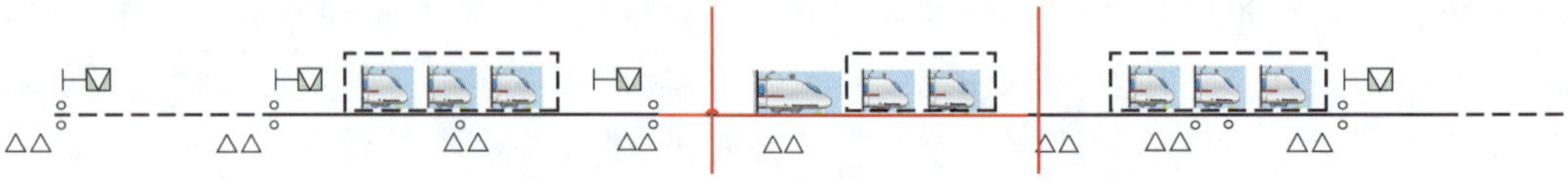

图 2-15 简化的多分辨率列车运行过程

结合之前的多分辨率模型域的数学描述方法,则前面提到的模拟列车运行过程的多分辨率模型群中只包含一个多分辨率模型系,因此,有

$$\{RM_{\text{flow}}, RM_{\text{group}}, RM_{\text{train}}\} \in MRMF \tag{2-9}$$

式中,该模型系中存在多个不同分辨率模型并发运行的情况,RM_{flow} 作为低分辨率模型始终在运行,初始状态下,RM_{group} 作为中分辨率模型处于主导地位运行,并与仿真系统发生信息交互,当需要进行分辨率切换时,进行分辨率切换,RM_{train} 处于主导地位运行,与此同时,RM_{group} 处于非主导地位,描述其他两列列车的行为。

根据分辨率模型 RM 的定义:$RM=\langle X, Y, S, \{obj_k\}\rangle$。可以得到三个不同分辨率模型的定义,为:

$$RM_{\text{flow}} = \{\{time, chart, state\}, \varnothing, S, \varnothing\} \tag{2-10}$$

$$RM_{\text{group}} = \{\{cont\}, n, \{pos_i, v_i, oper_i\}, S, \{g\}\} \tag{2-11}$$

$$RM_{\text{train}} = \{\{cont\}, \{pos, v, oper\}, S, \{tr\}\} \tag{2-12}$$

数据接口模型收到的来自仿真系统的信息包括:时间信息 MRD_{time}、列车运行计划信息 MRD_{chart}、线路状态信息 MRD_{state}、位置信息 MRD_{pos}、速度信息 MRD_{v}、地面控车信息 MRD_{cont} 和列车操作行为信息 MRD_{oper}。经过数据接口模型的分辨率映射处理,时间信息 MRD_{time}、位置信息 MRD_{pos}、速度信息 MRD_{v}、地面控车信息 MRD_{cont} 和列车操作行为信息 MRD_{oper} 存在于两个分辨率层次,在两个分辨率层次上,数据的具体数值有微小差别,但是数据信息的内容及格式是不同的。

分辨率切换触发接口模型是支撑多分辨率模型实现的关键。基于前面提到的分辨率切换思想，将分辨率切换规则设定为：由分辨率切换触发接口模型实时接收仿真系统的数据，并为了模型顺利过渡，设定一段冗余区域，判断并生成主动的分辨率切换指令，并控制仿真过程。也就是，参考设定的区间范围，当尾车驶入该范围前的冗余过渡区域时，进行多分辨率切换，将三列列车的多车模型重新组合为两列列车的多车模型和一列列车的高分辨率的单车运行模型。同样，当尾车驶出区间范围后，再次进行多车模型重组，恢复到三列列车的多车模型进行运行。模型完成从中分辨率到高分辨率以及从高分辨率到中分辨率的切换。

仿真初始状态下，由一个列控功能仿真模块和一个多车仿真模块开始进行仿真。仿真前，将仿真过程中的全部事件的分辨率及调用的仿真模块都定义完毕。仿真运行过程中，当尾车进入该范围前的冗余过渡区域时，*MRMF* 将一个多车运行模型解聚为两列列车的多车模型和一列列车的高分辨率的单车运行模型，从而仿真空间内的多车仿真模块暂停运行，单车运行模块被启动，与此同时，多分辨率模型域管理模型调用数据内容分辨率映射函数 μ_{ij} 对当前仿真系统传来的时间信息 MRD_{time}、位置信息 MRD_{pos}、速度信息 MRD_{v}、地面控车信息 MRD_{cont} 和列车操作行为信息 MRD_{oper} 进行映射，生成尾车的单车仿真模块的初始时间信息 MRD_{time}、位置信息 MRD_{pos}、速度信息 MRD_{v}、地面控车信息 MRD_{cont} 和列车操作行为信息 MRD_{oper}，以及其余两车的多车仿真模块的初始时间信息 MRD_{time}、位置信息 MRD_{pos}、速度信息 MRD_{v}、地面控车信息 MRD_{cont} 和列车操作行为信息 MRD_{oper}。

由于低分辨率的路网车流模型不需要进行仿真实现，因此基于来自仿真系统的时间信息 MRD_{time}、列车运行计划信息 MRD_{chart} 和线路状态信息 MRD_{state}，对某段设定的线路中的列车运行过程进行建模，描述该线路的列车运行状态的变化。

模型运行分为两个状态：模型运行在中分辨率的多车运行模型；描述某列列车的高分辨率的单车模型和描述其他两列列车的中分辨率的多车模型并发运行。在中分辨率，只有多车运行仿真模型与列控功能仿真模块两个模型互相通信，通信网络结构十分简单。通过仿真得到的列车运行结果如图 2-16 所示。

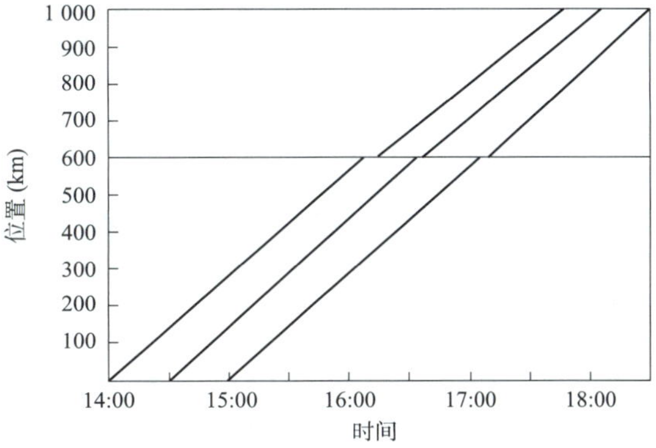

图 2-16　多分辨率仿真列车运行结果

第三章　列控系统多分辨率实体聚合解聚方法

本章基于面向列车运行控制系统的多分辨率模型域的数学描述，介绍适用于列控系统建模仿真的多分辨率实体聚合解聚方法。该方法以列车运行控制系统的各个分辨率层次中涉及的对象为基础，将各个对象看作具有分辨率特征的模型实体，基于选择的特定层次建立模型，利用聚合解聚方法对于模型进行扩展，得到较高和较低分辨率层次的模型实体。同时为了实现多分辨率模型实体的动态聚合解聚，本章对已有的分辨率切换策略、优化后的伪解聚优化策略进行分析，介绍跨分辨率交互协调策略。

第一节　多分辨率实体聚合解聚法的思想

根据列车运行控制系统多分辨率建模的全部应用需求，将列车运行控制系统多分辨率模型的中间层也就是核心设备的通信连接关系作为建模起始层，建立列控系统的具有中间分辨率属性的多分辨率实体，采用"聚合"的建模方法，建立较为宏观的模型实体；采用"解聚"的建模方法，建立较为微观的模型实体。这些模型实体共同构成了多分辨率模型域中的所有成员。

具体建模步骤如下：

(1) 收集系统的建模需求，得到对于模型不同分辨率的需求集合 $REQ=\{REQ_i\}$；

(2) 结合规范，划分系统实体组成，分析需求，建立多层分辨率模型实体结构；

(3) 针对需求关联程度最高的分辨率层次，建立对应的中间层分辨率模型实体集合 $ME^m=\{ME_i^m\}$；

(4)以 ME^m 为起点，基于需求 REQ，采用聚合法，建立较低分辨率层次模型实体集合 ME^l，如果还有更低分辨率层次的模型，继续聚合；

(5)以 ME^m 为起点，基于需求 REQ，采用解聚法，建立较高分辨率层次模型实体集合 ME^h，同样，如果还有更高分辨率层次的模型，继续解聚；

(6)得到所有分辨率层次的多分辨率模型实体集合 $ME=\{\cdots,ME^h,ME^m,ME^L,\cdots\}$。

在模型仿真运行的过程中，运行中间分辨率层次的模型，以节省系统资源，当外部操作人员产生调整模型分辨率的需求，或是模型本身运行的仿真过程对于模型调整产生需求时，调用目标分辨率模型实体，将当前传输数据进行分辨率映射，作为目标分辨率模型实体的输入，以完成分辨率切换过程。

比如，对于列控系统多分辨率模型仿真需求来说，在仿真的某一阶段，需要关注某列列车在线路上的运行过程，在仿真过程中，同时存在描述该列列车的较高分辨率的单车运行模型和描述除此之外的其他列车位于较低分辨率层次的多车运行模型，地面对于列车控制的实现通过较低分辨率的多车协同控制功能仿真模型和较高分辨率的地面子系统设备网络和信息流模型进行实现，其中，各个列车的运行行为是相对独立的，但是位于不同分辨率层次的控车策略的形成过程与不同分辨率层次的仿真控车信息是具有相关性的。因此，可以利用已经在多分辨率模型域中定义了的数据接口模型，实现多分辨率实体法中的交互协调模块，用于保证在不同分辨率模型并发运行过程中，不同分辨率层次的实体模型之间能够顺畅地进行交互。

第二节　列控系统多分辨率实体静态聚合解聚

在列控系统多分辨率实体框架中，每一个分辨率层次中的模型实体都是对于列控系统不同分辨率特性、不同侧重点的描述，所以，需要选择合适的分辨率层次作为建立多分辨率模型实体的第一步，通过聚合解聚获得较低及较高分辨率层次的模型。对于列控系统的多分辨率实体框架进行分析，可以确定优先建模的是单车运行控制模型。因为该模型最能明确体现列车运行控制系统结构，描述了列车运行控制系统的车地间的通信过程、地面设备间的连接状态、控车信息的生成及传递过程。

一、列车运行控制系统单车运行控制模型

单车运行控制模型的设备模型可以直接通过调用仿真的设备模块得到实现，具体每一个仿真过程，可以通过读取仿真计划设置所需的具体设备的功能、性能和数量进行实现。

单车运行控制模型调用的仿真设备模块之间的通信连接如图 3-1 所示。

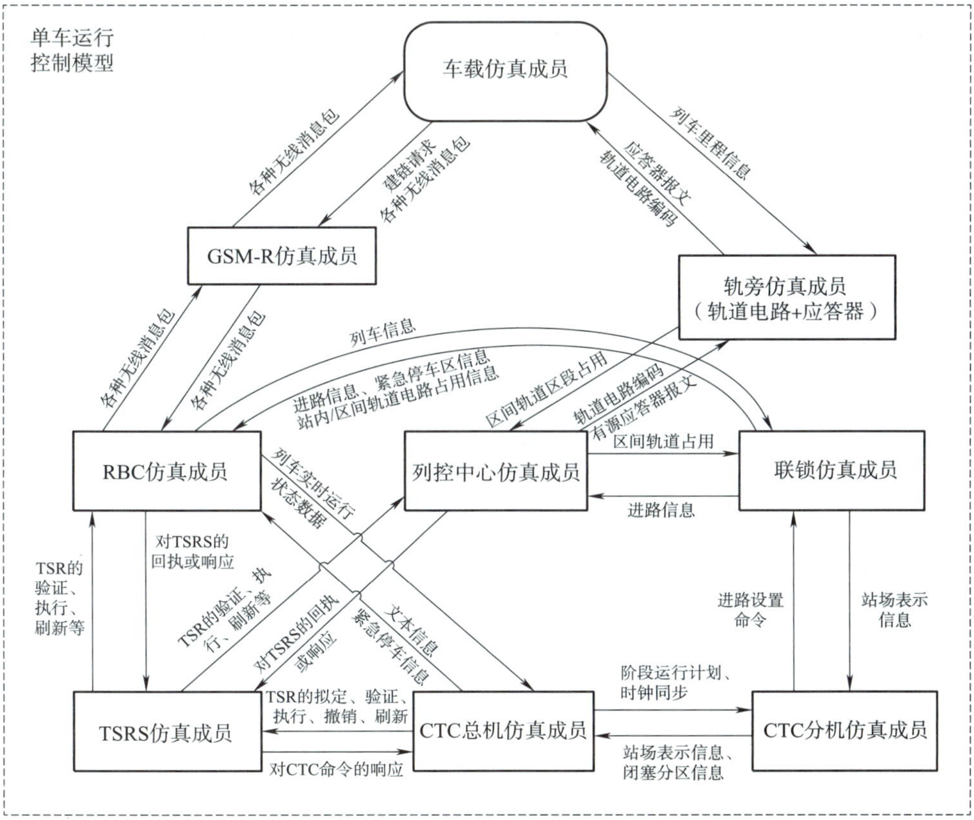

图 3-1　单车运行控制模型调用仿真设备模块的通信连接

二、模型实体的静态聚合解聚

基于列控系统的单车运行控制模型，可以结合已有的系统的标准或是规范以及系统的功能结构定义，构建支撑仿真的场景仿真模型和功能仿真模型。

以场景仿真模型为例，根据 CTCS-3 级列控系统技术方案，主要运营场景有 14 个，每个运营场景的具体描述、涉及的多分辨率实体、核心功能以及车载设备的相关主要模式见表 3-1。基于这些，可以构建场景仿真模型。

表 3-1　仿真运营场景分析

编号	场景名称	分　类	相关模型实体	主要功能	模　式
1	注册与起动		车载设备、司机、RBC、GSM-R	列车注册、行车许可	SB、FS
2	进出动车段	入动车段	车载设备、司机、RBC、GSM-R	—	FS(C2)
		出动车段	车载设备、应答器组、RBC、GSM-R	—	FS(C2)、FS
		动车段内	—	—	SH(C2)
3	级间转换	3 进 2	车载设备、应答器组、RBC、GSM-R	接收预告信息、终止 RBC 通信会话	—
		2 进 3	车载设备、应答器组、RBC、GSM-R	与 RBC 建立会话，接受行车许可	FS
		特殊情况	车载设备、司机	—	—
4	行车许可	进站	车载设备、CTC、联锁、轨道电路、RBC、GSM-R	列车进路、信号授权、生成行车许可、发送行车许可	
		区间	车载设备、RBC、GSM-R	生成行车许可、发送行车许可	—
5	RBC 切换	—	车载设备、应答器组、RBC1、RBC2、GSM-R	生成行车许可、与 RBC 建立会话，接受行车许可、发送行车许可、终止 RBC 通信会话	—
6	自动过分相	—	车载设备、应答器/RBC、司机、GSM-R	发送分相区信息、输出过分相指令、取消输出过分相指令	—
7	重联与摘解	重联	车载设备 1、车载设备 2、司机、CTC、联锁、轨道电路、RBC、GSM-R	生成行车许可、发送行车许可	—
		摘解	车载设备 1、车载设备 2、司机、CTC、联锁、轨道电路、RBC、GSM-R	生成行车许可、发送行车许可	—
8	临时限速	—	调度员、临时限速服务器、RBC、GSM-R	设置临时限速命令、下达临时限速、发送临时限速信息	—
		—	调度员、临时限速服务器、TCC、应答器	设置临时限速命令、下达临时限速、发送临时限速信息	—
9	降级	轨旁故障	轨道电路、车载设备、司机、RBC	停车、转目视行车、自动转换完全监控模式	FS、OS
		系统故障	轨道电路、车载设备、RBC、GSM-R	列车制动、自动转换至 C2、自动转换至 C3	—

续上表

编号	场景名称	分　类	相关模型实体	主要功能	模　式
10	灾害防护	风雨雪	调度员、临时限速服务器、RBC、GSM-R	临时限速	—
11	调车	塌方落物	联锁、TCC、(RBC＋GSM-R)/(TCC＋应答器)、车载设备	—	—
		车站站台	车站人员、联锁、TCC、(RBC＋GSM-R)/(TCC＋应答器)、车载设备	—	—
		—	联锁、RBC、GSM-R、车载设备	—	—
12	人工解锁进路	—	调度员、联锁、RBC、GSM-R、车载设备	—	—
13	特殊进路	—	地面信号	—	—
14	注销	—	司机、车载设备、RBC、GSM-R	—	—

聚合单车运行控制模型可以得到多车追踪运行控制模型。一般情况下，在列车运行控制系统多分辨率模型仿真中，多车追踪运行控制模型处于起始运行调用的分辨率层次。大规模的列车运行过程采用多车追踪运行仿真模型进行统一描述，多车协同控制功能仿真模型是用于多车追踪特性分析的运行控制仿真模块。因此，多车追踪运行控制模型十分重要。

由单车运行控制模型实体集合聚合生成多车追踪运行控制模型实体集合，从列车运行控制系统的结构特性入手，简化模型，将一些对于整个系统的贡献很小或全无的设备结点在聚合过程中进行合并。结合 Stanley 在 1977 年提出的系统准稳态的概念，构建列控系统的信息流过程的稳态模型，用于描述系统在特定条件下保持列车运行过程的稳定状态特性，比如：系统正常运行的设备网络结构、信息流程、逻辑方式以及参数设置等。除列控系统偶尔的状态突变之外，大多过程都可以用稳态模型进行描述。信息流稳态模型如图 3-2 所示。

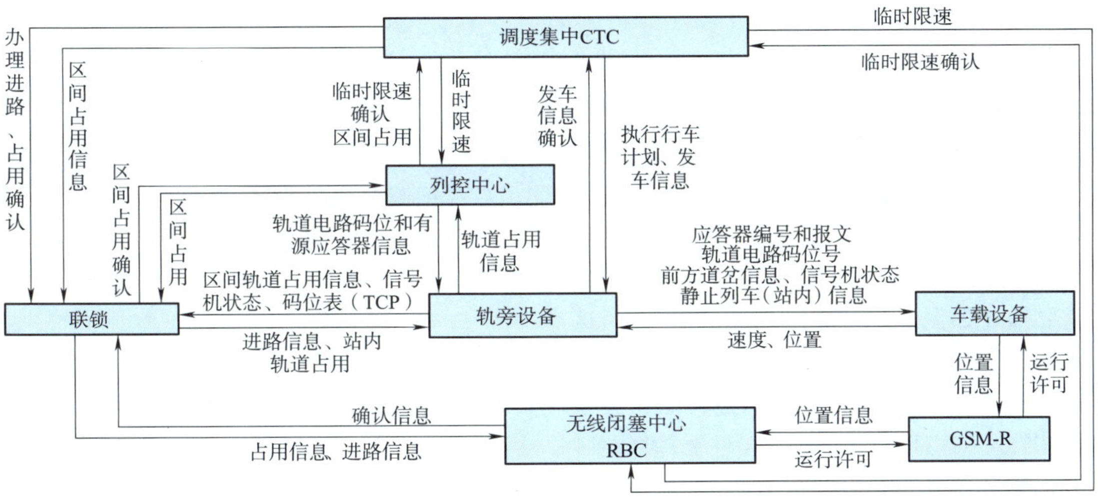

图 3-2　信息流稳态模型

进一步简化图 3-2，在信息流的稳态模型中，可以对大量确认信息暂不作考虑，将信息分为线路信息、列车信息以及控车信息，从而，信息流的各个结点也可以分为传输结点、处理结点以及来源结点。比如说，对于 GSM-R 来讲，由于车载设备将列车信息发送给 GSM-R，GSM-R 将信息进行一定安全处理后转发给 RBC，同样，RBC 将列车的运行许可，也就是定义的控车信息，发送给 GSM-R，GSM-R 将信息转发给车载设备，这样，信息流在 GSM-R 设备结点本身信息的性质以及信息的内容都没有发生变化，因此，可以将 GSM-R 结点看作是传输结点。

因此，针对不同的信息流类型和不同类型的信息流结点分别进行模型定义，并且作以下假设：

假设 1：时间基为 T_0，为了适应列控系统应用，将 $T_0=1$ min 作为在线路上运行的列车和线路的相关信息更新的周期，各个信息流结点的时间基统一为 T_0。

假设 2：信息流模型在时间基 T_0 内的过程是稳态的，且列车的和线路的相关信息在时间基 T_0 内是连续的累计量，控车信息仅在每个时间基 T_0 时刻发出。

假设 3：多车协同控制功能仿真模型与多车追踪运行仿真模型在一个分辨率层次上，也就是描述的是多个列车在线路运行中，对于列车的信息获取及控车过程。

在该定义的基础上，构建处于多车追踪运行控制模型的模型实体，该模型实体主要包括两部分：多车协同控制功能仿真模型与多车追踪运行仿真模型。因此，需要执行聚合行为，对地面子系统的设备网络模型和信息流模型进行细节层次简化，提取出多车协同控制功能仿真模型的特征结构、特征结点以及特征的 I/O 信息。

为了对多车协同控制功能仿真模型的结构和结点进行细节层次简化，参照已有的设备网络模型中的各个结点的属性参数，建立一个具有相同格局的特性度量树，特性度量树是进行简化的依据，其结点对应于原网络模型中的各个结点，包含该结点的特性度量，即该结点对于系统特性的影响的量化值。

结点的特性度量需要考虑以下两个方面：

(1)属性贡献：即该结点的属性对于整个系统的属性的影响，可采用该结点代表的设备的物理属性(如：故障情况、计算时间等)进行衡量，如：估算该结点的故障率对于系统故障率的影响。

(2)结构贡献：即对于整个系统的结构有无作用、作用多大，可判断该结点代表的设备是否属于系统的关键设备，如果是，则若将其简化抽象会产生多大影响。结合前文提出的信息流中结点的分类，根据多分辨率建模仿真的目的，可以看出在该网络结构中，传输结点的结构贡献较小，可以在聚合过程中进行合并简化，信息处理结点和信息来源结点需要进一步进行分情况考虑，对于影响较小的信息处理结点和信息来源结点，也可以在聚合过程中进行合并简化。

简化后的多车追踪运行控制模型的模型实体结构，以及多车协同控制功能仿真模型内部的主要描述如图 3-3 所示。

图 3-3 中，将 CTC 和 RBC 的核心功能进行了保留，将其他的地面设备进行合并简化，统一用其他地面设备进行描述，通过将信息类型进行分类，在多车协同控制功能仿真模型的特征结构和特征结点明确的基础上，对于特征的 I/O 信息进一步进行提取，由于多车协同控制功能仿真模型与多车追踪运行仿真模型在同一个分辨率层次，因此，特征的 I/O 信息便是多车追踪运行仿真模型中各个列车的简要运行状态信息以及多车协同控制功能仿真模型对于多车追踪运行仿真模型内部的各个列车的控制信息。将关注点放在列车常规运行过程中多车协同控制功能仿真模型与多车追踪运行仿真模型交互的列车信息和控车信息上，将所有其他的轨

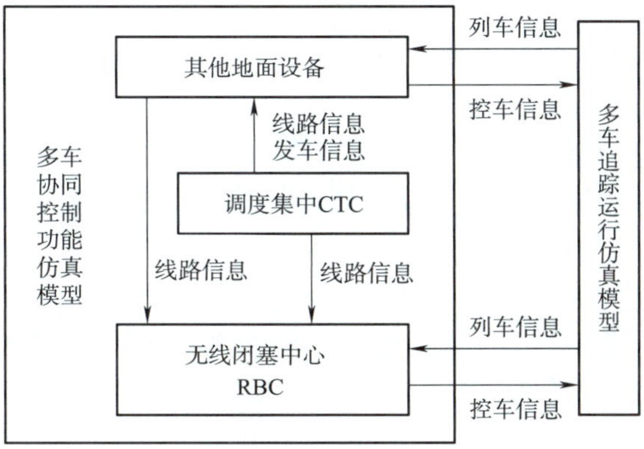

图 3-3　多车追踪运行控制模型的模型实体结构

道电路码位表、应答器信息、联锁信息等在列车发车或接车过程中的通信信息都统一看作是线路信息，以简化系统模型和系统结构。

第三节　列控系统多分辨率实体动态聚合解聚

已有的多分辨率数学描述方法已经为列控系统多分辨率模型实体的实现提供了很好的基础。在多分辨率模型域管理模型的定义里，为各个分辨率模型实体组合互操作的实现提供了很好的基础和手段。本节基于已有多分辨率模型域的数学描述方法，实现仿真运行过程中的不同分辨率层次模型的重组，实现模型间的跨分辨率交互。

一、列控系统多分辨率实体分辨率切换策略

列车运行过程可能存在很多运行场景，每个场景需要的设备配置和交互流程都是不一样的，但是，在仿真过程中，模型进行分辨率切换的触发条件不论是内在需求还是人为设定，分辨率切换的行为本质都是一样的。为了深入研究列控系统模型的分辨率切换，考虑如图 3-4 所示的典型运行场景。

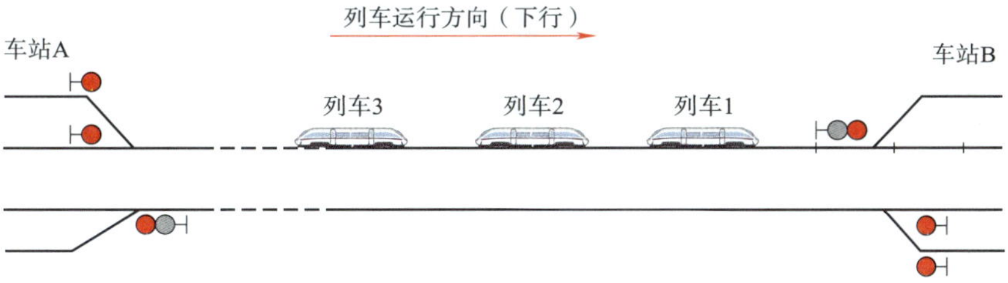

图 3-4　列车典型运行场景

图 3-4 所示的运营场景为多车在区间追踪运行的过程，假设 n 列同向行驶的列车在列控系统的协调控制下从车站 A 发车驶往车站 B。选取列车进站（车站 B 接车）这个典型场景，则整个过程的多分辨率模型可以这样划分：未接近车站 B 时，运行多车追踪运行控制模型，该模

型可以在宏观层面上较粗略地反映各列车在区间的运行状态，所提供的信息符合系统调度决策人员的需要；当列车 1 接近车站 B，此时，列控系统模型进行分辨率切换，调用单车运行控制模型。

其中，对于车站这一特殊环境，在列车在车站办理接车进路的过程中，地面子系统中关键的控车信号设备有所变化，并非之前分析的 RBC 及调度集中，而是联锁、TCC 等信号设备。

结合上一章提到的多分辨率模型域中分辨率切换触发接口模型的数学描述，其中：

(1)仿真数据监控函数 $\rho: X_D \to X_{\text{simulation}}$，当仿真满足以下条件时：$|GCor - SCor| < D$（$SCor$ 为车站实体的位置，D 为列车与前方车站的距离阈值，小于该值时触发分辨率转换），列车实体的分辨率将发生变化（由多车运行模式变为单车运行模式）；

(2)代表单车的模型 M_{Ti} 将会被创建；

(3)初始化高分辨率模型 M_{Ti}，根据低分辨率模型 M_M 的属性，调用数据内容分辨率映射函数 $\mu_{ij}: \{MRD_i\} \times j \to \{MRD_j\}$ 来获得高分辨率模型的初始化状态；

(4) 低分辨率模型 M_M 被销毁。

则构建的多分辨率模型，在仿真过程中的分辨率切换过程如图 3-5 所示。

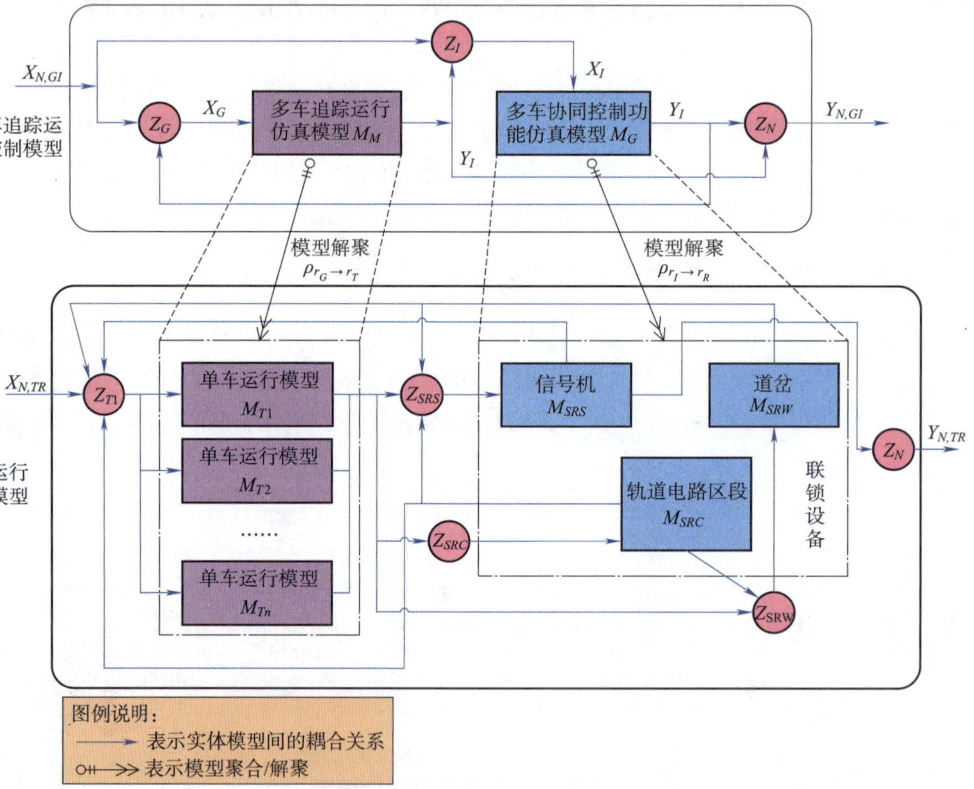

图 3-5　列车进站条件下的模型分辨率切换过程

分析图 3-5 所示的分辨率切换过程可以发现，对于模型仿真需求来说，关注一列列车的进站过程就足够了，不需要配套生成那么多单车运行模型。但是，如果两个分辨率层次的列车运行模型，即单车运行模型与多车运行模型同时存在的话，由于多分辨率模型规则的定义，只能支持同一分辨率层次上的模型交互，则会同时运行两个分辨率层次的模型实体集合，增加了系统仿真运行的负担。

二、基于伪解聚法的模型分辨率切换优化策略

为了保证多个多分辨率模型间的信息交互在同一分辨率下进行，同时避免运行多个不同分辨率层次的模型实体集合，可以考虑对模型的分辨率切换策略进行优化。

如果在不同分辨率模型间的信息交互过程中，较高分辨率层次模型只是需要另一较低分辨率模型的较高分辨率层次的信息，对于较低分辨率的模型并不存在实际的控制行为，而且仿真的信息交互过程也不对较低分辨率的模型产生影响，则可以采用伪解聚法。即，在较高分辨率层次与较低分辨率层次模型之间，补充构建一个新的状态，即伪解聚状态，在伪解聚状态下，多分辨率模型域管理模型通过执行伪解聚算法，通过处理在较低分辨率层次模型的仿真运行数据，得到较高分辨率层次的模型数据，并发送给较高分辨率层次的模型，以保证多分辨率模型内部交互的分辨率层次一致性，而低分辨率模型依旧按照原分辨率层次运行。

以图 3-4 中所示场景为例，当列车 1 接近车站 B 时，系统模型进行分辨率切换，调用列车 1 的单车运行模型，其余列车则继续构成新的多车追踪运行仿真模型，调用多车追踪运行控制模型的多车协同控制功能仿真模型实体不变。

结合上一章提到的多分辨率模型域中分辨率切换触发接口模型的数学描述，其中：

(1)仿真数据监控函数 $\rho: X_D \rightarrow X_{\text{simulation}}$，当仿真满足以下条件时：$|GCor - SCor| < D$（$SCor$ 为车站实体的位置，D 为列车与前方车站的距离阈值，小于该值时触发分辨率转换），列车实体的分辨率将发生变化（由多车运行模式变为单车/多车并发运行模式）；

(2) 代表单车的模型 M_{Ti} 将会被创建；

(3)初始化高分辨率模型 M_{Ti}，根据低分辨率模型 M_M 的属性，调用数据内容分辨率映射函数 $\mu_{ij}: \{MRD_i\} \times j \rightarrow \{MRD_j\}$ 来获得高分辨率模型的初始化状态；

(4) 低分辨率模型 M_M 进行重组后重新参与仿真。

此时，单车运行模型 M_{Ti} 与地面设备的通信过程中，要求与多车协同控制功能仿真模型所进行交互的信息是较高分辨率状态，而与新的多车运行模型进行交互的多车协同控制功能仿真模型是较低分辨率状态。通过实际仿真，发现其实单车运行模型 M_{Ti} 对于较高分辨率的地面子系统模型的通信过程大多只是获得更加详细的信息或属性特征，一般情况下，不会对于多车协同控制功能仿真模型存在很大的影响，因此，可以在仿真过程中，通过对较低分辨率的多车协同控制功能仿真模型执行伪解聚行为，以获得较高分辨率层次模型的某些属性特征。伪解聚方法信息交互如图 3-6 所示。

由图 3-6 可以看出，在伪聚合解聚方法应用过程中，当需要与较高分辨率模型交互的时候，通过多分辨率模型域管理模型，从已有的位于较低分辨率层次的模型数据中提取出较高分辨率层次模型需要的数据描述，依赖伪解聚模型数据生成器，获得较高分辨率层次模型需要的数据，并发布给较高分辨率层次的模型。

构建的多分辨率模型，在仿真过程中的分辨率切换过程如图 3-7 所示。

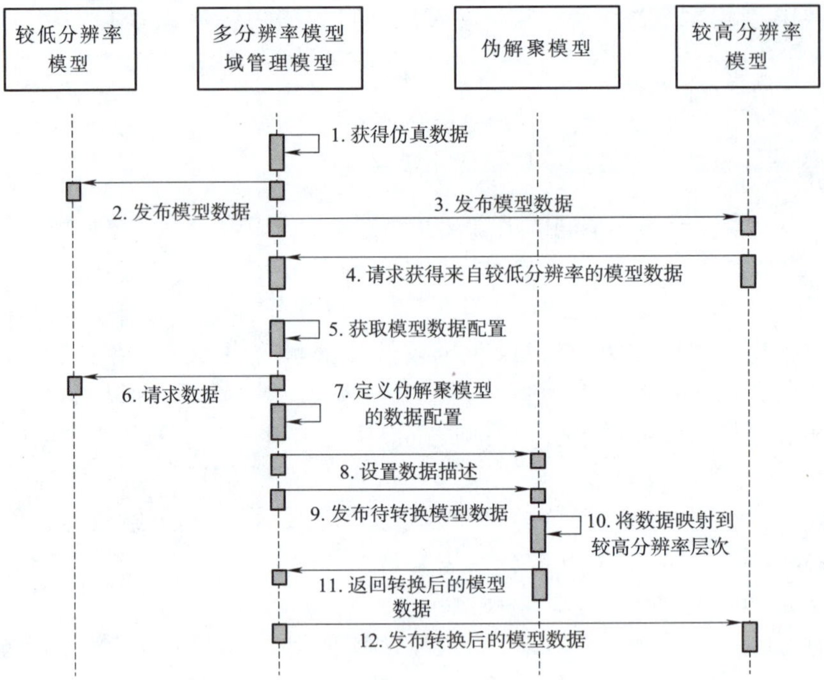

图 3-6　伪解聚方法信息交互

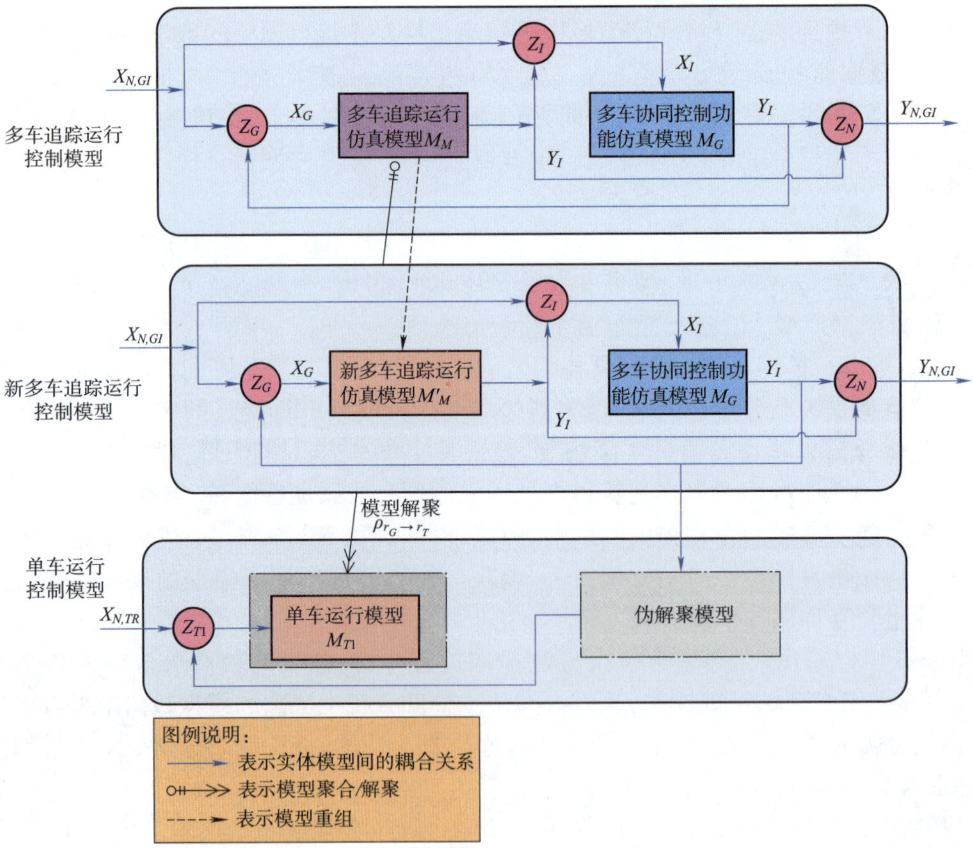

图 3-7　应用伪解聚的列车进站条件下的模型分辨率切换过程

通常情况下，如果需要对于多车协同控制功能仿真模型执行伪解聚行为，应该是单车运行模型需要获得更加详细的线路数据，或是为了重现列车进站的详细过程。因此，通过伪解聚方法，可以根据单车运行模型的位置和速度，结合已有的列车时刻表以及调度集中信息，生成较高分辨率的列车区间运行控制信息或是较高分辨率的列车进路信息，以配合较高分辨率层次的单车模型仿真运行。

但是，可以看出，单车运行模型的输出不能有效反馈到多车协同控制功能仿真模型中，因此，伪解聚方法适用于短期的、临时的分辨率切换，如果长期应用，由于较高分辨率层次的模型数据无法反馈给较低分辨率层次，会影响模型整体的一致性和正确性。

三、列控系统多分辨率实体跨分辨率交互协调策略

伪解聚方法的使用，可以支持在短时间内的高分辨率模型运行过程。但是，如果为了实现多分辨率模型实体之间的交互，基于多分辨率模型域中的专门数据接口模型的数学定义，多分辨率模型域管理模型可以对于多分辨率模型域整体进行规划管理，可以将概念性的跨分辨率交互协调功能通过数据接口模型进行实现，以解决不同分辨率模型的并发运行问题，也就是传输的数据和信息的分辨率映射问题。

由于不同分辨率模型所发出的以及需要获取的信息的分辨率是不同的，因此，不同分辨率的模型交互过程需要将通信的信息进行分辨率映射。比如，将较低分辨率的信息映射到较高的分辨率，或是将较高分辨率的信息映射到较低的分辨率中，当情况略微复杂时，如一个处在单一分辨率层次的模型与另一个多分辨率模型系中的若干处于不同分辨率层次的模型进行通信，则需要将一个单一分辨率的信息映射到多个分辨率层次中。在这种映射过程中，得到的不同分辨率层次的信息详细程度、数据描述方法都是不一样的，但是，信息的关键核心内容、性质必须保持一致。

将模型间通信的信息进行解析，可以认为每一次通信的信息包括信息属性、信息内容以及信息格式三部分。

(1)信息属性。描述该信息与分辨率层次的关系，在信息的映射过程中，用于判断该信息是某分辨率下特有的只有在该分辨率层次上模型间通信的信息，还是面向某几个甚至全部分辨率层次的模型的信息。因此，首先可以根据信息的信息属性进行判断，若信息属性是单一分辨率，则该信息不需要进行映射处理，若信息属性是多分辨率的，则对该信息进行处理。

(2)信息内容。映射过程可以分为直接映射和间接映射，直接映射是指对于不同分辨率的模型，该信息的具体内容是不需要进行改变的，比如列车的位置信息、速度信息，间接映射是指该信息只是某些分辨率层次的模型所需要的信息的一部分，或是只是对于某些分辨率层次的模型所需要的信息会产生影响，该信息的具体内容在映射过程中，会产生很大改变。因此，可以根据信息内容的映射过程不同，直接映射得到需要的信息，或者通过结合模型初期的定义以及经验数据计算得到间接映射的信息。

(3)信息格式。一般来说，在信息的分辨率映射过程中，不同分辨率的模型对于接收信息的格式都是不一样的，当然也存在个别不需要进行格式改变的特例。因此，在完成了信息属性和信息内容的映射之后，可以参考实际系统规范以及仿真框架定义，完成信息的格

式的映射。

基于上述分析，可以得到跨分辨率信息交互流程如图 3-8 所示。构建的多分辨率模型在仿真过程中的分辨率切换过程如图 3-9 所示。

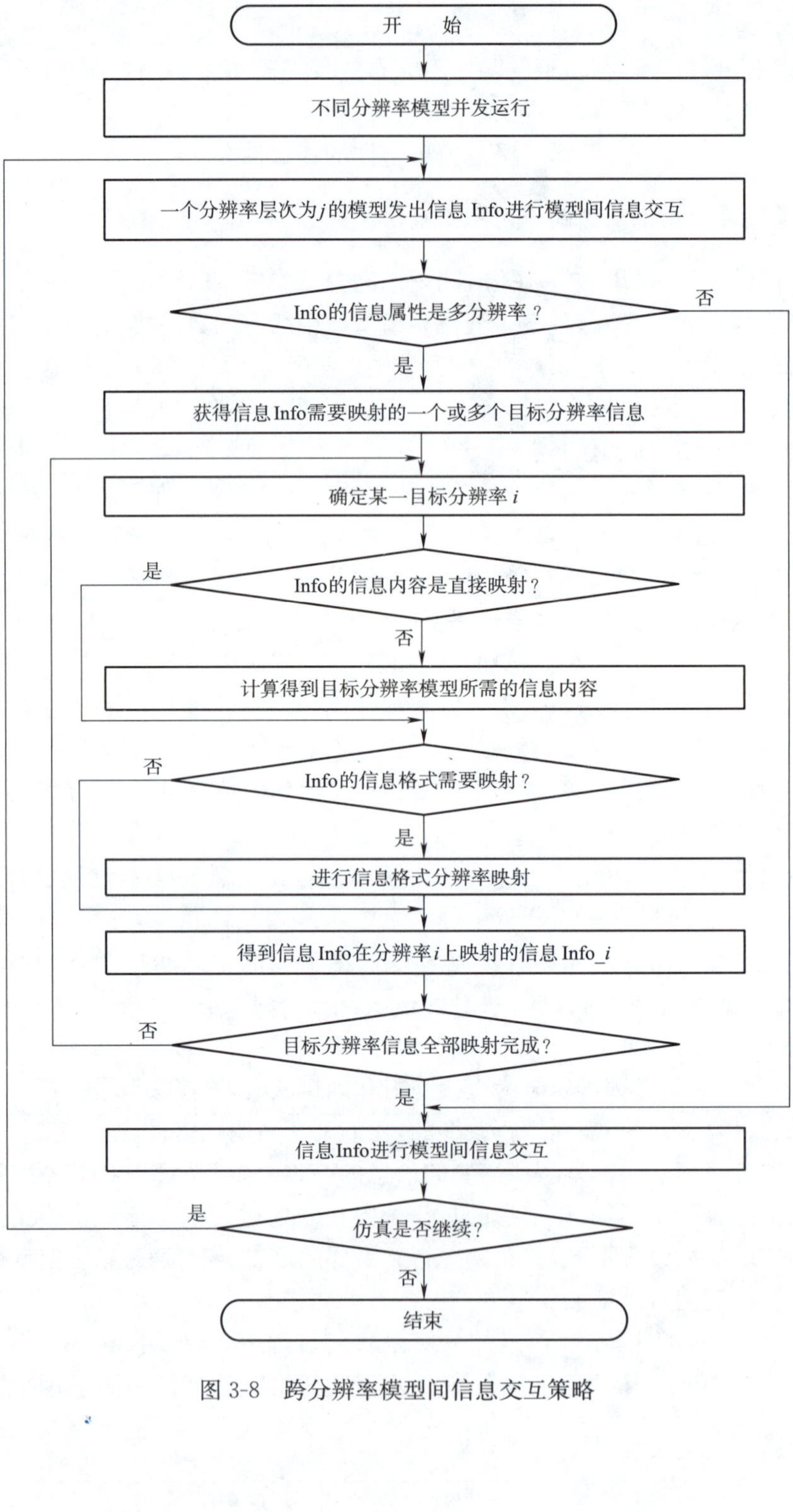

图 3-8 跨分辨率模型间信息交互策略

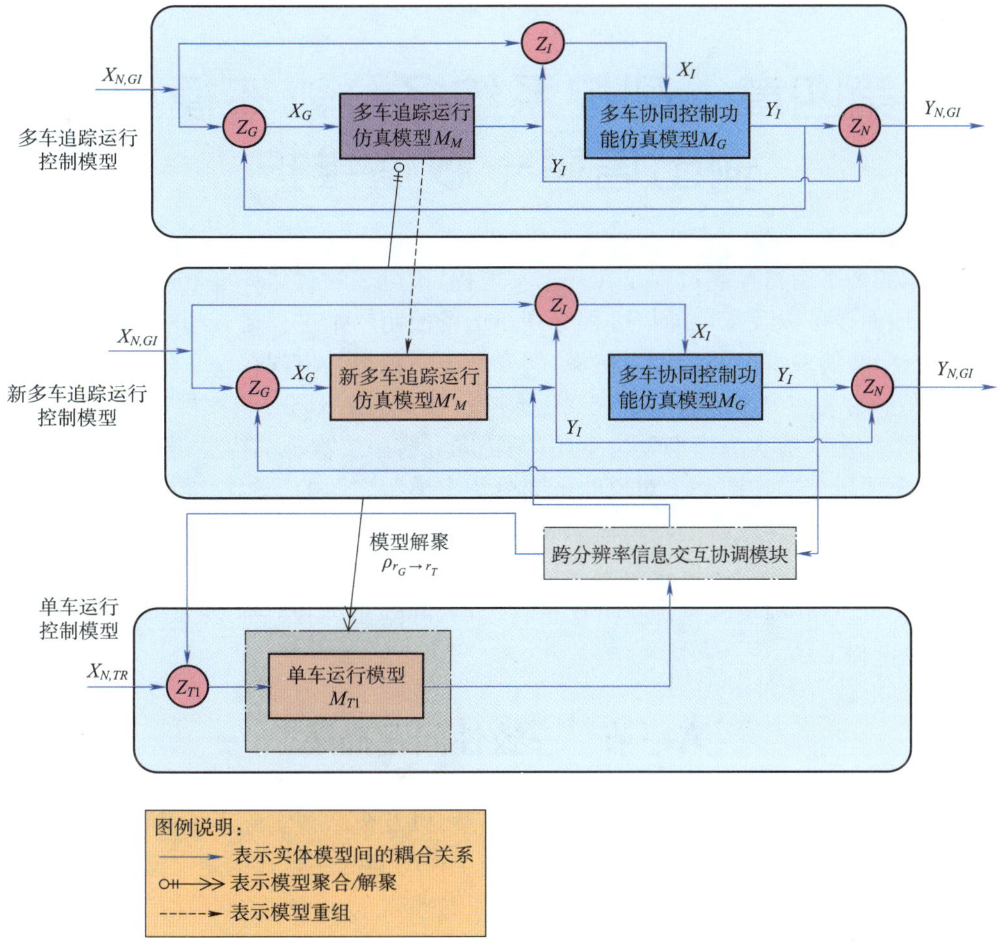

图 3-9　应用跨分辨率交互策略的列车进站条件下的模型分辨率切换过程

通过跨分辨率交互策略的应用，可以有效支持单车运行模型与多车协同控制功能仿真模型的双向通信，保证模型整体的一致性和正确性。

第四章　列控系统多分辨率模型输出信息一致性维护

由于实际的列车运行控制过程是在一个不可控、不可观的自然环境下进行的，外部环境会对列车运行、地面设备以及车地通信过程等列车运行控制的全过程造成影响，在模型设计过程中自然要考虑一些偶发情况的产生。然而，偶发情况多数都是出现在一个分辨率层次中，对单一分辨率层次下的某一个设备或子系统产生影响。因此，当不同分辨率层次下的模型并发运行时，若某一个分辨率层次的模型发生变化，则不同分辨率层次下的模型得到的仿真运行结果不一致，因此需要研究描述同一个对象的不同分辨率模型之间的一致性维护问题。

本章主要介绍一致性维护的基本概念及方法，针对列控系统中控车过程的实际特征，详细介绍列控系统不同分辨率控车信息及列车运行状态信息的一致性维护方法，对列控系统多分辨率模型的输出信息映射项权重评价方法进行说明，并给出列控系统多分辨率模型一致性维护的仿真实现过程。

第一节　一致性问题描述

同一个对象的不同分辨率模型之间一致性问题，以及模型与实际系统的一致性问题，都可以抽象为最基本的模型一致性问题。最初对于两个模型间的一致性的定义是从模型的输出角度出发的，两个模型之间输出一致性的描述如图 4-1 所示。

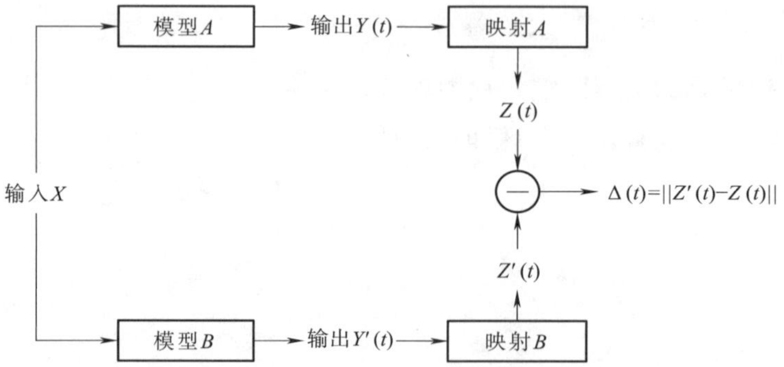

图 4-1　模型输出一致性描述

在同样的输入条件下，两个模型在任意时刻 t 下的输出通过映射处理之后进行比较，判断得到差值，由此确定两个模型之间的一致性。其中，两个模型的输出经过映射处理，具有了可比性。

在多分辨率模型中，已有的一致性映射大多是简化映射函数，因为两个模型同属于同一个模型系，只要设计一个映射过程（如，解聚映射或者聚合映射），将模型的输出映射到同一个分辨率层次上，如图 4-2 所示。

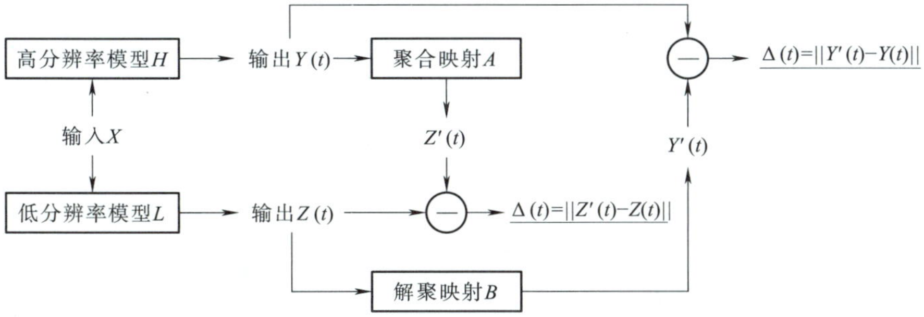

图 4-2　多分辨率模型输出一致性

对于列控系统的多分辨率模型来说，模型系的输出一致性维护也是十分必要的。在列控系统的多分辨率模型域中，主要存在两个多分辨率模型系：列车运行模型系和列车控制模型系。在不考虑外部环境影响的情况下，需要保证各个模型系内部的模型间的输出一致性，即这两个模型系间的不同分辨率层次的通信信息的一致性。列车控制多分辨率模型系的输出一致性如图 4-3 所示。

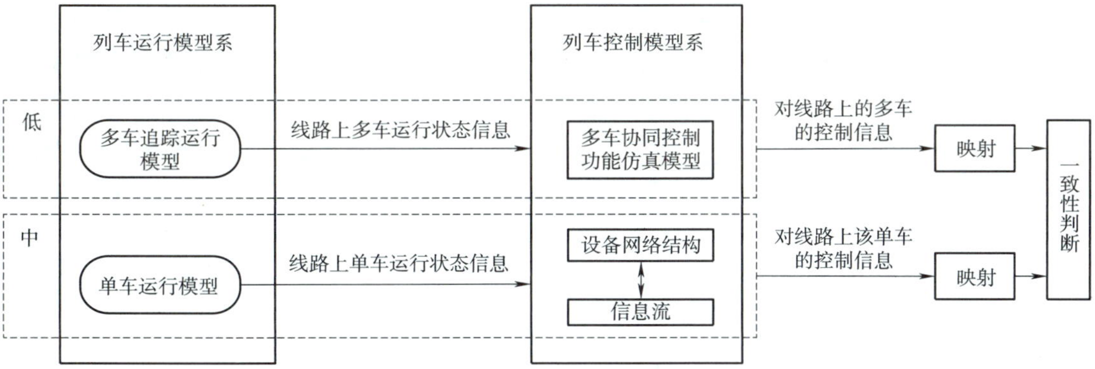

图 4-3　列车控制多分辨率模型系的输出一致性

图 4-3 中，将列车运行多分辨率模型系的处于不同分辨率层次的列车运行状态信息看作输入信息，列车控制模型系中的各个分辨率层次的模型在该输入条件下，自然会产生相应的输出反馈，也就是控制信息，由于模型分辨率层次不同，控制信息的内容以及格式也会不同，因此可以根据建模需求不同，设计相应的映射函数，对控制信息的一致性进行判断。同样，将信息的传输方式反过来即可判断列车运行模型系的输出一致性，如图 4-4 所示。

在列控系统多分辨率建模仿真的过程中，同一模型系的输出是要求具有一致性的，尽管不是完全一致，比如，多车协同控制功能仿真模型对于单一的某一个列车和其他多列列车的控制信息是不一样的，但是，对于该列车以及其他多列与该列列车在同一区间内的列车来说，限速信息应该也必须是一样的，还有，再往更深层次去考虑，该列车收到的来自地面的控制信息与其他多列列车收到的控制信息也是具有相关性的，因为控制决策的形成是综合全路网所有列车进行协调调度的，至少不会产生位于较低分辨率的多列列车中的某列列车与位于较高分辨

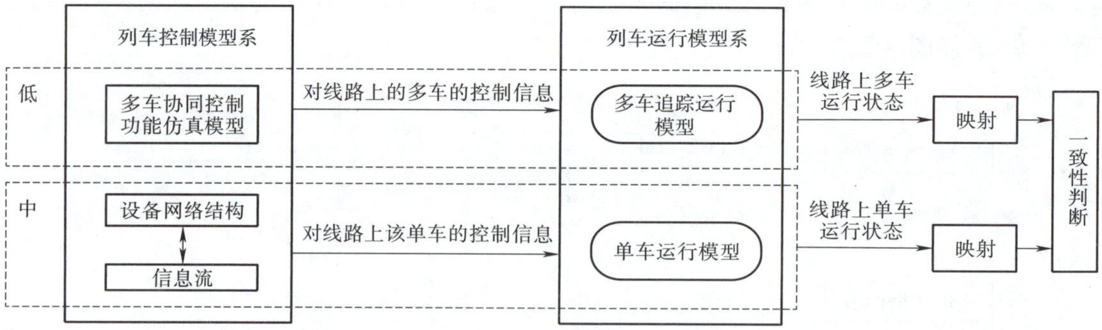

图 4-4　列车运行多分辨率模型系的输出一致性

率的车次号不同的某列列车的控制信息产生冲突的情况。这些一致性的思想，在列车运行模型系上也是同样适用的，比如，同样，多列列车在路网上的运行状态是具有相关性的，因此，在多分辨率模型仿真运行的过程中，这些相关性也需要保持。所以，对于列控系统的多分辨率模型系内部的一致性来说，强调的不是内容上的完全一致性，而是信息逻辑上的一致性。

一般情况下，上面提到的这些内容也都是一致的。但是由于列车运行控制系统是存在于运行环境和人的行为等自然性要素和社会性要素中，有故障或是突发事件的情况，这些在单独设备模型的建立中，也已经进行了定义。但是整个列车控制信息的形成或是列车运行的实施，涉及多个功能组织的协同作用。在这样的情况下，有可能偶发的某个单个设备或是子系统的故障对于模型系中某个分辨率层次的模型的输出产生影响。这种影响可能会在其他分辨率层次的模型输出中不可见，甚至消失，但也可能会在其他分辨率层次的模型输出中扩大，甚至引起连锁反应，使得模型的输出超出限制范围。这两种情况下，都会造成同一模型系中，不同分辨率层次的模型输出不一致。对于这种多分辨率模型系输出信息的逻辑一致性问题，由于其性质的特殊性，不能简单直接地进行一致性维护，将输出信息统一处理，得到一致性结果。而是需要对该不一致问题产生的原因进行分析，结合仿真数据，确定干扰产生的来源，结合来源，有针对性地判断确定需要进行一致性修正的分辨率层次，以及一致性修正的目标输出，然后对于该分辨率层次的模型输出进行一致性维护处理。

第二节　模型输出信息一致性维护方法

传统多分辨率模型系输出结果的一致性维护方法都是针对模型系的输出数据或是模型系的状态数据进行维护，数据可以直接用于比较，能够量化进行一致性评估以及有针对性地维护。在列控系统多分辨率模型中，需要进行一致性维护的是多个或单个列车与多车协同控制功能仿真模型以及其他设备等的互联互通互操作的信息，这种信息中不仅涉及数据的传输，更多的是信息的传输。

信息是抽象的、无法量化衡量的，通过对两个需要进行一致性判别的信息分别进行映射，得到量化的、抽象的数据；通过计算两个抽象的数据的数学上的距离，得到一个绝对的一致性差异的定量数值；根据量化的数值判断是否存在一致性维护的必要性。一致性维护的过程如图 4-5 所示。

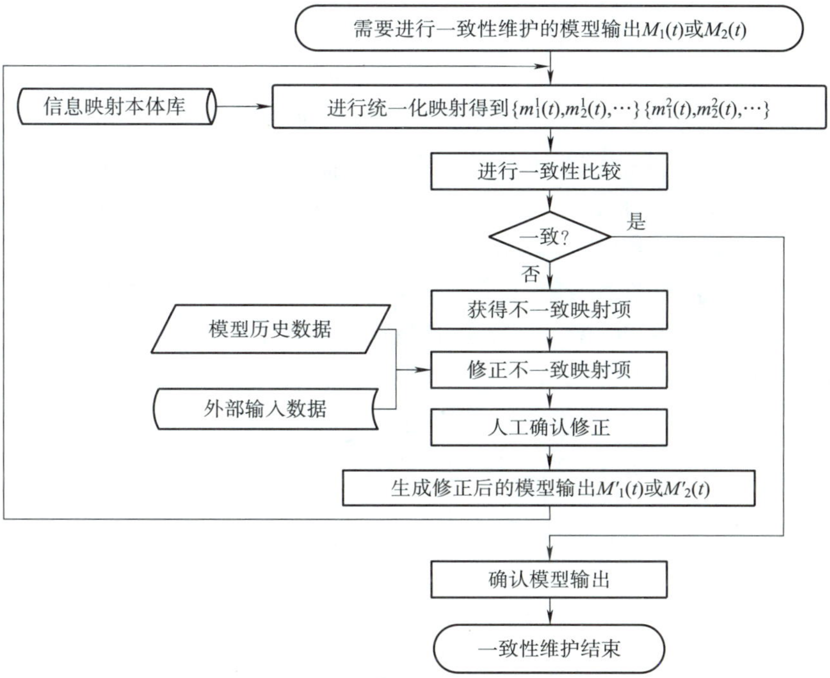

图 4-5 一致性维护的过程

一、基于本体映射的模型输出信息统一化映射方法

信息是系统互联互通的基础，对于列控系统的多分辨率模型系的输出一致性来说，不同层次模型的输出信息必然是不同的，但是，不同分辨率模型输出的信息中在某个程度上语义逻辑是一致的。因此，需要将来自于不同分辨率模型输出的信息基于本体映射理论，利用已有的知识、数据和它们的转化成果，将信息映射到数学层面上进行表示。

解读信息，将信息分为时间、对象、操作行为、行为时间四个部分，如图 4-6 所示。再根据仿真建模需求，将行为进一步分析解读，得到该信息的核心内容。对于多分辨率模型系来说，输出的信息还是具有很多共同或是共通点的，因此借助本体的概念，用本体来描述不同分辨率模型输出信息的特征共同点或是共通点，通过定义本体的数据集合，来形式化描述模型输出信息。

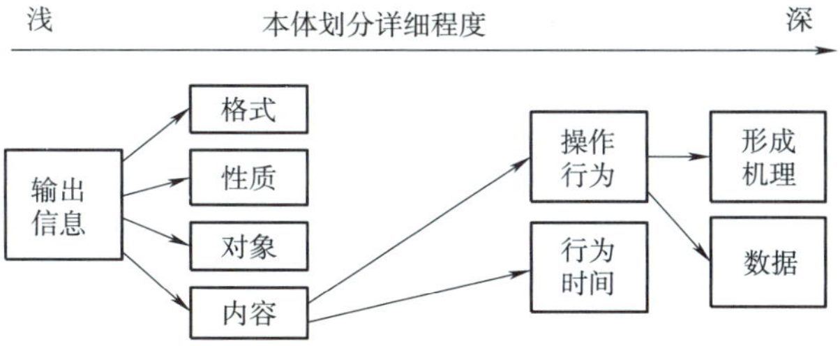

图 4-6 输出信息的本体划分

这种本体划分思想只是一个最基础的划分思想，通过本体划分，可以找出信息内部的核心

部分,即内容。基于描述逻辑的方法,构建信息特征库,以保证映射的正确性和映射结果的一致性。一般的信息内容中,包括显性的直接表述某种行为或是某种特征的部分,也包括隐性的暗含有某种因果关系或是逻辑推理关系的部分。因此,在基于描述逻辑的信息映射过程中,将信息映射的步骤分为两部分:显性(T)和隐性(A)。显性类 T 中包含的元素定义为 $Atom$,这些元素的描述定义是直接从信息本体中得到的,是显而易见的。对于显性类 T 中的元素进行逻辑运算,如:本身($Atom$),非($\neg Atom$),和($Atom_1 \wedge Atom_2$),或($Atom_1 \vee Atom_2$),存在于($\exists$)等等,就能够得到某些逻辑上隐藏的或是只存在于信息产生过程中的内容,对这些隐藏的信息本体进行再次映射,得到了隐性的元素,共同构成了隐性类 A。最终得到的基于描述逻辑的信息映射结果库命名为 K,则有 $K=\langle T,A\rangle$。可以说,通过对信息进行映射,可以得到信息本身更为精确的描述以及隐藏在信息中的信息内容。一个信息进行本体映射的过程如图 4-7 所示。

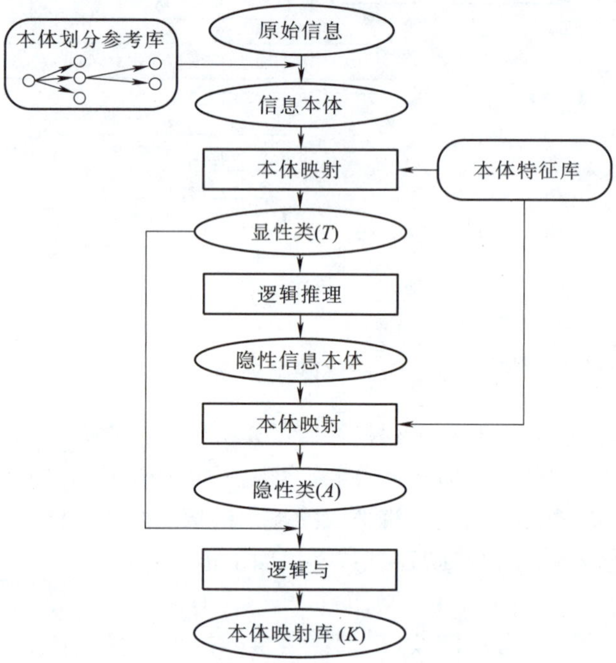

图 4-7 信息进行本体映射的过程

在图 4-7 中,信息的本体划分和信息特征库的建立是需要人工根据实际信息的情况及分析需求进行定义设置的。信息转换的整个过程用函数表示如下:

(1)本体划分:$f(Info)\rightarrow\{O_1,O_2,\cdots\}$,其中 $Info$ 为信息本身,O_i 是存在于该信息中的本体定义,将信息 $Info$ 中包含的所有本体$\{O_1,O_2,\cdots\}$记为 OS;

(2)本体映射:$O(Info,OS)\rightarrow\{O_1(Info),O_2(Info),\cdots\}$,其中 $O_i(Info)$表示信息 $Info$ 在 O_i 的本体定义中的映射数值,也就得到了信息中包含的显性原子的 $Atom$ 组合,将这些显性元素的定义及其映射数值的组合记为 EI;

(3)逻辑推理:$L(EI)\rightarrow\{HInfo_i\}$,其中 $HInfo_i$ 表示根据显性的元素信息得到的一个隐性的信息内容;

(4)隐性信息处理:将得到的每个隐性信息 $HInfo_i$ 再次经过映射处理,获得隐性信息的

映射元素 $Atom$ 集合，记为 HI；

(5)将得到的显性的和隐性的映射结果进行合并，也就是该信息经过本体映射的映射结果：$EI \cup HI = M$。

二、模型输出信息一致性维护算法

通过对两个不同信息的一致性进行判断，确定不一致的映射项，根据映射项的类型以及映射项的特征，确定正确的模型输出结果，作为一致性维护的目标，进行一致性维护。对于定义状态、性质或是对象的映射项，由于一致性类型只存在 0 或 1，即一致或是不一致；而对于定义数据的映射项，则需要通过一致性维护，将不同分辨率模型得到的输出信息在该映射项上的输出数据之间的误差维持在容许范围内。

在一致性维护问题上，就要对来自不同分辨率模型的、输出信息不一致的映射项进行区分，确认出现不一致映射项的一致性类型。在确定了不一致的映射项的情况下，结合系统历史数据以及经验数据，判断不一致的成因。当确定了不一致的成因之后，有针对性地选择一致性维护算法，使得模型在仿真运行过程中能够尽量平和地进行一致性调整。一致性维护流程如图 4-8 所示。

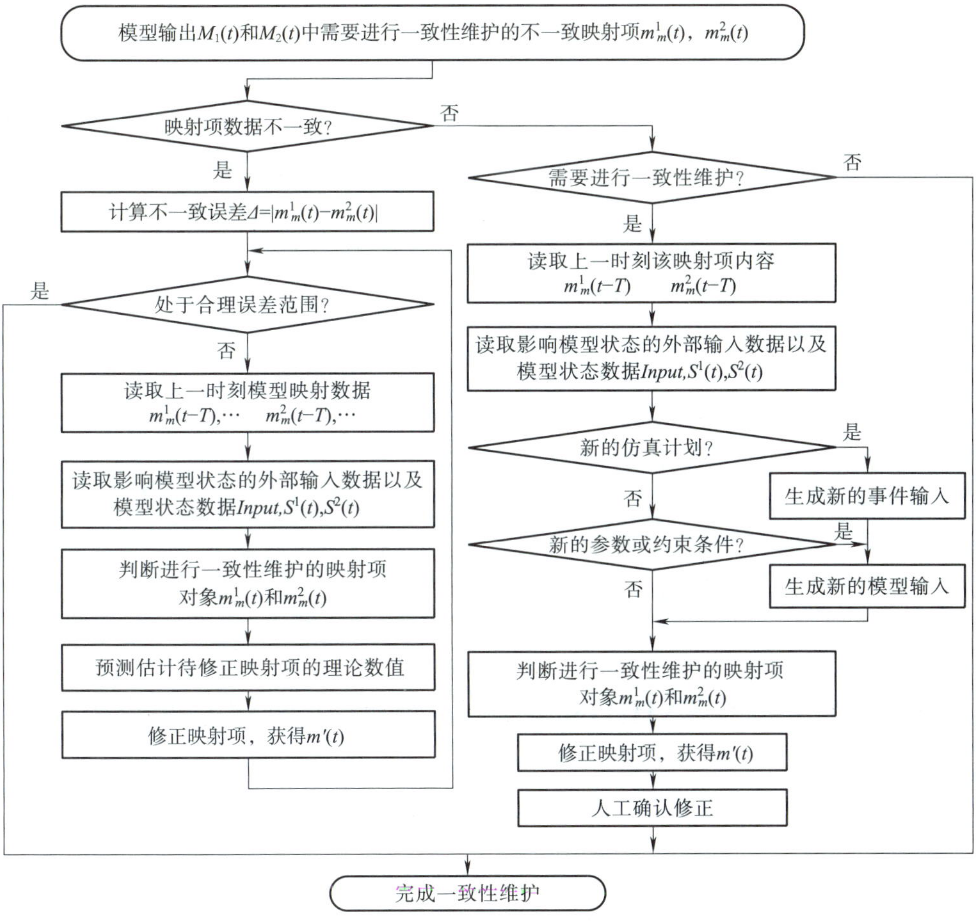

图 4-8　一致性维护流程

其中，对于定义状态、性质或是对象的映射项类型，当产生不一致状态时，根据仿真过程中的仿真计划调整或是模型参数的变化进行判断。由于模型所处的分辨率层次不同，本身信息的输出就有详细程度的差异，较低的分辨率模型输出的信息经映射后，某些映射项会为空集，造成两个输出的不一致，这种问题在映射的过程中、在映射项的设置上已经尽量加以避免，但是也可能存在这种不一致情况，在仿真过程中，可以不进行一致性维护。因此，对于定义状态、性质或是对象的映射项的不一致情况，偶然性较大且很难有统一的解决方案，需要进行反复人工确认，即在修正前人工确认进行修正，并且对于修正后的结果还要再次进行人工确认。

对于定义数据的映射项类型，产生不一致状态时，需要分情况进行考虑。因为本身由于模型分辨率层次的不同，得到的模型输出数据会存在分辨率精度上的差异，而这种差异在多分辨率模型运行过程中是一直存在的，过度频繁地进行一致性维护会对仿真过程造成负担，并且这种差异只要在某一合理的范围内，不会对仿真的结果造成不良影响。但是，如果差异过大，则仿真的结果会严重不一致，从而影响模型的可靠性和可信性。因此，需要根据数据的性质和实际仿真需求，设置数据不一致的合理误差范围，并对超出合理误差范围的数据进行修正。

不同分辨率层次模型输出的数据产生差值，表示不同分辨率模型之间存在不一致，这些不一致可能源于数据来源上的误差、不同分辨率的计算误差、模型状态的细节误差以及模型的不完备或是故障。对于前几种误差，是可以容许的模型数据误差，但是这种误差可能会在仿真过程中累积，直至超出误差范围。模型的不完备或是故障产生的误差，通常会造成仿真数据不收敛，这对于仿真运行过程是致命性的，需要及时发现并修正。确定需要进行修正的输出信息所在的模型层次，一般高分辨率模型信息细节层次较高，因此默认在高分辨率的模型信息的准确度较高，也就是当不同分辨率层次的输出信息出现不一致的时候，默认设置是采取高分辨率的模型信息对于低分辨率的模型信息进行修正，但是，该过程同样也需要进行人工确认。

如果是认为高分辨率模型输出信息出现错误，需要进行修正，可能存在由于不同分辨率模型的输出精度的差别，导致低分辨率模型的精度不能有效满足高分辨率模型精度的情况。因此，可以根据数据特性不同分别对待，可以结合上一时刻的模型数据以及其他相关数据通过同一分辨率层次的模型预测获得，如果数据信息不够，也可以结合上一时刻两个模型输出信息的差值进行预测修正。

完成对应项的数据修正之后，再进行数据的重新组合，生成新的、经过一致性维护的信息，反馈回仿真进程中，恢复仿真进程。为了防止在仿真过程中频繁地进行一致性维护，通过记录模型的一致性维护行为，学习不一致模式及习惯维护行为，使得仿真顺利进行。

第三节　基于 FAHP 的映射项一致性重要程度评价方法

对于同一时刻来自多个分辨率层次的多分辨率模型系的输出信息进行映射，得到多个映射结果 $M_1,\cdots,M_n$，且映射结果 M_i 为非空集合。不同分辨率层次模型的输出信息在某种程度上是有一定关联的，因此，在信息经过完全映射的前提下，即显性和隐性原子信息都解读完全的前提下，来自不同分辨率模型的信息映射结果应该存在相同项，即 $M_i \cap M_j \neq \varnothing$。因此，对来自于不同分辨率模型的信息一致性的判断，就是依据这些相同项的数值以及相似程度进行判断。

令来自于两个分辨率模型输出信息的映射结果的一致性特征描述相同项为$\{m_1,m_2,\cdots,m_n\}$，若两个分辨率层次的信息在这些相同项的映射是完全一致的，即，$m_1(Info_1)=m_1(Info_2),m_2(Info_1)=m_2(Info_2),\cdots,m_n(Info_1)=m_n(Info_2)$，则可以认为这两个信息是一致的。

因此，可以对模型的两个输出信息一致性进行如式(4-1)的定义：

$$CO_{ij}=\frac{\beta_{ij}(Info_1,Info_2)}{B_{ij}(Info_1,Info_2)} \tag{4-1}$$

式中，$\beta_{ij}(Info_1,Info_2)$表示来自不同分辨率模型的信息 $Info_1$ 和 $Info_2$ 在实际过程中完全一致的相同项个数，$B_{ij}(Info_1,Info_2)$表示在理论上该信息 $Info_1$ 和 $Info_2$ 应当完全一致的相同项个数。可知，若两个信息一致，则 $CO_{ij}=1$。若 $CO_{ij}\neq 1$，则可以定量的简单衡量两个信息的一致性。

信息的多个映射项一致性的重要程度具有优先级别，需要对于这些映射项进行分析评价，确定每个映射项对应的权重值 ω_i。在对映射项的权重进行判断的过程中，根据不同的建模需求，需要对于各个映射项的权重进行判断，在两两比较的过程中，引入模糊的概念，即使用 FAHP 方法来确定各个映射项的权重。通过结合来自不同用户、专家、学者的经验对映射项进行两两比较的结果，进行模糊一致处理。

首先，确定所有相关映射项$\{m_1,m_2,\cdots,m_n\}$，建立映射项比对矩阵，令多个专家进行比较打分，评价标准见表 4-1。

表 4-1　评价标准

评价标准	定　　义	说　　明	反比较标度
1	同等重要	映射项 m_i 与 m_j 同等重要	1
3	稍微重要	映射项 m_i 比 m_j 稍微重要	1/3
5	重要	映射项 m_i 比 m_j 重要	1/5
7	十分重要	映射项 m_i 比 m_j 十分重要	1/7
9	极端重要	映射项 m_i 比 m_j 极端重要	1/9

获得来自于 S 位专家的 S 个比较矩阵

$$\boldsymbol{A}^S=[a_{ij}^S]_{n\times n} \tag{4-2}$$

式中，$a_{ij}^S=1/a_{ji}^S$。

由于评价矩阵只有一个层次，因此，对得到的每一个来自专家的映射项比对矩阵进行一致性检验，计算矩阵的随机一致性比率为

$$CR=\frac{\lambda_{\max}-n}{R(n-1)} \tag{4-3}$$

式中，n 是映射项的数目，也就是矩阵 $\boldsymbol{C}$ 的阶数；$\lambda_{\max}$是该评价矩阵的最大特征根；R 是该对应阶数的矩阵的随机一致性指标。对应阶数的矩阵的随机一致性指标见表 4-2。

表 4-2　随机一致性指标

阶数 n	1	2	3	4	5	6	7	8	9	10
随机一致性指标 R	0	0	0.58	0.90	1.12	1.24	1.32	1.41	1.45	1.49

一般来说，矩阵的随机一致性比率 $CR<0.1$，表明该矩阵有满意的一致性。

基于专家的比较矩阵，可以求得中值 y，即 S 位专家对映射项 m_i 与 m_j 的重要性评价的中值，该中值不是指所有专家的评分和的平均值，而是指乘积的开方值，即

$$y_{ij}=\left(\prod_{x=1}^{S}a_{ij}^{x}\right)^{\frac{1}{S}} \tag{4-4}$$

由于 $a_{ij}^{S}=1/a_{ji}^{S}$，可知

$$\begin{aligned}y_{ij}&=\left(\prod_{x=1}^{S}a_{ij}^{x}\right)^{\frac{1}{S}}=\left(\prod_{x=1}^{S}(1/a_{ji}^{x})\right)^{\frac{1}{S}}=\left(1/\left(\prod_{x=1}^{S}a_{ji}^{x}\right)\right)^{\frac{1}{S}}\\&=1/\left(\prod_{x=1}^{S}a_{ji}^{x}\right)^{\frac{1}{S}}\\&=1/y_{ji}\end{aligned} \tag{4-5}$$

从而得到权重的中值矩阵，同样，也需要对该中值矩阵分别进行一致性校验。

当矩阵有满意的一致性之后，进行下一步计算。

应用最小二乘法，得权重 ω_i 为

$$\omega_i=\frac{\left(\prod_{j=1}^{n}y_{ij}\right)^{\frac{1}{n}}}{\sum_{i=1}^{n}\left(\prod_{j=1}^{n}y_{ij}\right)^{\frac{1}{n}}} \tag{4-6}$$

可以得到权重的综合评价矩阵

$$W=[\omega_i] \tag{4-7}$$

从而可以定量得到不同信息在各个映射项一致性重要程度的评价结果。

第四节　列控系统多分辨率模型输出信息一致性维护方法的仿真应用

一、不同分辨率控车信息的一致性维护

列控系统的多分辨率模型中，最主要的信息流程就是车地通信过程，在车地通信过程中最主要、也是使用最频繁的就是控车信息。不同分辨率层次的列车控制模型输出的控车信息对象以及数据的精度都是不同的，较高分辨率层次的模型系输出的控车信息一般是针对单一列车甚至是车载设备的，而较低分辨率层次的控车信息一般是针对多个列车的，当出现图 4-9 所示的不同分辨率的列车运行模型并发运行的情况时，为了保证仿真系统的可用性和稳定性，需要进行一致性监控，并在必要的时候进行一致性维护。

在基于多分辨率建模思想的列车运行控制系统仿真平台上，列车与地面子系统的交互过程中有很多信息，但是主要的控车信息就是列车在区间运行过程中的行车许可信息，也是列车仿真研究的重点。在模型设计中针对单一列车或是车载设备的控车信息就是 RBC 通过 GSM-R 网络向列车发送的行车许可(Moving Authority，MA)，在仿真模块的设计及实现过程中，均按照 CTCS-3 级列车运行控制系统的中国铁路总公司标准规范进行实现，则行车许可的标准消息形式见表 4-3。CTCS-3 级行车许可见表 4-4，对应的是规范中定义的信息包 15。

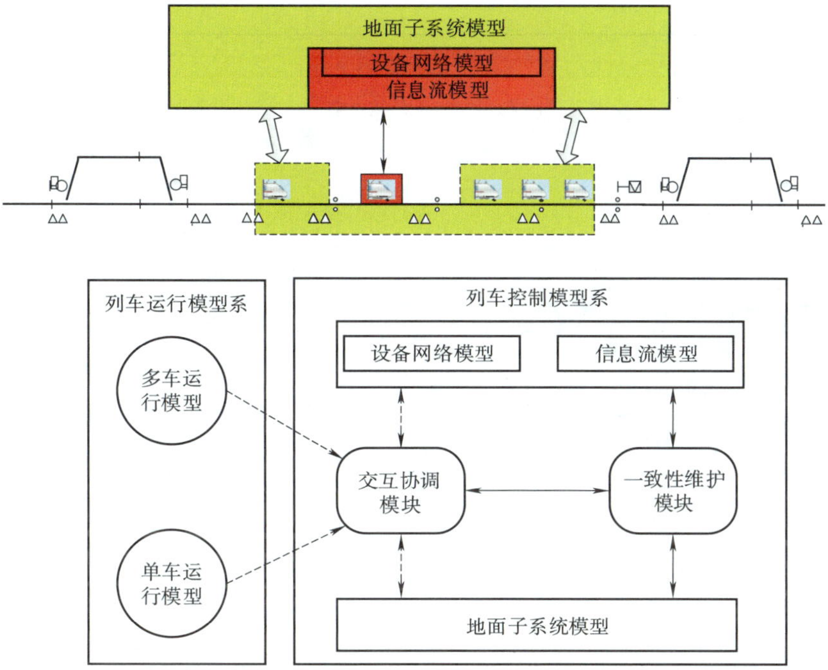

图 4-9　基于多分辨率实体法的列控系统多分辨率模型框架

表 4-3　行车许可的标准消息形式

段 编 号	变量/信息包	备　注
1	NID_MESSAGE	
2	L_ MESSAGE	
3	T_TRAIN	
4	M_ACK	
5	NID_LRBG	
6	CTCS-3 级行车许可	信息包 15
7	可选择的信息包	

表 4-4　信息包 15 的标准格式

描述:传输 CTCS-3 级的行车许可	
传输介质:无线	
变　量	注　释
NID_PACKET	信息包编号
Q_DIR	传输数据的有效性方向
L_PACKET	信息包长度
Q_SCALE	距离刻度限定词
V_LoA	限制性许可(LoA)的允许速度

续上表

变　量	注　释
T_LoA	在 LoA 处目标速度的有效时间
N_ITER	数据包中跟随 k 变量的数组的重复次数
L_SECTION(k)	区段 k 的长度
Q_SECTIONTIMER(k)	区段 k 是否存在区段定时
T_SECTIONTIMER(k)	区段 k 的有效时间
D_SECTIONTIMERSTOPLOC(k)	区段 k 定时计时停止位置
L_ENDSECTION	末区段的长度
Q_SECTIONTIMER	是否存在区段定时
T_SECTIONTIMER	末区段有效时间
D_SECTIONTIMERSTOPLOC	末区段定时计时停止位置
Q_ENDTIMER	指出末区段是否存在定时信息
T_ENDTIMER	行车许可末区段的有效时间
D_ENDTIMERSTARTLOC	末区段定时启动点至行车许可终点距离
Q_DANGERPOINT	是否存在危险点信息
D_DP	从行车许可终点到危险点的距离
V_RELEASEDP	危险点的开口速度
Q_OVERLAP	是否存在保护区段
D_STARTOL	保护区段定时启动点至行车许可终点距离
T_OL	保护区段的有效时间
D_OL	行车许可终点至保护区段端点的距离
V_RELEASEOL	保护区段的开口速度

对单车运行控制模型的地面对于单车的控车信息进行一致性映射，可以得到显性的原子信息见表 4-5。

表 4-5　单车控车信息的显性原子信息

本体划分	本体映射	原子信息类型
列车编号	T_TRAIN	对象
限制性许可(LoA)的允许速度	V_LoA	数值
在 LoA 处目标速度的有效时间	T_LoA	数值
前方区段数 k	N_ITER	数值
前方 k 区段长度	L_SECTION(k)	数值
区段 k 的有效时间	T_SECTIONTIMER(k)	数值(若无，设定为－1)
区段 k 定时计时停止位置	D_SECTIONTIMERSTOPLOC(k)	数值(若无，设定为－1)
末区段的长度	L_ENDSECTION	数值
末区段有效时间	T_SECTIONTIMER	数值(若无，设定为－1)
末区段定时计时停止位置	D_SECTIONTIMERSTOPLOC	数值(若无，设定为－1)

续上表

本体划分	本体映射	原子信息类型
行车许可末区段的有效时间	T_ENDTIMER	数值(若无,设定为−1)
末区段定时启动点至行车许可终点距离	D_ENDTIMERSTARTLOC	数值(若无,设定为−1)
从行车许可终点到危险点的距离	D_DP	数值(若无,设定为−1)
危险点的开口速度	V_RELEASEDP	数值(若无,设定为−1)
保护区段定时启动点至行车许可终点距离	D_STARTOL	数值(若无,设定为−1)
保护区段的有效时间	T_OL	数值(若无,设定为−1)
行车许可终点至保护区段端点的距离	D_OL	数值(若无,设定为−1)
保护区段的开口速度	V_RELEASEOL	数值(若无,设定为−1)

对于得到的显性原子信息进行处理,结合应答器报文和列车当前运行状态,可以获得隐性的原子信息见表 4-6。

表 4-6 单车控车信息的隐性原子信息

本体划分	本体映射	原子信息类型
列车当前位置	列车定位信息	数值
列车前方空闲区段总长度 L	L_SECTION(1)+…+ L_SECTION(k)+ L_ENDSECTION	数值
列车前车位置区间	(L,∞)	数值区间
与里程和时间相关的限速值	TSR(pos)=f(V_LoA, V_RELEASEDP, V_RELEASEOL,t)	数值

获得了较高分辨率层次的单车运行控制模型的显性和隐性原子信息,为了进行一致性维护,还需要获得位于较低分辨率层次的多车追踪运行控制模型的多车协同控制功能仿真模型对于多车追踪运行仿真模型的控车信息。

多车追踪运行仿真模型的控车信息结构较为简略,针对多车仿真模块中的列车,只包括有每个列车的车次号、列车运行方向和指导该列车运行的下一时刻的理论位置。该理论位置是根据列车运行图的经验值得到的,则多车控车信息的标准消息形式见表 4-7。

表 4-7 多车控车信息的标准消息形式

变量/信息包	备　　注
NID_ MESSAGE	
L_ MESSAGE	
T_MULTI-TRAIN	多车模块的编号
M_ACK	
N_TRAIN	该多车模块中的列车数 n
N_ITER	数据包中跟随 n 变量的数组的重复次数
N_TRAINID(n)	列车 n 的车次号
Q_DIRECTION(n)	列车 n 的运行方向
D_POSITION(n)	列车 n 下一时刻的理论位置

对于多车的控车信息进行一致性映射，可以得到的显性原子信息见表 4-8。

表 4-8 多车控车信息的显性原子信息

本体划分	本体映射	原子信息类型
多车模块编号	T_MULTI-TRAIN	数值
多车模块中的列车数	N_TRAIN	数值
列车 n 的车次号	N_TRAINID(n)	数值
列车 n 的运行方向	Q_DIRECTION(n)	数值
列车 n 的下一时刻的理论位置	D_POSITION(n)	数值

一般情况下，对于较高分辨率的单车控车信息产生关联的也只有运行方向同向的附近列车，即高分辨率列车的前车对该列车的控车信息关联性较大，而同时该列车又与该列车的后车的控车信息产生关联。

因此，基于已有单车的车次号信息，以及多车中的所有列车的车次号信息，找出单车的前车及后车。为了描述方便，用 A，B，C 表示三列同向的列车，其中 B 车为较高分辨率的列车，A 车和 C 车为较低分辨率的多车模块中的两列列车，A 车为 B 车的前车，C 车为 B 车的尾车，从而可以得到的隐性原子信息见表 4-9。

表 4-9 多车控车信息的隐性原子信息

本体划分	本体映射	原子信息类型
A 车的位置	D_POSITION($A,t-1$) 上一时刻的前车的理论位置	数值
单车的位置区间	(D_POSITION(C)，D_POSITION(A，$t-1$)－安全距离－列车长度)	数值区间
A 车的当前临时限速数据	D_POSITION(A)－D_POSITION($A,t-1$)	数值
C 车的当前临时限速数据	D_POSITION(C)－D_POSITION($C,t-1$)	数值

对不同分辨率的控车信息的多个信息原子进行比较，需要对位于不同分辨率层次的控车信息进行分析，有针对性地找出容易出现不一致问题的关键信息原子，并进行比较和维护。

将两个分辨率的控车信息的映射得到的原子信息进行对应，找出相关的原子信息进行比较。为了描述方便，用 A，B，C 表示三列同向的列车，其中 B 车为较高分辨率的列车，A 车和 C 车为较低分辨率的多车模块中的两列列车，A 车为 B 车的前车，C 车为 B 车的尾车，则可以进行比较的原子信息见表 4-10。

表 4-10 不同分辨率的控车信息的原子信息比较

较高分辨率		较低分辨率	
原子信息内容	原子信息描述	原子信息内容	原子信息描述
Pos_B	B 车的当前位置	$[Pos\_B_{min},(Pos\_A-l_{safe}-l_{train})]$	B 车的当前位置区间
$[Pos\_A_{min},\infty)$	A 车的当前位置区间	Pos_A	A 车的当前位置
$TSR(pos)$	当前时刻有效的与里程相关的限速数据	$TSR(Pos\_A)$	A 车所在区间的限速数据
		$TSR(Pos\_C)$	C 车所在区间的限速数据

由于列车按照固定闭塞运行，因此，可以根据列车的控车信息得到列车的前车位置区间，这个也是在仿真过程中最需要关心的，以避免不同分辨率的列车控制信息的矛盾，保证控车信息的正确性。由于限速信息多由于外部环境（包括雨雪天气、极端天气）产生，从而可能在不同分辨率的模型得到不同的体现，因此，需要关注限速信息在不同分辨率的控车信息表述中的一致性。

一般情况下，这些原子信息都是相符的，当出现不一致的情况时，可以认为较高分辨率的控车信息较为详细，采用较高分辨率的控车信息对较低分辨率的控车信息进行修正，并最终得到修正后的较低分辨率的完整的控车信息。在修正过程中，由于路网上个别列车的运行过程会对于整个路网上的列车运行造成影响，比如：突然在一个区间进行临时限速，会造成之后的若干列车降速及晚点的情况，因此，当确定需要对较低分辨率的控车信息进行修正之后，需要考虑在修正了 A 车和 C 车的数据之后，对于某一区域内的所有列车运行过程的影响，必要时可考虑从外部输入的角度去修正较低分辨率模型，即直接手动对低分辨率模型的临时限速进行设置。

二、不同分辨率列车运行状态信息的一致性维护

对不同分辨率列车运行多分辨率模型系的输出一致性进行维护，由于表示的是不同分辨率不同列车的与时间相关的运行状态信息，这些运行状态信息之间的相互关联性并不高，因此在一致性维护的时候需要进行特殊处理。

不同分辨率列车运行状态信息的具体表现经过本体映射之后是相同的，因为作为用户，关心的是状态是否正常、当前方向、当前位置、当前速度以及当前加速度等方面。但是，如何将不同列车之间的这些数据建立关系，成为难点。同样，基于上一节提出的三列同向的列车 A、B、C 进行分析，其中，B 车为较高分辨率的列车，A 车和 C 车为较低分辨率的多车模块中的两列列车，A 车为 B 车的前车，C 车为 B 车的尾车。在较低分辨率的多车模型中，增加一列虚拟列车 B′，令 B′车的状态数据及运行时刻表与 B 车完全相同。将已知的列车时刻表，结合 A 车和 C 车的实时仿真运行数据，可以得到 B′车的实时运行状态数据，将 B′车的状态数据与较高分辨率的 B 车运行状态数据进行比较。则可以进行比较的原子信息见表 4-11。

表 4-11　不同分辨率的列车运行状态的原子信息比较

较高分辨率		较低分辨率	
原子信息内容	原子信息描述	原子信息内容	原子信息描述
Pos_B	B 车的当前里程值	*Pos_B′*	B′车的当前里程值
Status_B	B 车的当前运行状态	*Status_B′*	B′车的当前运行状态

当状态数据在允许的误差范围内时，不进行一致性维护；当 B 车和虚拟 B′车的实时状态数据出现很大误差的时候，就暂停仿真进程，并在仿真管理器上进行报警。经人工确认，判定需要进行一致性修正的目标模型输出。

如果需要修正的是较高分辨率的模型，位于较高分辨率的列车运行过程只是涉及一列列车，不存在连锁反应的情况，则可以直接进行修正数据，代入模型，继续仿真进程。

如果需要修正的是较低分辨率的模型，对 B′车的实时状态数据进行修正，在下一步的仿

真运行过程中，将新的 B′车的运行数据和多车模块中的其他车的运行数据作为输入，由列车控制模型系中的对应分辨率模型进行获得，由于在多车追踪运行仿真模型中多列列车的运行过程相互耦合，则可以观察到单个列车的运行状态的突变对于该车之后的多个列车的运行状态的影响，即微小干扰在铁路路网中的传播过程。对应地，地面的控制模型根据该输入会发布对应的列车运行调整信息，对一定范围内的列车运行状态进行调整，以尽快恢复该线路上列车正常运行。通过该过程，可以对列车运行突发事件的影响以及列车运行调整策略的有效性进行进一步评估。

三、列控系统多分辨率模型的输出信息映射项权重评价

应用本章第三节描述的映射项一致性重要程度评价方法，对列控系统多分辨率模型输出信息的映射元素一致性的权重进行定性评价。在模型仿真中，核心的相关映射项包括：高分辨率车的里程值区间、前车的里程区间、临时限速信息、高分辨率车的里程值以及高分辨率车的运行状态。其中，高分辨率车的里程值为纯数值信息，因此设定误差范围为 10 km。首先由专家对所有相关映射项进行比较打分，得到来自 3 位专家的 3 个比较矩阵：

$$\boldsymbol{A}^1=\begin{bmatrix}1 & 5 & 3 & 3 & 1\\ 1/5 & 1 & 1/3 & 1/3 & 1/5\\ 1/3 & 3 & 1 & 3 & 1/3\\ 1/3 & 3 & 1/3 & 1 & 1/3\\ 1 & 5 & 3 & 3 & 1\end{bmatrix}$$

$$\boldsymbol{A}^2=\begin{bmatrix}1 & 7 & 3 & 1 & 1/7\\ 1/7 & 1 & 1/3 & 1/3 & 1/9\\ 1/3 & 3 & 1 & 1 & 1/5\\ 1 & 3 & 1 & 1 & 1/7\\ 7 & 9 & 5 & 7 & 1\end{bmatrix}$$

$$\boldsymbol{A}^3=\begin{bmatrix}1 & 1 & 3 & 1/3 & 1/5\\ 1 & 1 & 2 & 1/3 & 1/5\\ 1/3 & 1/2 & 1 & 1/4 & 1/7\\ 3 & 3 & 4 & 1 & 1/2\\ 5 & 5 & 7 & 2 & 1\end{bmatrix}$$

经过一致性检验，计算矩阵的随机一致性比率为

$$CR^1=0.046<0.1$$
$$CR^2=0.073<0.1$$
$$CR^3=0.016<0.1$$

矩阵的随机一致性比率 $CR<0.1$，表明该矩阵有满意的一致性。

y 为 S 位专家对映射项 m_i 与 m_j 重要性的评价中值，该中值不是指所有专家的评分的和的平均值，而是指乘积的开方值，即

$$y_{ij}=\left(\prod_{x=1}^{S}a_{ij}^{x}\right)^{\frac{1}{S}} \tag{4-8}$$

从而得到权重的中值矩阵

$$
\boldsymbol{Y}=\begin{bmatrix} 1 & \sqrt[3]{35} & 3 & 1 & 1/\sqrt[3]{35} \\ 1/\sqrt[3]{35} & 1 & \sqrt[3]{2/9} & 1/3 & 1/\sqrt[3]{225} \\ 1/3 & \sqrt[3]{9/2} & 1 & \sqrt[3]{3/4} & 1/\sqrt[3]{105} \\ 1 & 3 & \sqrt[3]{4/3} & 1 & 1/\sqrt[3]{42} \\ \sqrt[3]{35} & \sqrt[3]{225} & \sqrt[3]{105} & \sqrt[3]{42} & 1 \end{bmatrix}
$$

矩阵的随机一致性比率 $CR=0.024<0.1$，表明该矩阵有满意的一致性。

可以得到权重的综合评价矩阵 $\boldsymbol{W}$。

$$
\boldsymbol{W}=[0.193 \quad 0.062 \quad 0.099 \quad 0.153 \quad 0.493]
$$

从而可以定量地得到不同分辨率列控系统模型输出信息在各个映射项(高分辨率车的里程值区间、前车的里程区间、临时限速信息、高分辨率车的里程值以及高分辨率车的运行状态)的一致性的定量评价结果。

可以看出，对于仿真的准确性而言，最需要保持一致的是高分辨率车的运行状态，其次是高分辨率车的里程值区间。在一致性维护过程中，为了提高仿真速度，可以省略维护其他次要信息的一致性，只需要维护个别重要信息的一致性，也能保证模型的准确性。

四、列控系统多分辨率模型一致性维护仿真实现

将列控系统多分辨率模型进行仿真实现，为了较好地比较两个不同分辨率模型之间的一致性，特采用不同分辨率模型描述同一列列车的运行过程，也就是多分辨率模型的并发运行。执行的仿真测试计划见表 4-12。

表 4-12　多分辨率模型一致性维护功能仿真测试计划

序号	机车号	A 站	B 站	C 站	D 站
1	G001	发车	3G 停、开→下行线	3G 停、开→下行线	停车
		11:40	11:51/11:52	12:19/12:20	12:53
2	G002	发车	3G 停、开→下行线	3G 停、开→下行线	停车
		12:00	12:11/12:12	12:39/12:40	13:13
3	G003	发车	ⅠG 通过→下行线	3G 停、开→下行线	停车
		12:10	—	12:45/12:46	13:20

其中，G002 车进行多分辨率并发运行，同时用较高分辨率和较低分辨率模型描述该列车的运行过程。一般在仿真结果中，较高分辨率的单车运行模型和较低分辨率的多车运行模型之间是基本一致的，运行结果如图 4-10 所示。

由图 4-9 可知，两个模型之间的运行结果基本一致，只是由于较低分辨率的模型细节描述不够，因此在列车进出站的加速、减速处理不够细致，但是总体来说是一致的。

为了体现多分辨率模型的不一致问题，特向仿真模型中的较高分辨率模型插入事件，并屏蔽较高分辨率模型向较低分辨率传输的事件相关数据，从而使得较高分辨率与较低分辨率模型出现严重的不一致。该事件描述为：

事件：由于站内进路问题，G002 在 K1106+228 处临时停车 3 min，临时停车命令由 RBC 下达。

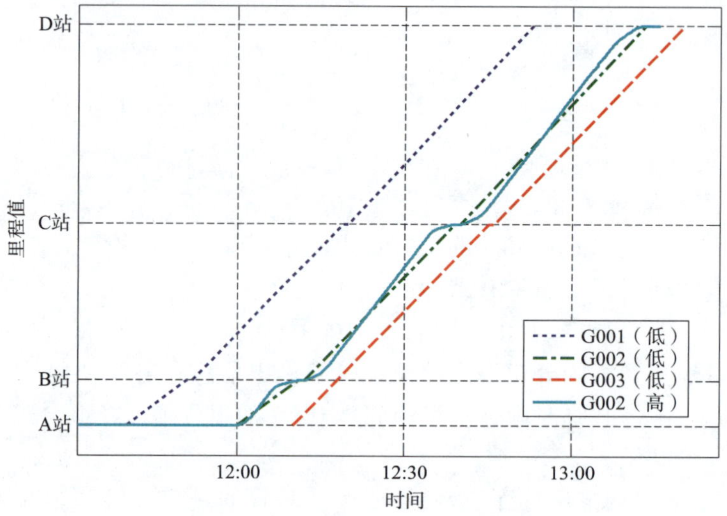

图 4-10　多分辨率模型并发运行结果

观察模型的仿真输出，运行结果如图 4-11 所示。由图 4-11 可知，当将不一致事件注入至某一特定分辨率层次模型中，并强制性的屏蔽不同分辨率模型间的交互数据，会产生不同分辨率模型运行结果的不一致情况。

图 4-11 中，临时停车事件已经使得两列列车追踪运行的仿真结果出现了很大矛盾。因此，运行一致性维护方法，对列车控制模型的输出进行一致性维护后的结果如图 4-12 所示。

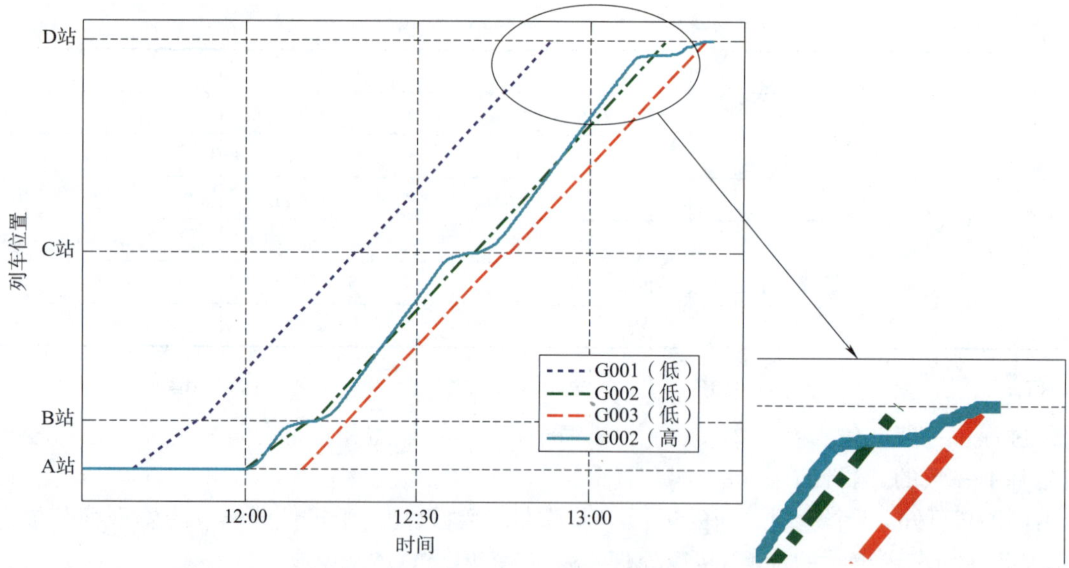

图 4-11　不一致的多分辨率模型并发运行结果

根据图 4-12 可以看出，将不一致事件注入至某一特定分辨率层次模型中，并强制性的屏蔽不同分辨率模型间的交互数据，经过对于列车控制模型的不同分辨率的模型输出，也就是控车信息进行一致性维护之后，不同分辨率模型的列车运行结果的趋势是一致的，并且位于较低

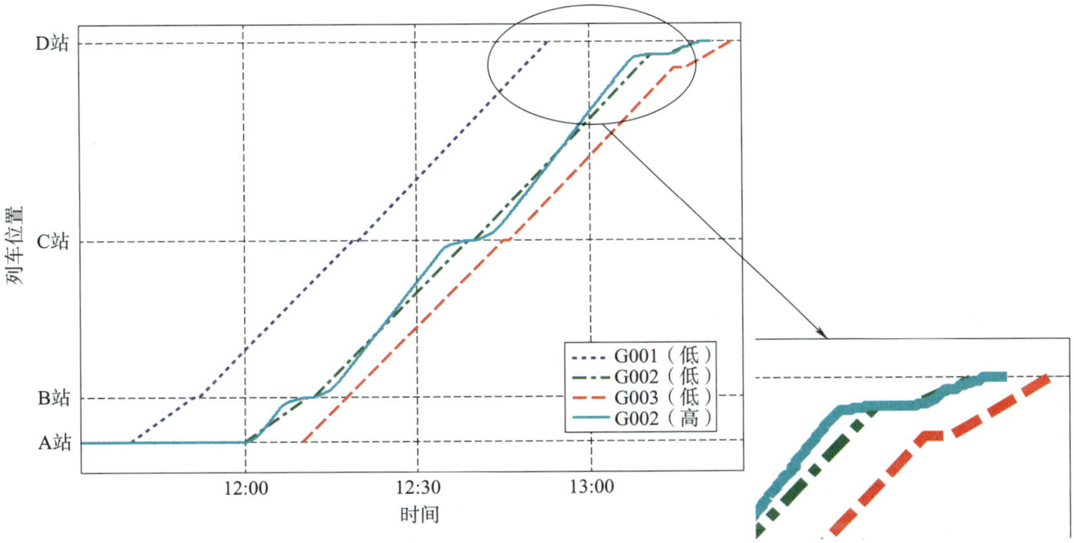

图 4-12 一致性维护后的多分辨率模型并发运行结果

分辨率的后车 G003 的运行也进行了相应的调整。

当然，这属于特殊情况，一般在多分辨率模型并发运行的过程中，不同分辨率的模型间也会时常有信息交互，以保证模型并发运行的一致性。一致性维护手段作为一种保障措施，以保证在不同分辨率模型间的并发交互失效的情况下，模型的输出结果依然保持基本一致，仿真运行后得到的结论也是统一的。

第五章　基于 HLA 的列控系统多分辨率模型实体仿真实现

HLA 仿真框架具有很强的可扩展性，各仿真结点可以随时加入或是退出联邦，联邦可容纳的成员数量足以满足整个列控系统仿真及今后扩展的需要；并且各成员之间的数据交互由 RTI 统一管理，屏蔽了繁琐的底层网络通信细节，减少了网络中的冗余数据；HLA 仿真框架中可以设置仿真管理器，用于控制整个仿真的进程以及各个仿真结点在仿真中的作用。因此，基于 HLA 的列控系统仿真运行环境可以支持仿真运行过程中实时的分辨率切换，并可以通过仿真管理器接收处理生成不同分辨率模型数据，实现模型的跨分辨率交互。

本章以 HLA 作为列控系统多分辨率仿真实体实现的基础要素，从列控系统的仿真功能需求出发，介绍基于 HLA 的列控系统多分辨率仿真构架设计，并重点介绍列控系统关键子系统多分辨率模型设计实现，在此基础上，利用仿真管理器实现列控系统仿真过程的调度管理以及多分辨率实体动态聚合解聚。为了使所设计的列控系统多分辨率仿真实体具有较强的重用性，本章介绍实现多分辨率仿真实体互操作性的实现方法，同时对基于故障注入的列控系统多分辨率实体仿真方法进行分析说明，介绍在不同分辨率下实现列控系统预期故障的实现方法。

第一节　列控系统典型子系统仿真功能需求分析

CTCS-3 级为基于无线传输信息并采用轨道电路等方式检查列车占用的列控系统，包括地面设备和车载设备两部分，此外，还包括车地通信部分。根据列控系统各组成部分的实际功能及仿真简化需要，本节分别对地面设备、车载设备及车地通信部分进行仿真功能需求分析。

一、地面设备仿真子系统功能需求

列控系统地面设备仿真子系统主要包括 RBC 仿真、TCC 仿真、计算机联锁仿真及轨旁子系统的仿真。

（一）RBC 仿真子系统功能需求

无线闭塞中心(RBC)是基于故障—安全计算机平台的信号控制系统，是 CTCS-3 级列控系统的地面核心设备。RBC 是一个数据处理中心，与车载设备、车站联锁设备、调度中心 CTC 和相邻 RBC 都是双向的数据通信。RBC 接收车载设备、车站联锁设备、调度中心 CTC 和相邻 RBC 的数据，更新 RBC 内部数据库，经过信息处理，得到每个列车安全运行信息和车站联锁设备、调度中心 CTC 和相邻 RBC 的反馈信息，通过各自的通信信道反馈给这些设备。无线闭塞中心信息流示意如图 5-1 所示。

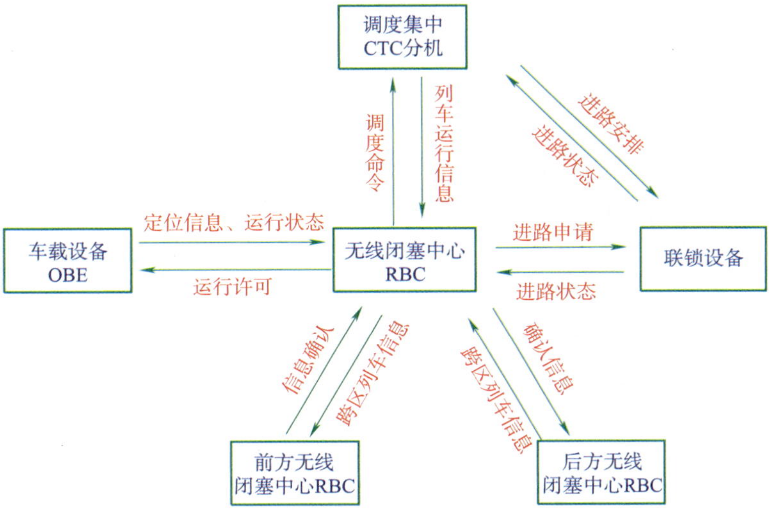

图5-1　RBC信息流示意

1. RBC处理的信息

RBC处理的信息主要包括：

(1)RBC数据库中的线路参数信息；

(2)RBC数据库中的列车静态信息；

(3)列车的定位信息和列车运行状态信息；

(4)多辆列车的列车间隔；

(5)相邻RBC的列车跨区信息；

(6)车站的联锁设备信息。

2. RBC的主要功能

RBC是一个基于计算机的系统，它根据所控制列车的状态，其控制范围内的轨道占用、列车进路状态、临时限速命令、灾害防护和线路参数等信息，产生针对所控列车的行车许可(MA)控制信息，并通过GSM-R无线通信系统传输给车载子系统，保证其管辖范围内列车的运行安全。对RBC的协作性需求主要体现在RBC与车载子系统的数据交换上。RBC的主要功能包括：

(1)在地面RBC控制区域内，RBC通过列车的CTCS识别码获得列车信息；

(2)RBC通过轨道电路提供的列车占用信息跟踪区域内列车；

(3)RBC根据计算机联锁、轨道电路等系统提供的信息，生成管辖内每一列车的行车许可；

(4)RBC接收CTC提供的临时限速信息；

(5)RBC向管辖内列车传送列车当前的行车许可、临时限速及线路参数。

3. RBC仿真子系统的功能

基于RBC的功能展示，系统测试及方案验证的需求，RBC仿真子系统应具备以下功能：

(1)基于方案验证及故障注入的RBC仿真子系统功能需求

①接收并能够正确执行仿真管理器发来的配置命令；

②接收并能够正确执行仿真管理器发来的故障设置命令。

(2)基于功能展示的 RBC 仿真子系统功能需求

①RBC 仿真子系统应能实现列车的注册与注销，并接收来自列车的列车数据和位置报告；

②RBC 仿真子系统应能接受运行于 CTCS-3 级的列车转换至 CTCS-2 级运行的请求，接受运行于 CTCS-2 级下的 CTCS-3 级列车的注册请求；

③RBC 仿真子系统应能保证通过 RBC-RBC 边界的列车获得 MA 的一致性，使列车不减速通过 RBC-RBC 边界；

④RBC 仿真子系统应能根据从联锁获得的进路、轨道区段占用等信息以及从列车获得的状态信息，向列车发送行车许可；

⑤RBC 仿真子系统应能根据 TSR 服务器发送的临时限速命令，向相关列车发送临时限速信息；

⑥RBC 仿真子系统应能向列车提供分相区相关信息，实现自动过分相；

⑦RBC 仿真子系统应能接受列车的调车模式请求，并可以接受离开调车模式的列车重新注册的请求；

⑧RBC 仿真子系统应能根据联锁或调度员的紧急停车命令，向列车发送紧急停车消息；

⑨RBC 仿真子系统应具备完整的自诊断、维护、测试、管理手段。

(二)车站列控中心(TCC)仿真子系统功能需求

车站列控中心在 CTCS-3 系统中负责与其他地面设备配合，中转区间占用信息并完成其在 CTCS-2 级系统下需完成的任务，如传递临时限速信息等。总体来说，CTCS-2 级条件下列控中心的主要作用是产生轨道电路码位信息，并与临时限速等信息配合，通过轨旁设备来控制列车的运行，简而言之就是产生行车许可，而在 CTCS-3 级条件下，列控中心除了要完成 CTCS-2 级条件下需要完成的任务外(CTCS-3 级系统向下兼容)，同时起到了区间占用信息中转的作用，通过联锁将区间占用信息传递给 RBC，作为其计算行车许可的依据之一。车站列控中心仿真子系统的主要功能如下：

(1)接收并执行仿真管理器的命令；

(2)进行区间占用信息的传递，接收轨旁设备的区间占用信息，进行筛选与重新组合再传送给车站联锁与 CTC 总机，并在自身界面的区间示意图上以红光带显示被占用段；

(3)接收车站联锁传递来的进路信息，在自身界面的站场示意图上以绿光带示意进路，并以此为依据进行站内轨道电路编码；

(4)通过区间占用信息及进路信息进行区间轨道电路编码，并将其传送给轨旁设备；

(5)接收 CTC 总机传递来的临时限速信息，控制有源应答器发送该信息，并据此信息判断是否需要产生进站信号机降级显示命令，如有，则将此命令传送给联锁；

(6)能根据 CTC 总机发来的统一时间信息自动校准本机时间并显示；

(7)能进行信息存储并能分类查询。

(三)车站计算机联锁仿真子系统功能需求

计算机联锁系统主要实现列车运行进路控制，包括进路建立和进路解锁两个过程。车站计算机联锁仿真子系统主要实现与 RBC、轨旁、CTC 分机、TCC 的信息交互，完成进路建立和进路解锁两个过程，车站计算机联锁仿真子系统功能需求主要有以下几个方面：

1. 选排一致检查及道岔控制命令生成

根据车站界面的操作或 CTC 按钮命令，从多个进路中选取一条需要办理的进路。检查进路建立的技术条件是否满足，主要是检查道岔位置是否符合进路要求，如果不符合则形成相应的道岔控制命令，但在转换之前必须检查道岔区段是否被占用及道岔是否处于锁闭状态等。

2. 进路锁闭

当进路选取后，检查进路的锁闭条件是否满足，在确保进路处于空闲状态，道岔位置正确以及敌对进路没有建立的条件下，给出进路锁闭变量及提示信息(如白光带等)。

3. 信号开放及保持

检查进路信号开放条件是否满足，在实现进路锁闭后，形成防护该进路信号机的开放命令，使防护进路的信号机开放，允许列车或车列驶入进路；同时不间断地检查信号开放条件(如进路空闲、道岔位置正确和敌对进路未建立等)，条件满足时使信号机保持开放，否则使信号机关闭。

4. 进路的正常解锁

当列车或车列确实越过了道岔区段后，应使该区段内的道岔以及相关的敌对进路解除锁闭。进路解锁又分成自动解锁和非自动解锁两大类。

(四)轨旁仿真子系统功能需求

轨旁仿真器负责管理轨旁设备状态，用于在实验室模拟现场设备。轨旁仿真子系统的功能如下：

1. 管理列车真实位置

获得列车真实位置，是轨旁仿真器实现轨道电路发码、应答器发码、故障模拟等功能的前提条件。因此，轨旁仿真器需存储仿真系统中所有列车的真实位置，包括列车所在轨道区段及其在轨道区段中的精确位置。

轨旁仿真器从三维视景模块(真车)或多车仿真模块(仿真车)接收列车当前走行距离，并根据当前存储的线路数据库(静态数据)和道岔状态(动态数据)推算列车所处的进路、轨道区段，以及在轨道区段中的精确位置。轨旁仿真器还应能根据仿真管理器的命令，在特定位置凭空增加一列车或删除一列车，作为列车仿真运行的初始和结束。

2. 管理轨道区段占用信息

轨旁仿真器可根据当前线路上列车位置信息和仿真信息(如轨道电路故障)，计算所有轨道区段的占用情况，并将轨道区段占用情况实时发送给对应的联锁或 TCC 设备。

3. 管理道岔位置信息

轨旁仿真器可根据联锁设备或仿真管理器发送的进路控制命令，控制线路上道岔动作，记录所有道岔状态，并将道岔状态信息实时发送给三维视景模块，控制三维视景显示。此外，轨旁仿真器还应将道岔状态的表示信息实时反馈给对应的联锁设备。

4. 管理轨道电路发码

轨旁仿真器实时接收 TCC 或联锁发送的轨道电路码序信息，并判断管辖范围内的所有列车的位置，向所有列车实时发送轨道电路码位信息。

5. 管理应答器信息，控制应答器发码

轨旁仿真器管理辖区范围内的应答器位置和报文信息，包括存储在数据库中的无源应答器(静态数据)和TCC动态发送的有源应答器编码信息(动态数据),并判断管辖范围内的所有列车的位置,根据列车位置向列车发送应答器报文信息。

6. 轨旁设备故障注入功能

轨旁仿真器可接收仿真管理器发送的故障信息,并在仿真过程中动态设置相应故障,实现对故障情况的模拟。故障模拟大致包括:轨道电路红光带或分路不良、道岔失去表示、道岔无法锁闭、道岔无法动作、轨道电路发码故障、应答器缺失、应答器位置错误、偶然的读应答器报文失败等。

二、车载设备仿真子系统功能需求

(一)车载设备仿真子系统功能需求

CTCS-3级车载仿真子系统根据实际的CTCS-3级车载设备的结构与功能而设计,CTCS-3级车载设备主要包括:车载安全计算机、GSM-R车载接口设备、应答器接收模块、测速模块、人机接口、运行管理记录单元、输入/输出模块。CTCS-3级车载仿真子系统的主要组成模块(核心模块、应答器传输模块、人机接口、无线传输模块、输入/输出模块)及其功能如下:

1. 核心模块

核心模块的功能包括:向RBC发送列车位置报告;车载子系统通过GSM-R接口接收RBC传送的行车许可、临时限速及线路参数等,之后车载核心模块将这些信息进行计算,完成生成目标距离模式曲线和相关的请求行车许可曲线,进行速度监督等功能,并根据RBC传送的信息进行移交RBC和接收RBC的交接,即列车控制权限交接的全过程;进行模式转换的处理,设定与模式相关的速度限制,对从外部接收到的信息进行过滤,根据给定模式存储信息的完成处理,以及模式间转换的优先级和限制;对应答器消息的非一致性和链接的非一致性做出处理;避免列车不正常的运行状态,如列车溜逸或反向运行。

2. 应答器传输模块(BTM)

检查应答器组信息是否完整和正确;对应答器消息的非一致性和链接的非一致性做出处理;检测应答器位置和标识。

3. 人机接口(DMI)

提供司机与车载子系统的接口,向司机显示提示信息;司机通过DMI输入部分参数。根据当前的模式和司机对当前信息的请求,来控制给司机显示用的DMI接收机;司机的输入将传送给内核进行处理。

4. 无线传输模块(RTM)

无线信息传输模块负责传输车地间的信息,进行两者间的会晤管理,包括链路建立、链路维持和拆除链接等管理。此模块在下列情况下应建立通信会晤:(1)任务开始时;(2)地面设备命令时。

当通信会晤建立后,如果安全连接偶然中断但地面设备未发出断开连接的指令时,RTM都应认为通信会晤仍然是建立的。RTM检测到无线通信中断后,应先释放安全连接,然后再重新建立(保持通信会晤)。

5. 输入/输出模块

车载子系统与列车运行仿真器连接的输入接口模块,将列车运行仿真器产生的列车运行状态信息报告给核心模块；输出接口模块向列车运行仿真器发送允许速度、制动信息、目标距离等信息。

6. 其他模块

运行管理记录单元负责规范司机驾驶，记录与运行管理相关的数据；设备维护记录单元则对设备诊断、故障、维护情况进行记录；测速模块根据速度传感器模拟器产生的脉冲信息，实时计算列车运行速度和列车走行距离，并报告给核心模块。

（二）多车仿真子系统功能需求

多车仿真子系统的核心功能是控制多辆列车的安全运行，因此必须实现车载子系统的所有功能。基于实验室 CTCS-3 级列控系统仿真测试平台，除真实车载设备外，在线路上另外模拟多个仿真车，实现真车和仿真车根据行车计划，分别接收地面信息按照行车许可安全运行。

1. 多车仿真子系统实现功能

多车仿真子系统具体实现功能包含以下几个层面：

（1）应具备车载仿真子系统核心处理模块的所有功能。

（2）在 CTCS-3 级列控系统仿真测试平台下，保证真车安全行驶，即不会因为线路上出现的仿真车致使真车运行过程中产生不安全因素。

（3）用一台计算机实现仿真车载设备的功能，使仿真单车能够在 CTCS-3 级列控系统仿真测试平台下正常运行并完成车载设备主要功能。

（4）用多台 PC 机来模拟多车，能够完成列车注册功能，并按照 CTC 行车计划的要求安排列车，实现在线路上模拟多辆列车的运行。

（5）仿真多车应能够实现自动和手动驾驶功能，并且能够实现在两种驾驶方式之间的自由切换。

（6）能够根据列车参数、牵引制动模型以及线路参数等信息实现列车牵引计算功能。

（7）对于仿真多车中每列车做一个简单的 DMI 以自动显示一些必要的信息：如当前速度、允许速度、里程、目标距离、列车车次号、牵引/制动状态等。

（8）真车手动控制行驶的前提下，实现多个仿真车按照 CTC 的行车计划准时发车，并且能够按照地面设备发送的行车许可正常运行，最终完成车载子系统主要功能的调试。

（9）实现多仿真车的到站自动停车功能。

（10）完成列车追踪及相向行驶等行车案例的调试。

2. 单车仿真子系统功能模块

根据多车仿真子系统的配置，采取过程化实现的思想，即从大层面往小层面推进实现的思维方式，可以将多车仿真子系统从功能结构层面上，划分为多个单车仿真子系统。首先实现单个仿真车的功能，并在此基础上扩展多个仿真车从而达到实现多车仿真的目的。因此实现多车仿真子系统功能的关键归结为单车仿真功能的实现。单车仿真子系统依据功能需求可以进一步划分为六个功能模块来实现，如图 5-2 所示，分别是 ATP 应用子模块、DMI 仿真子模块、自动驾驶仿真子模块、牵引计算仿真子模块、手柄控制仿真子模块、控制台仿真子模块。

（1）ATP 应用子功能模块

该模块是整个仿真车系统的核心部分，即仿真车载设备的核心处理模块。具备 CTCS-3 级车载设备的基本功能，主要是实时监督列车的运行间隔和运行速度，结合接收并处理的地面

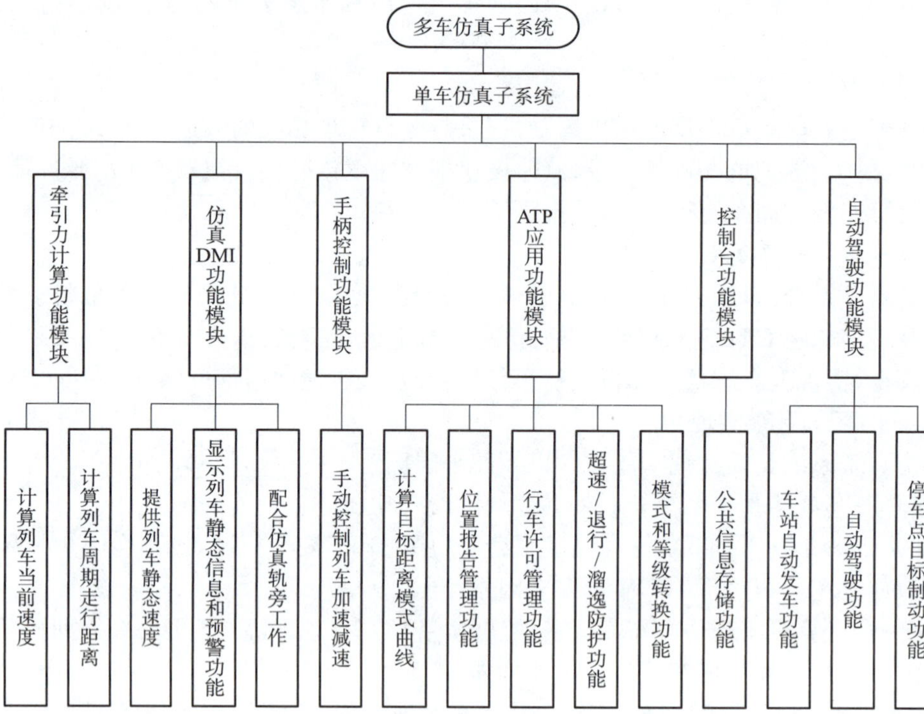

图 5-2　多车仿真子系统功能模块划分

信息生成目标距离模式曲线，来对列车进行运行监控和超速防护，以确保列车的安全行驶。

(2)仿真 DMI 子功能模块

该模块模拟 ATP 应用与司机的接口功能，能够给 ATP 提供相应列车的静态信息和司机输入信息(如车次号、列车长度、司机号、运行等级等信息)；能够显示列车实际速度、最大允许速度、目标距离和目标速度以及 ATP 设备的制动状态(实施制动或者缓解制动等)、运行模式、当前等级、关门指令和出站命令等信息；另外显示列车运行时产生的重要故障信息，在某些情况下伴有报警提示(如列车超速)。显示信息的类型和范围取决于 ATP 设备的配置。扩展多车时的附加功能是为轨旁计算模块提供列车长度、车次、里程、运行方向，以便仿真轨旁设备通过这些参数搜索压过的应答器和占用的轨道区段。

(3)牵引计算子功能模块

该模块基于列车的牵引/制动模型，考虑线路坡度、空气阻力等实际情况以及运行过程中 ATP 的输出状态(如 ATP 输出的制动状态、ATP 隔离状态以及受电弓状态等)，若在自动驾驶模式下考虑自动驾驶模块输出的牵引制动命令，结合以上因素综合处理后计算出列车的实际运行速度和周期行走距离，提供给 ATP 应用子模块。

(4)自动驾驶子功能模块

该模块主要是模拟列车的自动驾驶功能，当发车条件符合时，能够控制列车按照行车计划从车站自动发车；同时能够根据 ATP 应用输出的允许速度，结合列车当前速度和位置，运用牵引和制动命令控制实现列车自动运行。司机手动驾驶和自动驾驶之间可以任意切换。手动驾驶时，由 ATP 负责监督速度安全；自动驾驶时由自动驾驶模块给出制动和牵引命令，使列车在区间每个区段始终控制速度运行(速度一定小于 ATP 的输出限速),此时 ATP 应用仍然负责安全速度监督。自动驾驶模块还应能够实现车站定位停车功能,按照预先计算的停车曲线控制列车在站内目标点安全停车。

(5)手柄控制子功能模块

该模块模拟司机的驾驶行为,通过手柄仿真灵活控制列车在运行过程中的加速和减速。手动驾驶过程中,ATP 应用负责安全速度监督,即手动加速超过允许速度时,车载 ATP 应用模块即给出制动命令控制减速,从而保证列车安全运行。

(6)控制台模拟子功能模块

该子模块的功能是作为一个公共信息存储单元,为仿真车子系统各个模块提供所需信息,包括:列车相关的参数信息、ATP 输出的控车信息、当前速度和列车周期走行量、行车计划、DMI 需要显示的相关列车动态信息以及自动驾驶控制命令。

三、车地通信仿真子系统功能需求

(一)GSM-R 通信网络功能需求

在 CTCS-3 级列控系统中,RBC 根据轨道电路、联锁进路等信息生成行车许可,并通过 GSM-R 无线通信系统将行车许可、线路参数、临时限速传输给 CTCS-3 级车载设备;同时通过 GSM-R 无线通信系统接收车载设备发送的位置和列车数据等信息。GSM-R 无线通信仿真子系统作为 CTCS-3 级列控仿真系统的重要组成部分,其主要的功能需求概述如下:

1. 调度通信功能

调度通信系统业务包括列车调度通信、货运调度通信、牵引变电调度通信、其他调度及专用通信、站场通信、应急通信、施工养护通信和道口通信等。

2. 车次号传输与列车停稳信息的传送功能

车次号传输与列车停稳信息对铁路运输管理和行车安全具有重要的意义,它可通过基于 GSM-R 电路交换技术的数据采集传输应用系统来实现数据传输,也可以采用 GPRS 方式来实现。

3. 调度命令传送功能

铁路调度命令是调度所里的调度员向司机下达的书面命令,它是列车行车安全的重要保障。采用 GSM-R 系统传输通道传输调度命令将加速调度命令的传递过程,提高工作效率。

4. 列车尾部装置信息传送功能

将尾部风压数据反馈传输通道纳入 GSM-R 通信系统,可以方便地解决尾部风压数据传输问题。

5. 调车机车信号和监控信息系统传输功能

提供调车机车信号和监控信息传输通道,实现地面设备和多台车载设备间的数据传输,并能够存储进入和退出调车模式的有关信息。

6. 列车控制数据传输功能

采用 GSM-R 通信系统实现车地间双向无线数据传输,提供车地之间双向安全数据传输通道。

7. 区间移动公务通信

在区间作业的水电、工务、信号、通信、供电、桥梁守护等部门内部的通信，均可以使用GSM-R作业手持台，作业人员在需要时可与车站值班员、各部门调度员或自动电话用户联系。紧急情况下，作业人员还可以呼叫司机，与司机建立通话联络。

8. 应急指挥通信话音和数据业务

应急通信系统是当发生自然灾害或突发事件等影响铁路运输的紧急情况时，在突发事件现场与救援中心之间，以及现场内部采用GSM-R通信系统，建立语音、图像、数据通信系统。

（二）信号安全数据网仿真子系统功能需求

信号安全数据网目前主要应用于CTCS-2级和CTCS-3级列控系统的客运专线和高速铁路。信号安全数据网仿真子系统应能实现车站、中继站（无岔站）以及其与中心信号设备（如RBC、TSRS）间的安全信息可靠传输，同时还应实现RBC、TSRS等中心设备与其他相邻线路安全数据网的安全信息可靠传输。

根据信号安全数据网的通信业务，信号安全数据网仿真子系统应能实现如下通信过程：

1. TCC和TCC通信

信号安全数据传输网仿真子系统应能支持不同TCC设备之间的相关信息传输，包括：轨道区段边界信息、边界信号机状态、区间闭塞分区状态信息、区间改方信息、设备状态信息等。

2. TCC和CBI通信

实现TCC与CBI的双向信息传输，其中TCC向CBI传输的信息包括：区间方向信息、区间闭塞分区状态信息、信号降级命令信息；CBI向TCC传输的信息包括：列车进路状态信息、调车信号状态信息、区间改方命令信息、车站信号机点灯状态信息。

3. CBI和CBI通信

CBI间应能通过信号安全数据传输网仿真子系统传输站联信息。

4. TCC和TSRS通信

信号安全数据传输网仿真子系统应实现TCC和TSRS间的数据通信，其中TSRS向TCC传输临时限速命令信息和校时时钟信息；TCC向TSRS传输临时限速命令状态信息、区间闭塞分区状态和站内正线轨道区段信息。

5. RBC和TSRS通信

信号安全数据传输网仿真子系统需要实现RBC和TSRS通信，其中TSRS向RBC传输临时限速命令；RBC向TSRS传输临时限速命令状态。

6. RBC和CBI通信

信号安全数据传输网仿真子系统需实现RBC和CBI通信，其中CBI向RBC传输SA信息；RBC向CBI传输列车相关信息。

第二节　列控系统关键子系统多分辨率模型实现

一、列控系统地面子系统多分辨率模型仿真实现

根据不同的仿真功能需求，将地面子系统中的设备实体多分辨率模型作如下定义：

低分辨率模型：各设备实体的仿真控制显示，主要包括参数配置、仿真状态表示等。

中分辨率模型：各设备实体与其他相关设备之间的信息交互过程。

高分辨率模型：各设备实体内部工作模块的详细过程及其实现。

（一）RBC 多分辨率模型仿真实现

无线闭塞中心实现列车运行控制需要大量的数据，这些数据不仅来源于外部设备（如车载设备 OBE、地面联锁设备），而且还有许多既定的数据存储在 RBC 内部数据库。来源于外部设备的数据，也要存入 RBC 内部数据库中，便于 RBC 的管理、处理和存储。

RBC 子系统的数据库采用文件的形式存储数据。在数据编辑阶段按车站和区间分别建立文本数据文件，即针对每一个车站建立一个车站文本数据文件，针对每一个站间区间建立区间文本数据文件，便于数据管理。考虑到设备读写文件的效率和安全性，完成数据库的文本数据文件后，通过离线方式利用相关程序将这些数据库文本文件处理成一个二进制数据文件，并将此二进制数据文件作为 RBC 子系统使用的数据库文件。在列控系统仿真测试平台中，RBC 内部数据库存储在一台独立的计算机中，每个 RBC 都可以根据要求或需要对 RBC 内部数据库系统进行相应的远程操作，利于数据的统一管理，同时提高仿真效率。

根据列控系统多分辨率划分规则，可将 RBC 子系统划分为如图 5-3 所示的多分辨率模型。

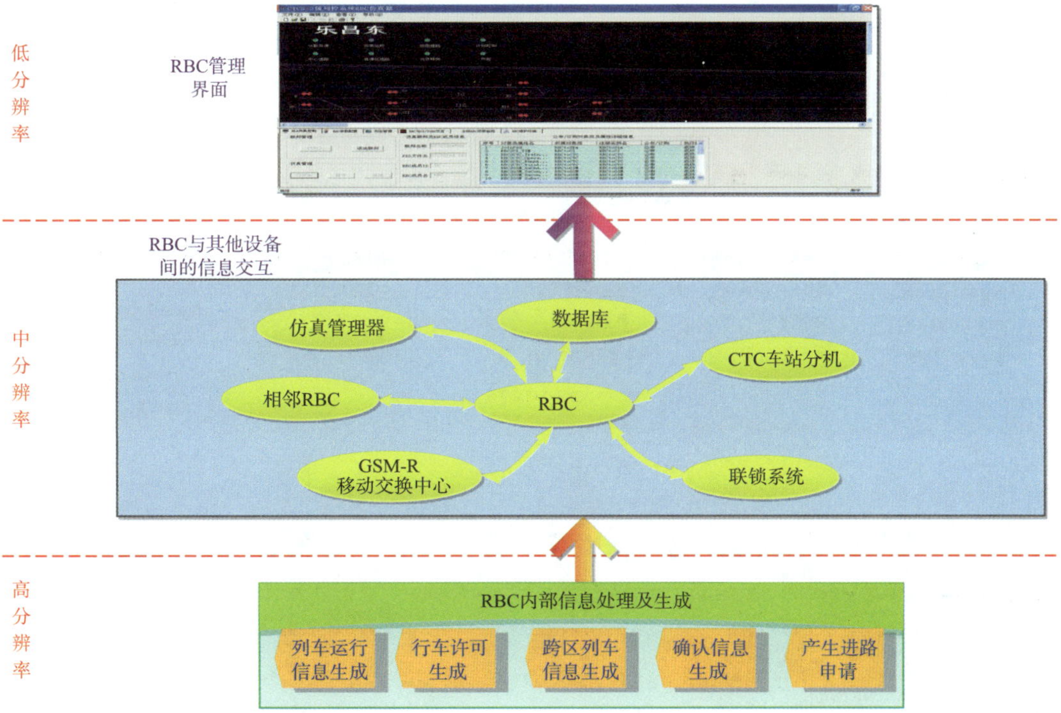

图 5-3　RBC 子系统多分辨率仿真模型

1. RBC 子系统的低分辨率模型实现

RBC 子系统低分辨率模型的功能为提供仿真过程中的可视化显示，RBC 仿真管理界面如图 5-4 所示。

RBC 子系统低分辨率模型主要包括 RBC 配置参数、列车管理、RBC 与 CBI/TSRS 交互、全线 RBC 顶层监控、RBC 终端维护等模块。以 RBC 配置参数及 RBC 与 CBI/TSRS 交互为例，RBC 配置参数模块反映了 RBC 当前的仿真状态参数，主要包括管辖范围、相邻 RBC 信息等，如图 5-5 所示。

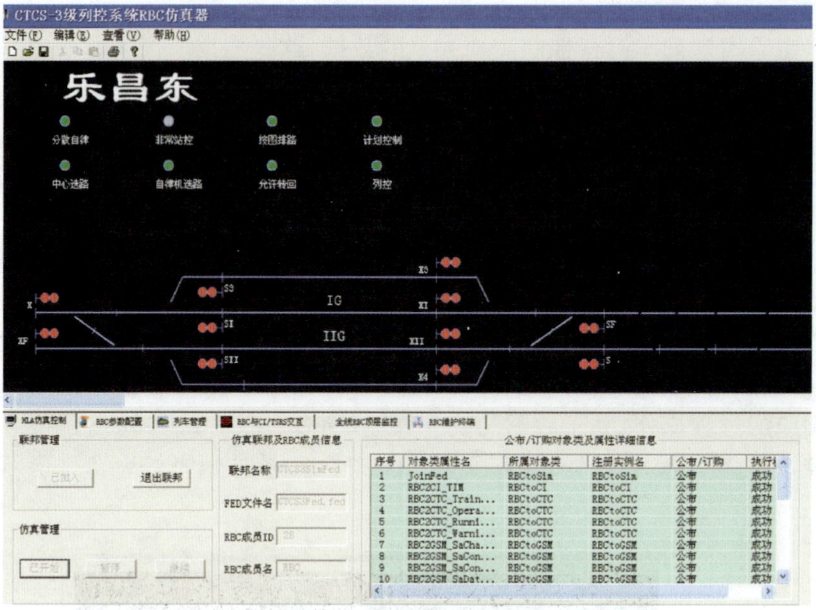

图 5-4　RBC 仿真管理界面

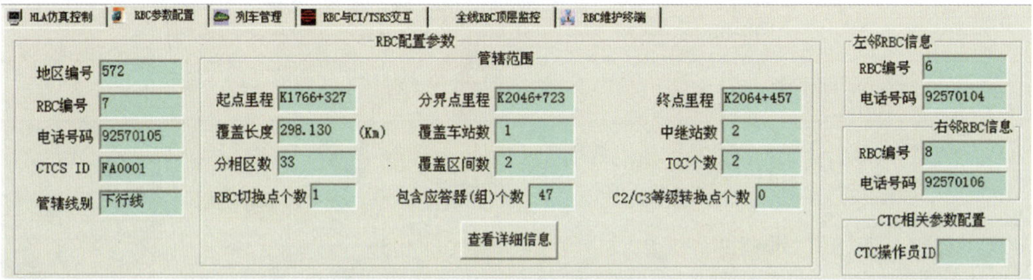

图 5-5　RBC 配置参数模块

RBC 与 CBI/TSRS 交互模块反映当前 RBC 与 CBI/TSRS 间的信息交互状态，如图 5-6 所示。

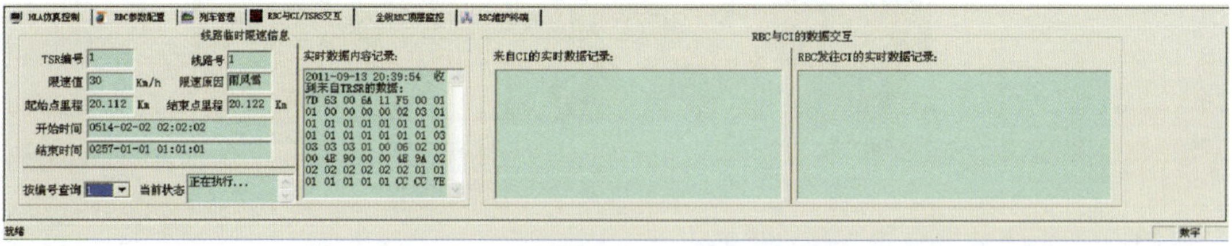

图 5-6　RBC 与 CBI/TSRS 交互模块

2. RBC 子系统中分辨率模型实现

RBC 子系统中分辨率模型体现 RBC 与其他列控设备之间的信息交互过程，如图 5-7 所示。RBC 子系统中分辨率模型中各仿真模块的功能见表 5-1。

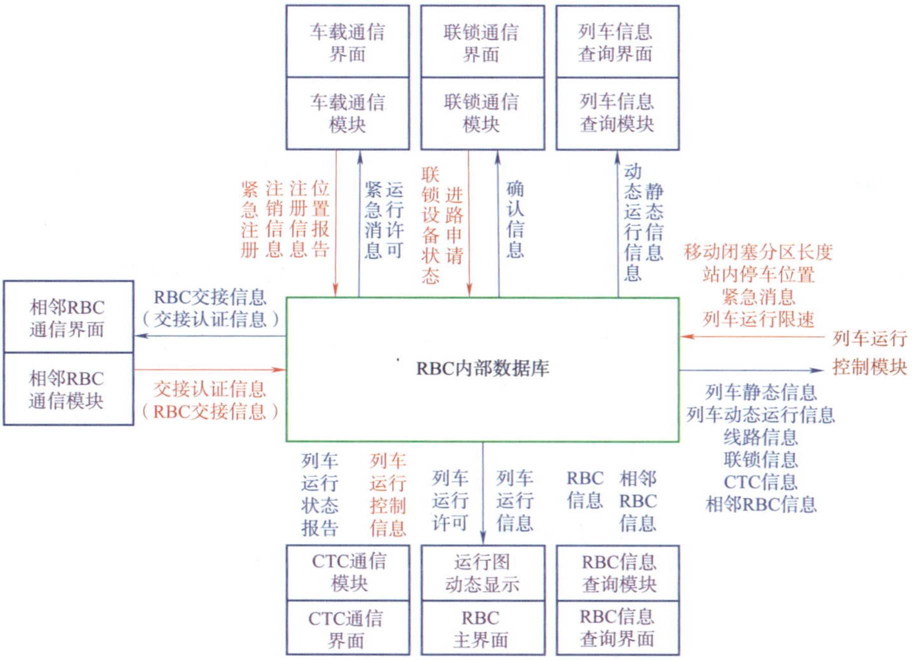

图 5-7 RBC 子系统中分辨率模型

表 5-1 RBC 仿真系统功能模块

仿真模块	功能描述
车载通信模块	与车载子系统建立通信，接收发送信息
联锁通信模块	与联锁设备建立通信，发送进路申请，接收联锁状态
CTC 通信模块	与 CTC 分机建立通信，发送列车运行状态信息并接收相关控制信息
列控模块	调用数据库内信息计算列车的移动闭塞分区长度，管理移动闭塞分区
列车信息查询模块	查询 RBC 控制下的列车的详细信息
RBC 信息查询模块	查询 RBC 和相邻 RBC 的详细信息
动态显示模块	动态显示 RBC 管辖范围内列车的运行状态
RBC 内部数据库	记录、存储 RBC 运行过程中的所有信息

RBC 仿真子系统首先接收仿真管理器的仿真时间及相关配置信息进行 RBC 仿真初始化，完成初始化后即进入 RBC 仿真主程序执行相应功能仿真。

3. RBC 子系统高分辨率模型实现

RBC 子系统高分辨率模型负责实现 RBC 相关控制功能。RBC 子系统高分辨率模型实现 RBC 子系统内部信息处理，即根据所控制列车的状态及其控制范围内的轨道占用、列车进路状态、临时限速命令、灾害防护和线路参数等信息，产生针对所控列车的行车许可(MA)控制信息。依据仿真 RBC 需要实现的功能，RBC 子系统高分辨率模型仿真主程序的工作流程如图 5-8 所示。

根据 RBC 子系统的高分辨率模型仿真主程序的工作流程，分别对 RBC 仿真子系统功能实现进行设计。

(1)列车的注册和注销处理

本书中采用链表数据结构完成列车的信息查询、更新和存储。无线闭塞中心在运行中时刻接收车载设备发送的信息，当在其控制范围内没有列车运行时，注册链表为空，当某一列车

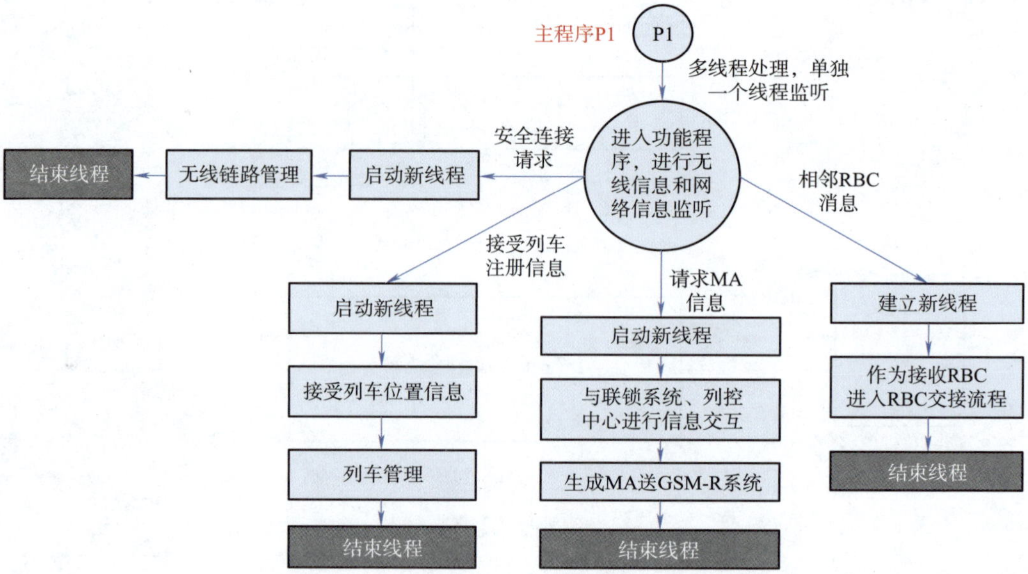

图 5-8　RBC子系统高分辨率模型仿真主程序流程

驶入无线闭塞中心控制区域时，该列车向 RBC 注册，此时应向 RBC 注册链表中插入一个结点，当某一列车驶出无线闭塞中心控制区时，需向 RBC 执行注销操作，即在 RBC 注册链表中删除该列车对应的结点。列车注册流程如图 5-9 所示。

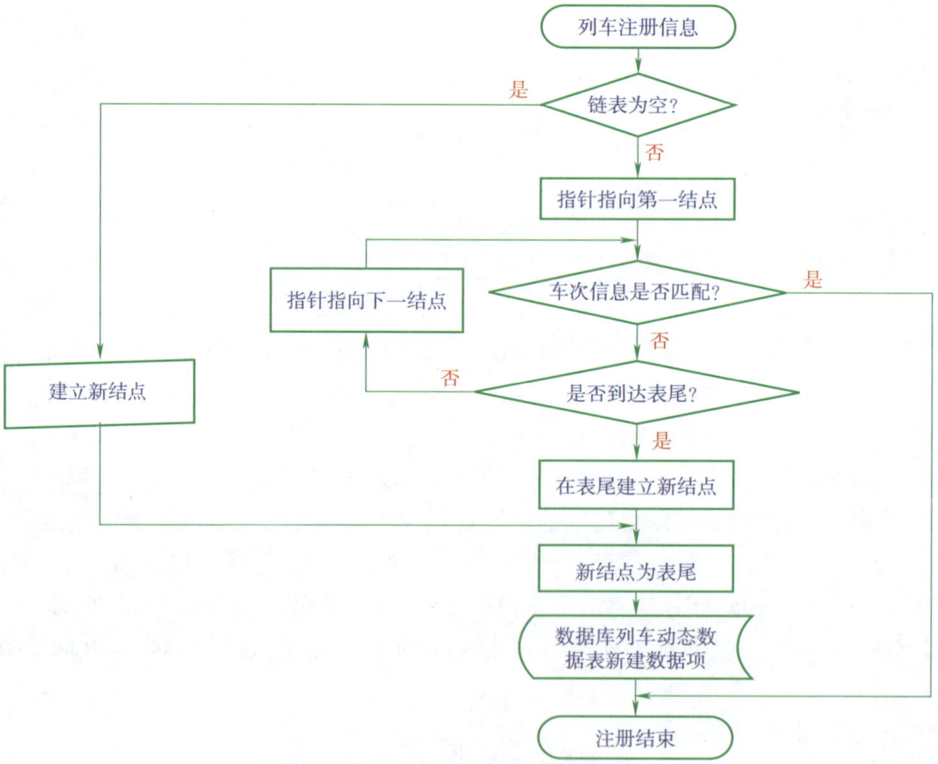

图 5-9　列车注册流程

列车发送注册信息有两种情况：

①列车刚进入 RBC，列车注册接受 RBC 控制。

②列车在运行过程中，与 RBC 通信中断，重新建立连接。

第一种情况下 RBC 的注册链表中没有列车的信息，说明列车还未处于 RBC 的控制之下，需要在 RBC 注册链表结尾添加链表结点，并在列车动态数据表中，建立与之对应的数据项；第二种情况下列车的注册链表中已经有该列车的信息，列车处在 RBC 控制之下，因此不需要在列车动态数据表中新建立数据项，只需在列车位置报告来临时更新其中信息即可。

列车驶出 RBC 控制范围，列车向 RBC 发出注销信息，RBC 收到列车的注销信息后，删除列车动态数据表中相对应的数据项，并删除列车注册链表中表示该列列车的结点。列车注销流程如图 5-10 所示。

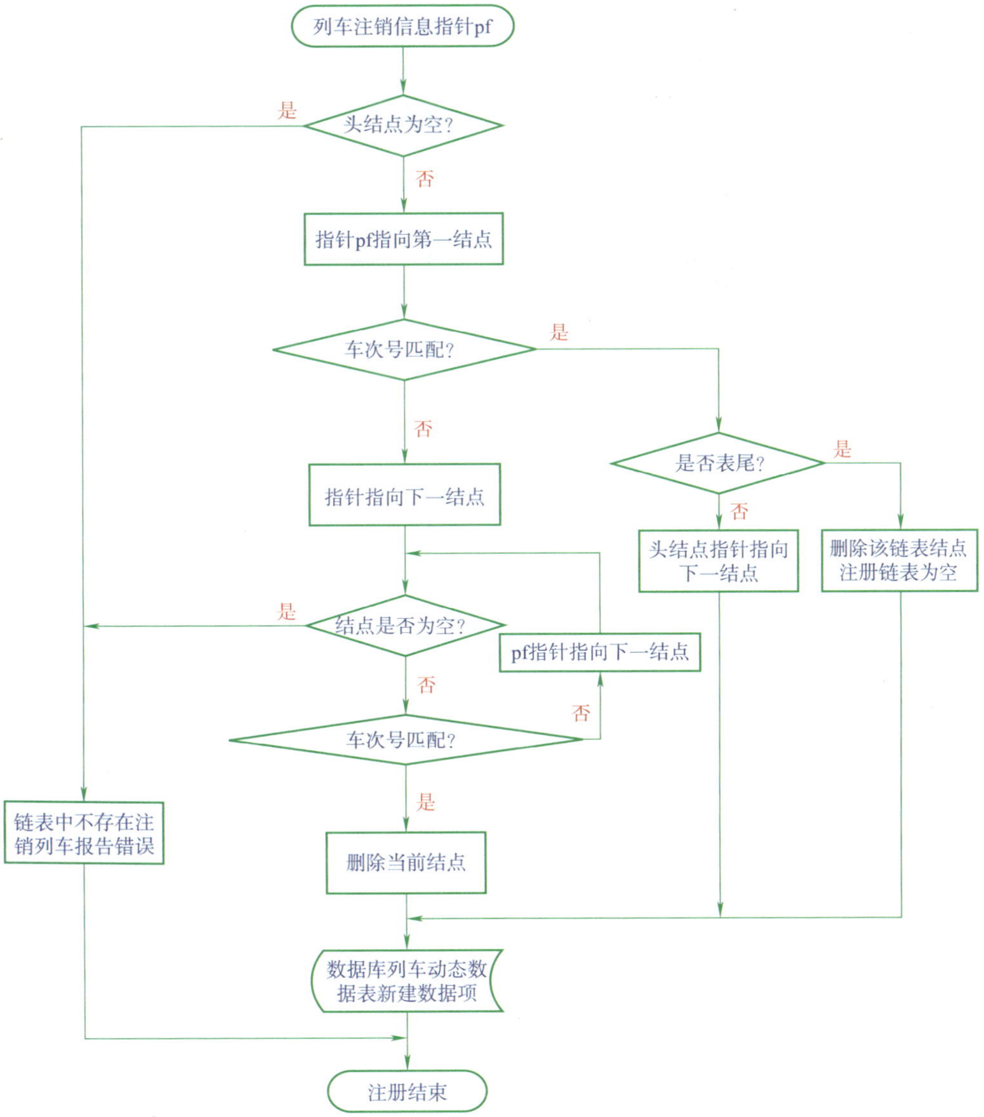

图 5-10　列车注销流程

(2)MA 的计算与管理

在列控仿真系统中，RBC 系统周期性进行所有列车的移动闭塞区间计算和列车控制计算，并周期性地向辖区内所有列车发放运行许可，RBC 系统按照列车注册链表的顺序依次向列车发放运行许可，确保所有列车都可以接收到自身相应的运行许可。MA 生成原理如图 5-11 所示。

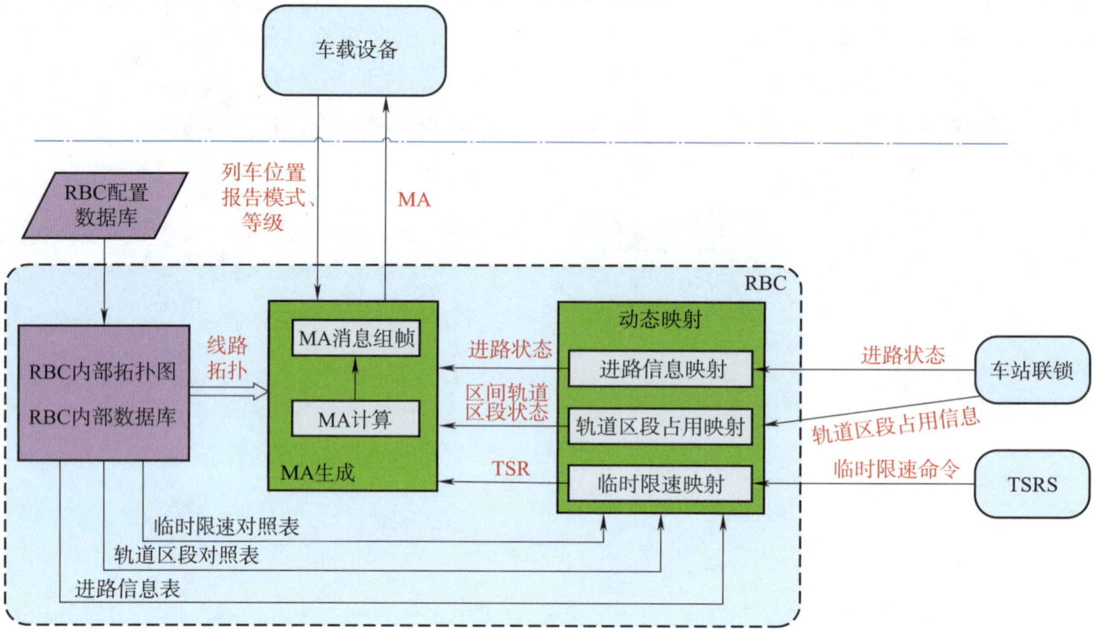

图 5-11　MA 生成原理

通过上面的分析可知，计算 MA 时首先要对当前列车进行定位，得到列车运行前方路径所包含的空闲区段(可能是区间轨道区段或车站进路或下一个 RBC 管辖轨道区段)，这些空闲区段组成了列车的行车许可，之后对 MA 包含区段内的线路参数限制和临时限速信息进行处理，就可以生成未组帧的 MA 消息包。列车运行许可管理流程如图 5-12 所示。

(3)列车运行的动态显示

RBC 主界面的列车运行图显示在 RBC 范围内的所有的运行状态，包括列车的区间运行、列车车站运行(列车进站、列车出站、站内停车、列车通过车站)等状态信息。

RBC 系统每隔一定时间重新调用相关函数进行列车运行显示图绘制，以此显示列车的动态运行过程。函数调用间隔时间可根据需要设定，时间越短，列车的动态效果越好。列车运行动态显示流程如图 5-13 所示。

(二)TCC 多分辨率模型仿真实现

一个车站列控中心的管辖范围为运行后方区间靠近本站的一半及运行前方区间靠近本站的一半，而其管理临时限速信息的范围则为本站进站信号机至运行前方车站的反向进站信号机，如图 5-14 所示。

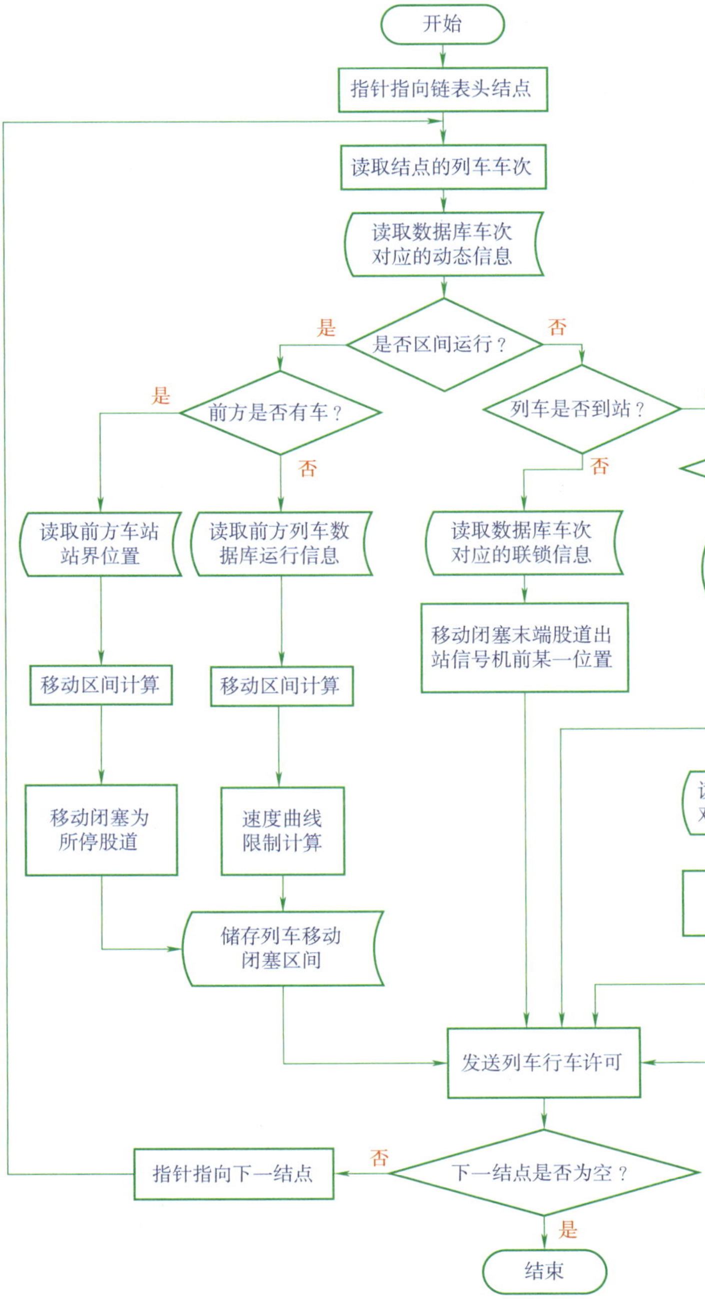

图 5-12 列车运行许可管理流程

CTCS-2 级条件下列控中心的主要作用是产生行车许可。根据轨道区段占用信息、联锁进路信息、线路限速信息等，产生列车行车许可命令，并通过轨道电路和有源应答器，传输给车载子系统，保证其管辖内的所有列车的运行安全。CTCS-3 级条件下，列控中心除了要完成CTCS-2 级条件下需要完成的任务外，还起到一个区间占用信息中转的作用，通过联锁将区间占用信息传递给 RBC，作为其计算行车许可的依据之一。

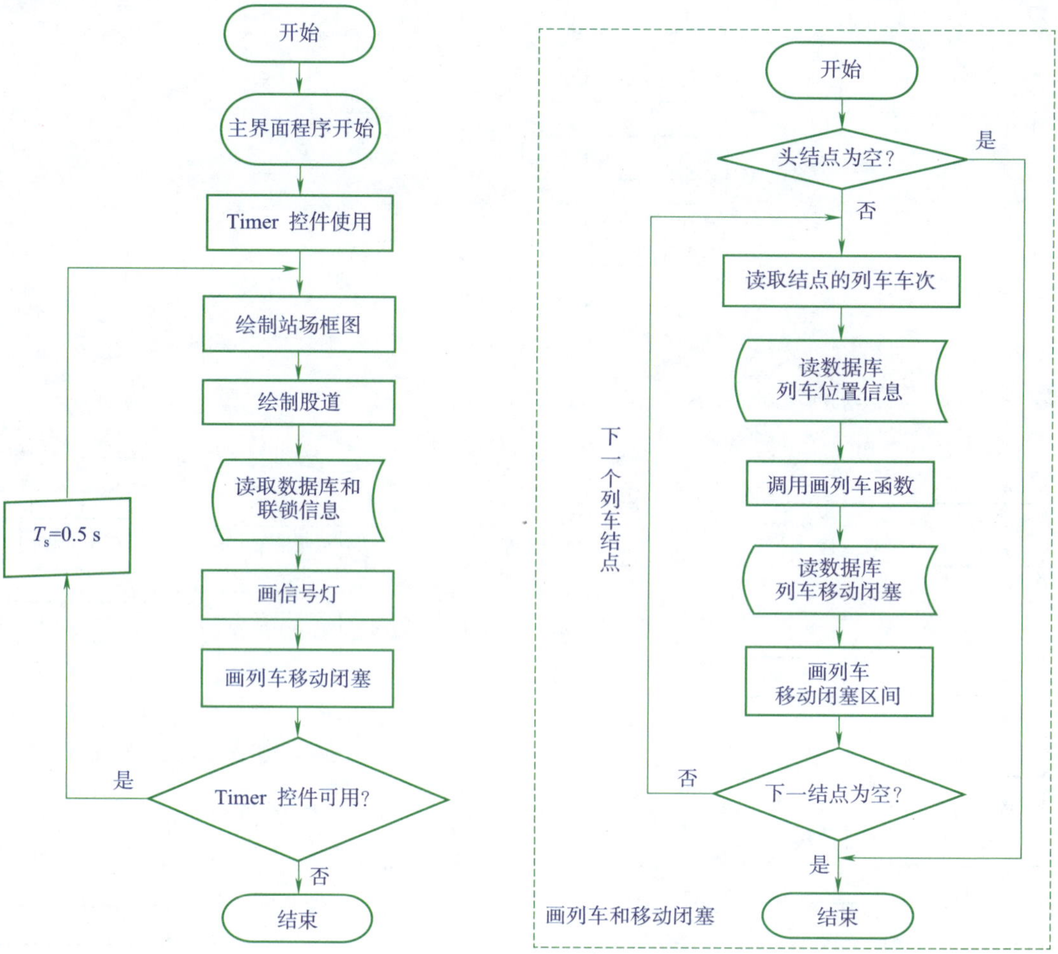

图 5-13　列车运行动态显示流程

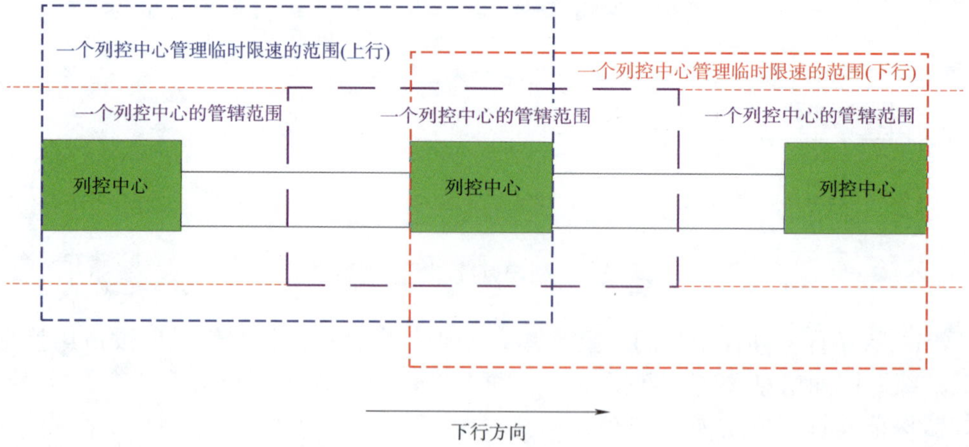

图 5-14　列控中心管辖范围示意

1. TCC 子系统低分辨率模型实现

在实际仿真过程中，可利用一台计算机仿真一个或多个列控中心并实现相关功能。仿真时，首先需打开站场图，在站场表文件夹下选择相应的站场文件(. dat 文件)，打开后可得到如图 5-15 所示的站场图。

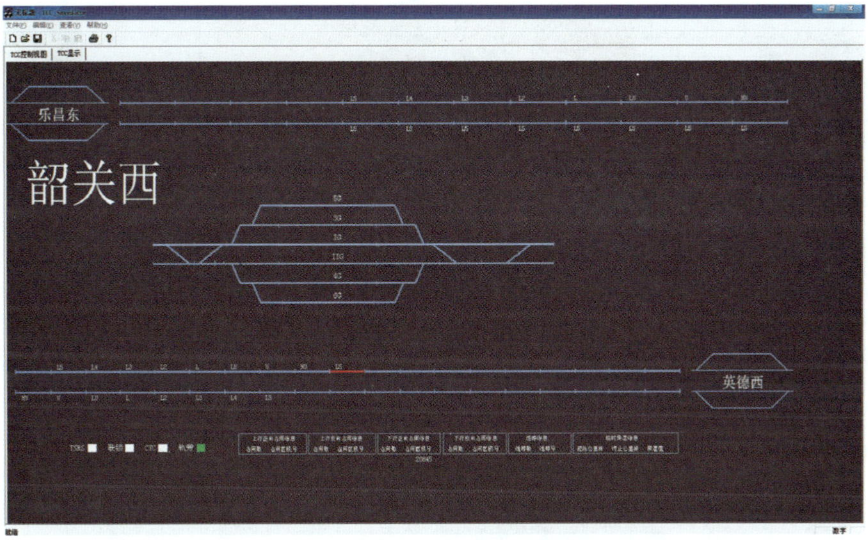

图 5-15　TCC 子系统仿真站场图

TCC 子系统加入联邦后，将接收轨旁的轨道电路占用信息，并计算轨道电路码序，发送给轨旁设备，同时根据轨道电路的占用状态和联锁的进路信息向 LEU 发送相应的应答器报文，并向 RBC、CTC 发送相应的报告信息，如图 5-16 所示。

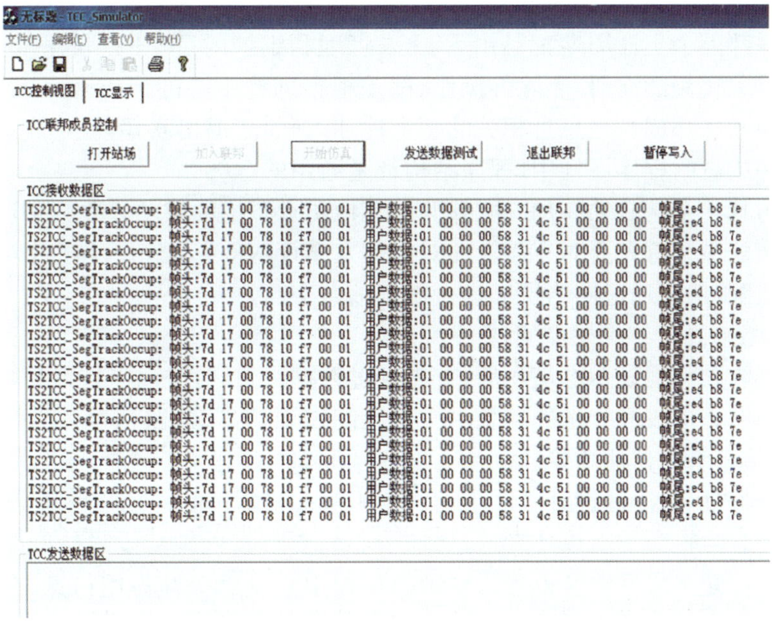

图 5-16　TCC 子系统信息交互控制视图

2. TCC 子系统中分辨率模型实现

TCC 与其他设备信息交互关系如图 5-17 所示。

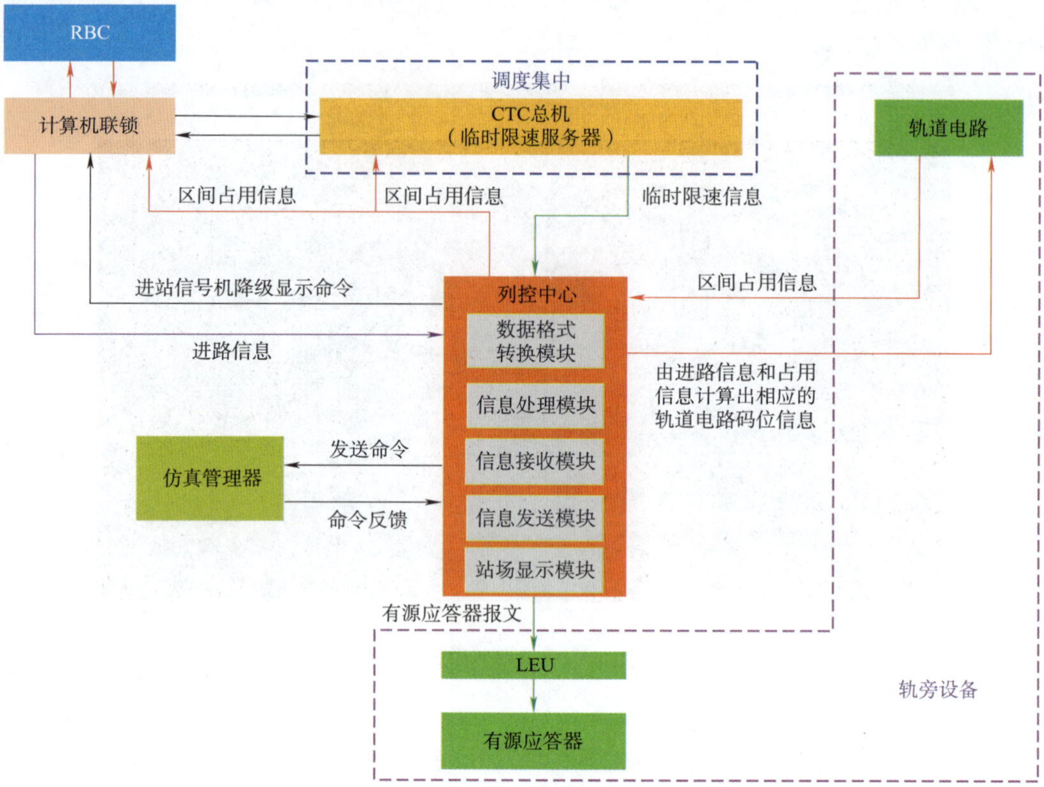

图 5-17　CTCS-3 条件下 TCC 与其他设备信息交互关系

列控中心联邦整个生命周期都是由 RTI 来管理和维护的，RTI 对联邦执行的撤销、成员的加入/退出、对象实例的注册/删除等操作，都是根据列控中心的请求来完成的。因此，联邦执行的生命周期和联邦成员是息息相关的。上述加入联邦，退出联邦，联邦成员属性值更新等过程在每个联邦成员的程序设计中，程序结构都是通用的。

列控中心仿真子系统必须在加入联邦并与其他仿真子模块成功建立网络连接之后才能开始仿真。之后列控中心首先要对有需求的对象类发布订购信息，当 RTI 成功对订购和公布的属性实现正确匹配，然后通过网络层来进行数据信息交互。

3. TCC 子系统高分辨率模型实现

列控中心接收到其他设备的信息后，首先经过数据格式转换模块，转换为列控中心所需的数据格式。列控中心接收和传送的信息主要有区间占用信息、进路信息、临时限速信息、轨道电路码位信息、仿真管理器命令等。

(1)轨道区段占用情况的设计

区间占用信息为轨旁仿真设备发送，列控中心需要将其处理后发送给联锁和 CTC 总机。轨旁设备自从连接建立之后轨旁设置每秒钟向列控中心发送一帧占用信息，在该列控中心的管辖范围内如果没有区段被占用，数据中的主要内容均设为 0。当在列控中心管辖范围内存在列车占用时，即数据帧中存在相应的占用数据和区段编号。当列控中心接收到的数据 CRC

校验出错时，列控中心自动放弃该数据，接收下一帧数据。

列控中心管辖范围内轨道区段占用信息仿真的目的是实现 CTCS-3 级列控系统中 TCC 的一对一通信功能，尽管其通信数据量不大且 RTI 能够满足通信需求，但为保证系统通信方式的统一性，减小程序的复杂性，可采取如下通信机制来实现。

①首先列控中心仿真子系统需要完成网络连接和轨道区段占用信息的公布；当通过 RTI 与联锁仿真系统公布的信息匹配成功后由网络层进行数据传输。

②当列控中心仿真成员接收到数据时，首先判断该区段信息是否属于其管辖范围，如果属于则进行数据处理并转发，如果不属于则放弃该数据帧。

③当列控中心判断出该信息在其管辖范围内首先根据接收到的占用信息在区间图上显示出来，相应被占用的区段以红色标注，然后再实现数据的重组，将全部区段信息包含在内，向 CBI 转发。

④当列车行驶出列控中心管辖范围内最后一段区段时，该列控中心完成其管辖范围内区段占用信息的转发功能，交互完成。

(2)接发车进路信息的设计

该功能实现的是仿真列车运行在 CTCS-2 级条件下 TCC 子系统的功能。当列车由 CTCS-3 级降级到 CTCS-2 级运行时，车载仿真子系统接收来自列控中心仿真子系统的接发车进路信息。当列车接近车站进站停车或通过时，地面数据信息不是固定不变的，而是与列车进路相关。车站排列不同的接发车进路时，列控车载设备所需锁定的股道轨道电路载频是不同的，另外，列车由信号机至相应股道所经过的轨道区段及其长度也是不一样的。因此，列控中心必须通过与车站联锁系统的连接，获取列车进路情况，实时地向应答器发送，即具备“接发车进路信息发送”功能。

在列控中心仿真中，接发车进路信息是列控中心自身根据其管辖范围内轨道占用情况判断，当列车运行至接近进站之前向联锁部分发出进路请求，计算机联锁系统根据所建立的列车接、发车进路情况，向车站列控中心发送相应的接发车进路信息。当计算机联锁系统排列接、发车进路并锁闭后，计算机联锁系统开始向车站列控中心发送进路信息号；进路解锁或取消后，停止进路信息号发送。

对于接车进路，以进站信号机开放作为进路信息号发送时机，以进站信号机内方首区段解锁作为停止发送时机；对于发车进路，以进路锁闭作为进路信息号发送时机，以进路末区段解锁作为停止发送时机。进路信息号根据不同的车站确定，并分为接车进路信息号和发车进路信息号。

对于通过进路，计算机联锁系统同时发送接车进路信息号和相应的发车进路信息号，由车站列控中心判别计算机联锁系统是否建立了通过进路。列控中心接发车进路信息流程如图 5-18 所示。

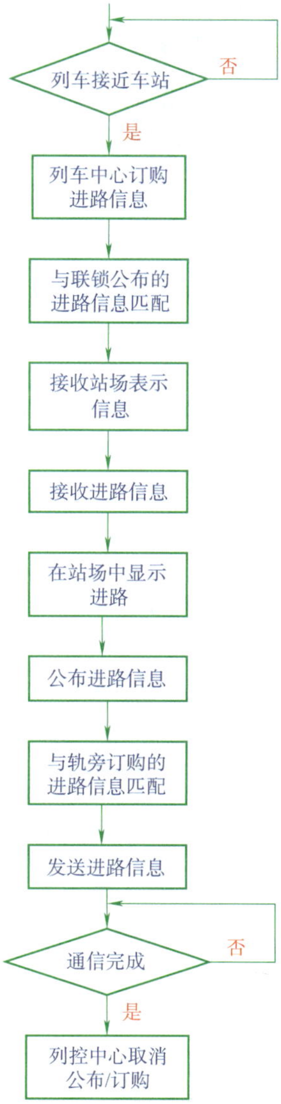

图 5-18　列控中心接发车进路信息流程

该功能的实现属于列控中心子系统仿真列车运行在 CTCS-2 级条件下的功能。对于接发车进路信息根据需求联锁需要向列控中心、CTC 轨旁等子模块同时发送，属于一对多的通信。

(3)临时限速信息设计

临时限速信息设计同样属于当列车运行降级到 CTCS-2 级时 TCC 仿真子系统的功能实现。临时限速信息由调度中心集中管理，通过 CTC/TDCS 向临时限速管辖车站列控中心及邻站下达临时限速命令，两站一区间范围内只允许设置一处区间或站内临时限速。车站列控中心与 CTC/TDCS 系统之间的通信，由于限速命令不存在周期发送，因此有可能出现数据帧错误、数据丢失以及临时限速设置异常情况。考虑到上述原因，列控中心在正确接收临时限速信息后应该向 CTC 分机发送反馈信息。因此针对“临时限速命令”“临时限速状态”“临时限速设置异常”等通信数据帧可采用“发送—应答”的方式交换。列控中心临时限速信息流程如图 5-19 所示。

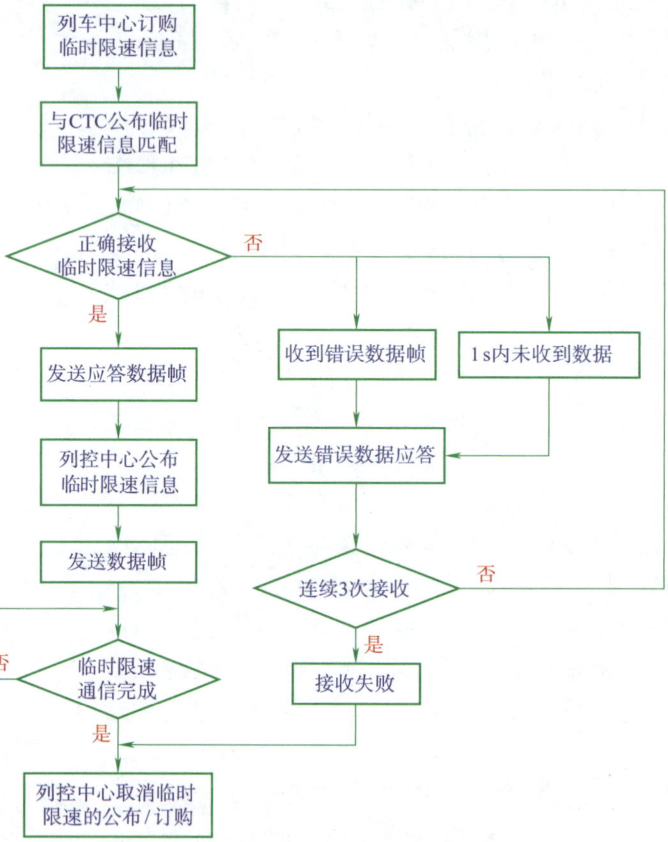

图 5-19　列控中心临时限速信息流程

其整体流程如下：

①首先列控中心仿真子系统完成网络连接和临时限速信息的公布。

②当通过 RTI 与 CTC 仿真子系统公布的信息匹配成功后由网络层进行数据传输。

③当列控中心仿真成员接收到数据后，如果正确接收到数据则实现临时限速的公布及转发。如果接收数据帧出现以下情况之一则判断此次数据传输失败：a. 连续 3 次接收到错误数

据帧；b. 1 s 内未接收到临时限速数据。

④当列控中心完成临时限速通信时判断此次通信结束。

CTC/TDCS 系统每 6 s 向车站列控中心发送一次“请求临时限速状态”命令，车站列控中心收到该命令后，向 CTC/TDCS 系统依次发送所有线路的临时限速状态。在发送线路临时限速状态过程中，若收到 CTC/TDCS 系统新的临时限速设置命令，车站列控中心不中断已经开始的临时限速状态发送流程，等到所有线路的限速状态发送完毕（“剩余状态数”=0）后，向 CTC/TDCS 系统回执临时限速设置命令的执行结果。

（三）车站计算机联锁子系统多分辨率模型仿真实现

计算机联锁作为车站联锁系统的发展方向，对于进一步提高车站行车作业的安全和效率，降低成本等有重要意义，同时它也是 CTCS-3 级列控系统的重要组成部分。在 CTCS-3 级列控系统中，车站联锁不是独立的系统，而是与 CTC 车站自律分机、RBC 一起构成一个有机的整体。

1. 车站计算机联锁子系统的低分辨率实现

联锁核心程序主要完成对联锁进路的控制，其控制流程如图 5-20 所示。

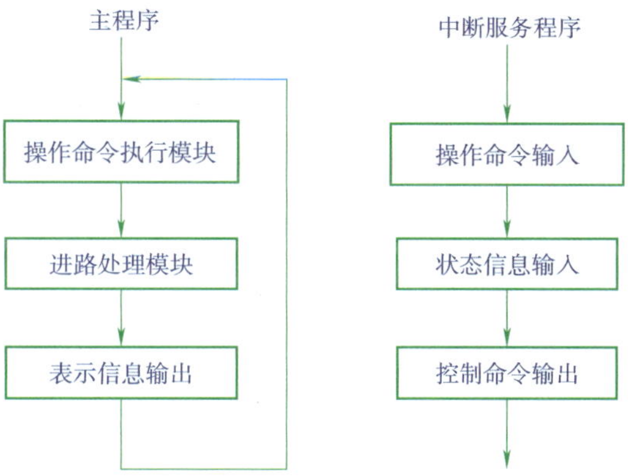

图 5-20　联锁模块基本控制流程

图 5-20 表明各个模块的执行顺序。其中一个是主程序模块，另一个是中断服务程序模块。在中断程序中，操作命令输入、状态信息输入和控制命令输出程序按照中断形式执行，而操作命令执行、进路处理、表示信息输出按照循环方式顺序执行。在进行操作后，计算机首先作出判断，如果是进路操作，则进入进路处理模块，按照联锁技术要求排通进路，并且将该进路锁闭，启动控制命令输出程序，开放防护信号机，当车辆正常通过后，进路逐段解锁。进路处理模块执行完毕后，顺序执行表示信息输出程序，将有关操作信息、进路变化情况及时显示出来。

在进路控制过程中，有些过程不需要人员参与，如接收 CTC 分机自动办理进路、进路自动处理等；而有些过程必须有操作人员参与，如人工办理进路、人工解锁等。另外在进路控制过程中，必须实时地了解监控对象状态，对受控对象发出控制命令，所以信号机、道岔和轨道区段状态要及时地提供给操作人员。为此，联锁程序基本上可分为下面六个模块：

(1)操作输入及操作命令形成模块：记录操作信息、检查操作正确与否、判断操作是否有效及形成操作命令。

(2)操作命令执行模块：包括多个子模块，如进路操作命令、区段故障解锁命令等。

(3)进路处理模块:此模块是在执行了进路生成模块且对所办理进路已形成进路表后,对进路进行处理的模块。进路处理模块执行可划分为四个阶段,因此进路处理程序也分成如下四个子模块。

①检查进路选排一致性和形成道岔控制命令子模块。该模块完成的功能是检查道岔位置是否符合要求,若不符合要求,则应形成相应道岔控制命令,使道岔转至规定位置。

②进路锁闭与信号开放子模块。该模块完成的功能是检查锁闭条件是否满足,若条件满足则锁闭进路,并形成防护信号机开放命令。

③信号保持子模块。在信号开放后,应不间断地查询开放信号条件是否满足,若条件满足则信号保持开放,否则取消信号开放命令,使信号关闭。

④自动解锁子模块。该模块实现进路的正常解锁和调车进路的中途折返解锁。

(4)状态信息输入模块:该模块是将信号机、道岔和轨道电路的状态信息通过 DMI 或通信接口输入到计算机中,并对这些信息进行分析和处理。

(5)表示信息输出模块:该模块将已形成的各种表示信息输出至屏幕显示。

(6)控制命令输出模块:该模块是将已形成的控制命令,输出至设备结点,改变站场设备的状态,如信号机开放,关闭,道岔转换,锁闭及解锁等。

2. 车站计算机联锁仿真子系统的中分辨率实现

车站计算机联锁仿真子系统与其他设备间的信息交互主要包括以下几个部分:

与 CTC 分机通信:接收 CTC 分机的进路设置命令并反馈进路办理的结果;以码位表形式向 CTC 分机发送站场设备的实时状态。

与 RBC 通信:接收 RBC 的进路请求,返回所请求对应车次的进路办理结果。

与轨旁通信:接收轨旁驱采仿真发送的轨道占用报告,模拟站内轨道电路的空闲情况。

与 TCC 通信:接收进站信号机降级显示命令;接收并向 RBC 转发区间轨道状态;返回进路请求应答信息。

计算机联锁仿真子系统的中分辨率模型主要完成以下功能:根据 CTC 分机命令设置进路;车站内进路的建立、解锁,信号机的开放关闭控制;根据 RBC 进路请求返回进路办理情况;向 RBC 返回所请求的进路信息;向 CTC 分机报告站场设备实时状态。按功能需求可将联锁仿真平台划分为站场数据模块、联锁核心程序、通信模块及操作显示模块。

(1)站场数据模块

从仿真平台的角度,数据模块可分为站场静态数据和联锁数据。

①站场静态数据

a. 车站名及 ID:指示某一确定站场的名称及 ID 号,全局唯一。

b. 站场设备:道岔的名称、编号、类型(对向或顺向道岔)等;信号机的名称、编号、类型(调车或列车)及方向(上行或下行)等;区段名称、编号、类型(有岔或无岔)及长度等;绝缘节的名称、编号。

c. 站场设备的地理坐标。

d. 以码位表的形式存放的站场设备码位信息。

②站场联锁数据

在计算机联锁系统中,凡参与联锁运算的有关数据统称为联锁数据。联锁数据根据数据的性质又可分为静态数据(常量)与动态数据(变量)两大类。静态数据可分为站场形和矩阵形。站场形数据结构有很多优点，且和6502电气集中中的组合连接图相似，直观易于理解。站场形数据结构主要包括以下数据：

a. 进路性质（列车或调车）及进路方向（接车或发车）；

b. 进路的始端和终端，如果有迂回进路，还应指出变更点；

c. 防护进路信号机名称；

d. 进路中轨道区段名称及数量；

e. 进路中道岔名称，应处的区段位置、数量；

f. 进路中涉及的侵限绝缘轨道区段名称及需检查的条件；

g. 进路的接近区段名称；

h. 进路的离去区段名称；

i. 进路末端是否存在需要照查的设施。

在仿真平台中站场联锁数据以标准联锁表的形式组织。

（2）联锁核心程序

联锁核心程序模块即车站计算机联锁子系统的低分辨率实现。

（3）通信模块

完成与其他设备间的信息交互功能。主要包括前面提到的与CTC分机通信部分、与RBC通信部分、与轨旁通信部分、与TCC通信部分。

（4）操作显示模块

操作显示模块主要完成站场铺画及刷新，同时完成本地进路办理及人工解锁等功能，如图5-21所示。

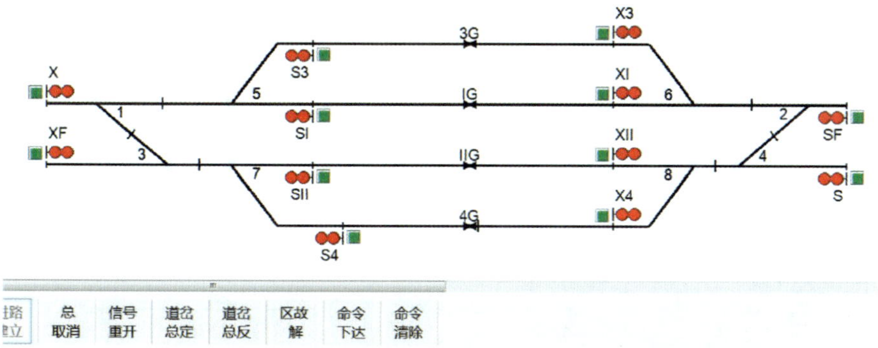

图5-21 车站计算机联锁仿真子系统单站场显示

仿真过程中，以全线24个车站为例，可采用8台服务器实现全线仿真，每台服务器仿真3个车站，采用8台显示器显示临近8个车站，便于临近站场的连续显示，列车行驶完8个车站后进行界面统一切换。单个车站内联锁子系统站场显示如图5-22所示。

3. 车站计算机联锁子系统的高分辨率模型实现

车站计算机联锁子系统的高分辨率模型实现的进路控制任务如图5-23所示。

联锁程序按执行过程可分为以下几个过程：操作命令执行，进路搜索与排列，联锁条件检查，进路锁闭及信号开放以及进路解锁，其流程如图5-24所示。

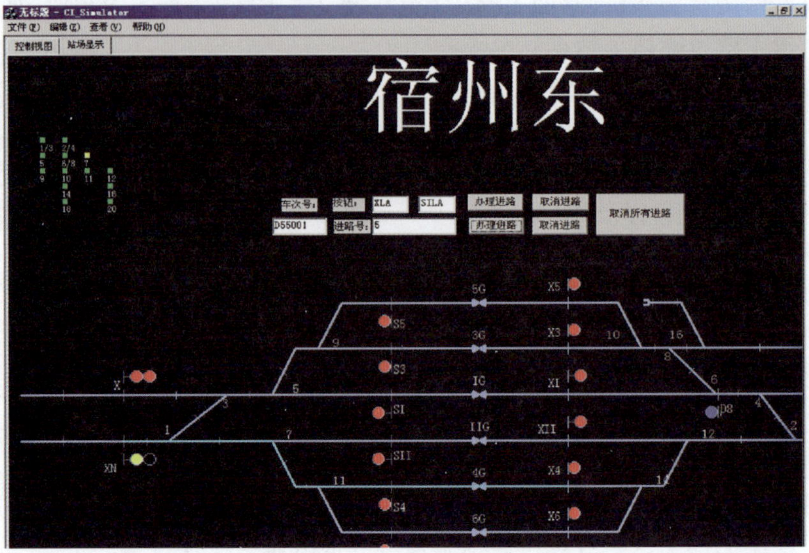

图 5-22　联锁子系统站场显示

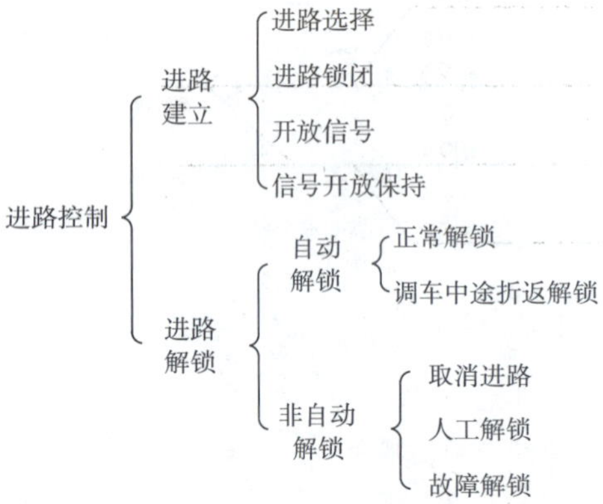

图 5-23　联锁进路控制任务

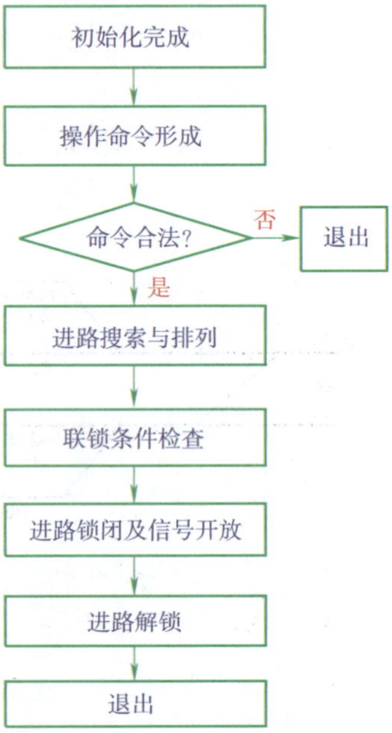

图 5-24　联锁核心程序模块执行流程

(1)操作命令执行

由于人的参与,在计算机联锁系统中出现操作错误是不可避免的,因此要求系统进行检查和判断,确保不形成错误操作命令。而对于合法的操作命令也必须在规定条件满足后方能执行。在仿真平台中,联锁操作命令来自 CTC 分机(以太网连接)或本地操作,进路处理采用多线程的方式,对每个进路的处理都开启一个独立的线程进行处理。

操作命令主要有进路建立命令,进路取消命令,人工解锁命令,模拟行车命令等。对应每种操作命令都有相应的执行子模块,这些子模块以一定方式组织在一起就构成了操作命令执行模块,如图 5-25 所示。

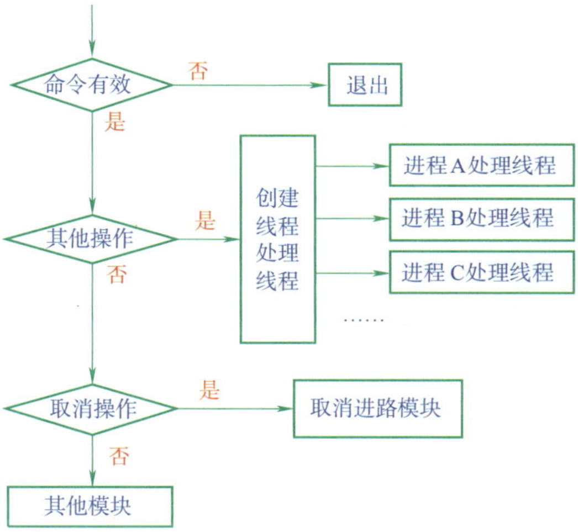

图 5-25　操作命令执行模块

(2)进路搜索与排列

①进路搜索

考虑和行车指挥平台连接时能完全按照行车指挥的意图办理特定的进路,仿真平台采用了总进路表结构。因此计算机联锁仿真平台采用从总进路表中搜索进路的方法。这种方法在进路搜索阶段比较简单,搜索的条件是进路号或按钮。将从 CTC 分机发送的命令进行解析,或从本地人机界面得到按钮信息进行组合,再与总进路表中进路的按钮信息进行对比,即可得到需要办理的进路。进而可以得到进路中区段,信号机及其显示,道岔及其应处的状态等信息。

此外,也可以通过基于站场形数据结构的办法实现进路搜索。搜索时首要任务是确定搜索规则,即直股优先还是弯股优先。然后根据进路搜索命令中的始终点信息,确定搜索方向是对站场信号布置图的上行还是下行方向进行搜索。搜索方向的确定直接关系到搜索时是选用结点的左结点还是右结点,或是道岔设备结点的中左或中右结点(道岔只能向成钝角的方向搜索)。结点搜索算法采用双栈结构,定义结点堆栈 S_tmpSwitch 和 S_RouteNodes,分别记录搜索到道岔时记录的除搜索方向外的其他分支结点和已搜索到的结点,同时在存储临时道岔结点时还需要获取上一道岔分支到当前分支所经过的结点数 PassedNodeNum。若当前结点已没有后续结点且不是终点,则根据记录的 PassedNodeNum 和栈 S_ tmpSwitch 的信息,从S_RouteNodes 中依次弹出 PassedNodeNum 个结点,直到退回上一个道岔分支,再沿道岔的另一分支向前搜索,直至找到终结点。从最终 S_RouteNodes 中便可提取出和基于总进路表的搜索结果一样的道岔,信号机及区段的信息。搜索过程可用图 5-26 所示的路径说明。

进路搜索有以下要求:根据操作命令只能选出一条符合要求的进路。这条进路可能是基本进路、迂回进路或由基本进路链接而成的进路。如果能够建立进路,则在与进路有关的所有变量模块中设置一个占用标志,以防止其他进路再次使用此模块,而造成联锁混乱,即将敌对进路锁住。

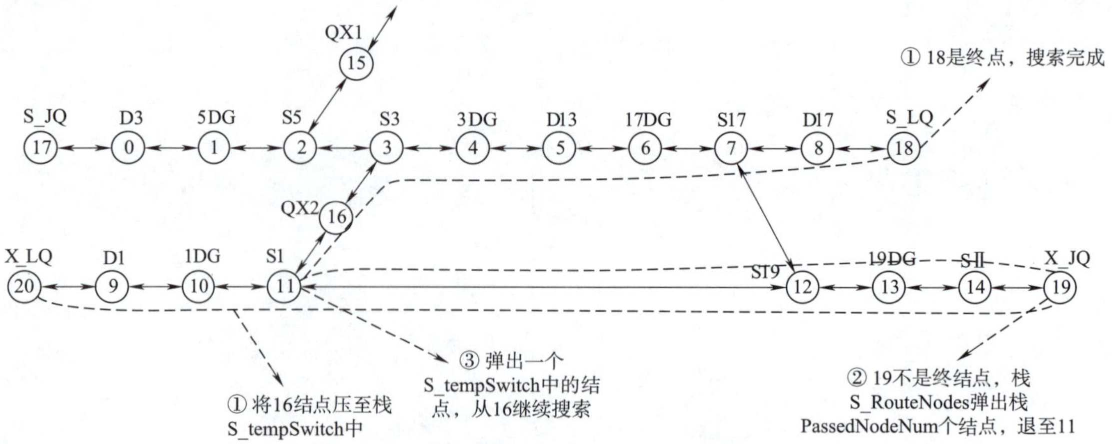

图 5-26　单站场型数据结构进路搜索路径

②进路处理与排列

进路处理模块的主要功能是对已经搜索出来的与进路有关的模块进行处理。可以把一条进路处理过程主要分成四个阶段，即四个处理子模块：选排一致性检查及道岔控制命令形成阶段（简称 XP 模块）；进路锁闭与信号开放阶段（简称 S 模块）；信号保持阶段（简称 XB 模块）；进路自动解锁阶段（简称 JS 模块）。这些子模块执行采用顺序方式，即对于某一特定进路只有完成了前一任务模块，才能继续下一任务模块。在仿真平台中，采用基于多线程的程序结构。对每一进路分配一个线程可使程序结构简化，使进路处理线程只对某一进路进行连续处理而不必关心其他进路。

一条进路的最终形式决定于进路上的道岔是否能转到规定位置。而道岔转换过程通过两个步骤来实现，一是要检查道岔是否能转换和是否需要转换；二是向道岔下达转换命令，使道岔转到规定位置，这就要求在道岔转换之前，检查道岔是否能满足所规定的转换条件。

为了保证行车安全，在道岔转换之前要建立临时请求转换。这是因为临时请求操作是实现联锁条件的重要环节之一，因此这里将对请求操作后要进行的几个方面的处理进行分析。道岔请求转换检查的目的是确认道岔请求转换在逻辑上是否可行。主要检查条件有：确定道岔位置是否需要转换；确定本道岔未被排入其他进路；道岔未处于锁闭；道岔所在轨道区段未被车辆占用。若上述条件都满足，即可输出道岔转换命令。

（3）联锁条件检查

为保证行车安全，当进路上道岔按要求转换后，在信号开放前还需对联锁条件进行检查，即这一进路是否能够真正建立主要取决于联锁条件检查的结果是否符合联锁表中所规定的要求。进路建立检查模块主要包括道岔位置检查、轨道区段检查、敌对信号及敌对照查模块。

（4）进路的锁闭及信号的开放

当进路建立的联锁条件经检查满足后，进路处理程序进入进路锁闭与信号开放模块。在这个模块中主要完成对进路上的道岔锁闭、轨道区段的锁闭、敌对信号及敌对进路的锁闭，然后开放信号。

如果信号已经开放，那么进路处理进入保持信号开放阶段。在这个阶段需不断地检查允许灯光是否良好，一旦出现允许灯光故障，应立即关闭信号。联锁仿真程序中对信号保持模块没有处理。如果列车一旦驶入防护信号机内方轨道区段，则立即停止输出开放信号的控制命令，使信号关闭。在信号保持开放期间，进路处理线程以无限循环轮询方式时刻检查车辆是否驶入进路，以便在车辆正常驶入进路时自动进入解锁模块。

(5)进路的解锁

进路解锁主要可分为进路的正常解锁、取消进路、人工解锁以及故障解锁。

①正常解锁

对于列车进路，只要列车一进入防护信号机内方，信号机就立即关闭，进路便可依次解锁。进路正常解锁采用分段依次解锁方式。为了使程序简单清晰，将无岔区段按道岔区段进行处理。每一轨道区段的解锁原则上采用“三点检查法”，即接近区段已经解锁，本区段曾被占用过后又出清，以及它的离去区段被占用。但对于进路的第一区段来说，它的前一区段也是进路的接近区段，不能简单地以进路接近区段的解锁作为第一区段的解锁条件，而需根据进路特点区别对待。对于接车进路来说，可以考虑以接近区段曾占用又出清作为解锁的“第一点”条件；如果以股道或无岔区段作为调车进路的接近区段，而这些接近区段可以留有车辆，所以只能以接近区段的占用作为解锁条件；对于用道岔区段作为调车进路的接近区段，因为区段不能留车，所以只能以接近区段的解锁作为解锁条件；对于发车进路而言，由于股道可能有车辆，所以只能用股道占用作为解锁的“第一点”条件。

进路解锁过程中需要时刻检查区段的占用及出清情况，以便及时对进路解除锁闭。在此仿真平台中对区段状态的轮询操作也是通过进路处理线程的无限循环轮询实现。

②取消进路

在列车未进入进路前，可发出取消进路来取消已经处于锁闭状态的进路。因为程序一直在查询列车驶入进路，程序实现时在查询条件中加入进路线程是否终止的条件。取消进路时在主程序中发出取消进路的命令，由进路线程管理模块将对应进路线程的终止标志置位。在进路线程退出之前，需要对已排入进路的设备结点作标志清除工作，以保证新进路的正常办理。如结点已占用标志，道岔结点已锁闭标志等。

③人工解锁

人工解锁模块是当进路排通后，车已驶入接近区段，此时需要临时变更作业计划所采取的进路解锁方式。为了保证行车安全，当检查了信号机内方区段均是空闲变量情况下，发出人工解锁命令后延时一段时间(接车进路和正线发车进路延时 3 min，侧线发车及调车进路 30 s)后解锁。

④故障解锁

故障解锁模块主要为解决在车辆通过进路后，进路不能正常解锁所采用的一种解锁方式。在仿真平台中由于仿真环境的原因，如网络传输延时情况下，仿真模块在列车通过较短区段时可能发生网络传输时间大于列车通过时间的情况，这种情况将导致列车通过后发生类似在现场列车跳过区段，轨道电路不能分路的现象。在执行过程中需重点检查故障解锁的条件是否具备，即列车通过及进路空闲。

在仿真平台中列车只能通过其他方式(如询问 RBC 及车载)确定列车是否已经通过。解锁过程主要是通过对进路中每个设备进行单独操作完成，通过人机界面选定设备(如区段、信号机道岔)后通过弹出窗口对单个设备实施解锁操作。

（四）轨旁子系统的多分辨率模型仿真实现

1. 轨旁子系统的低分辨率模型实现

轨旁子系统仿真程序运行后，首先需要选择相应的车站并创建数据库，如图 5-27 所示。

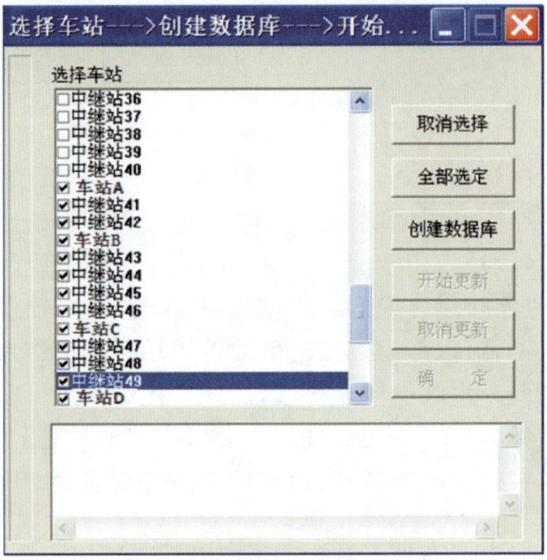

图 5-27　轨旁子系统车站选择界面

完成车站选择后，加入联邦参与仿真，此时轨旁子系统将显示当前列车信息（图 5-28）及其占用的股道，同时将对通信信息（图 5-29）进行检查。

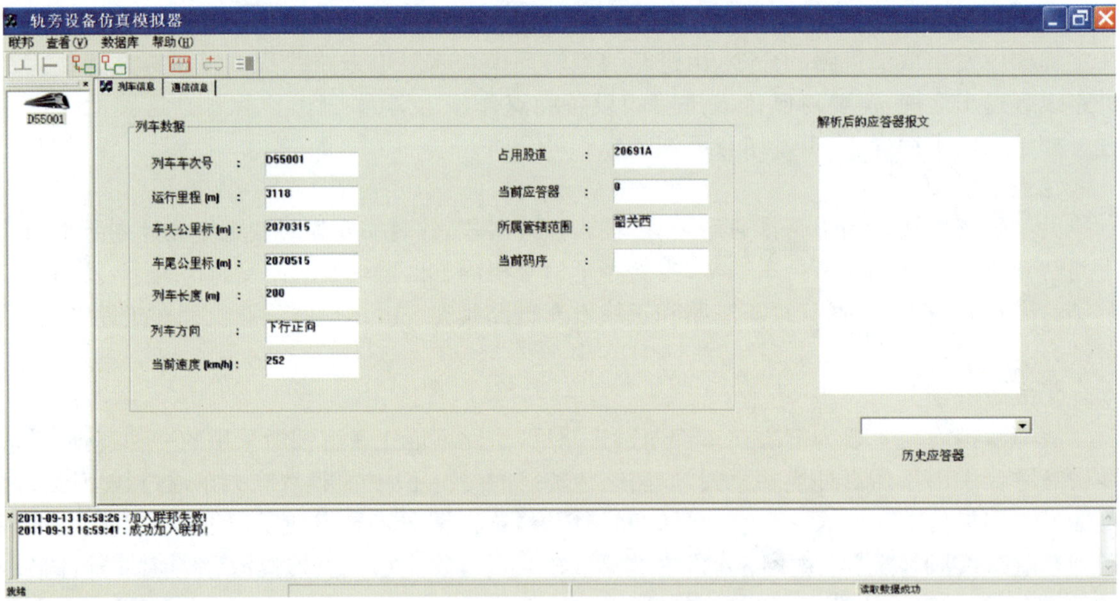

图 5-28　轨旁子系统列车信息显示

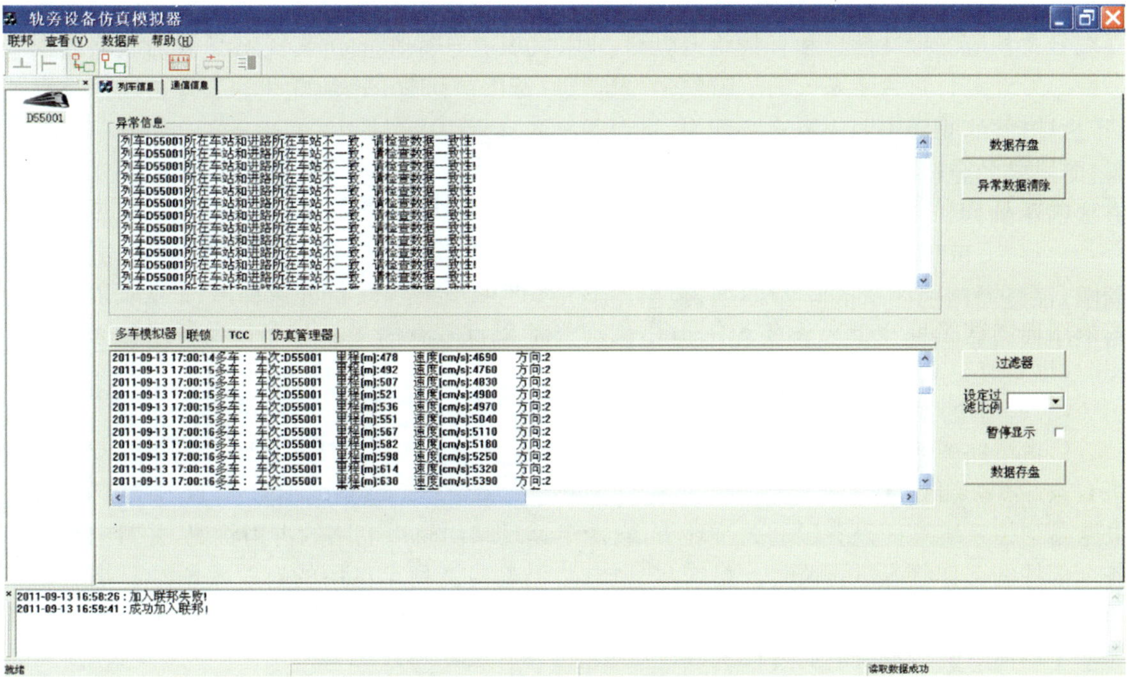

图 5-29　轨旁子系统通信信息显示

2. 轨旁子系统的中分辨率模型实现

轨旁子系统是列控仿真平台中地面系统的重要组成部分之一，其中分辨率模型如图 5-30 所示。

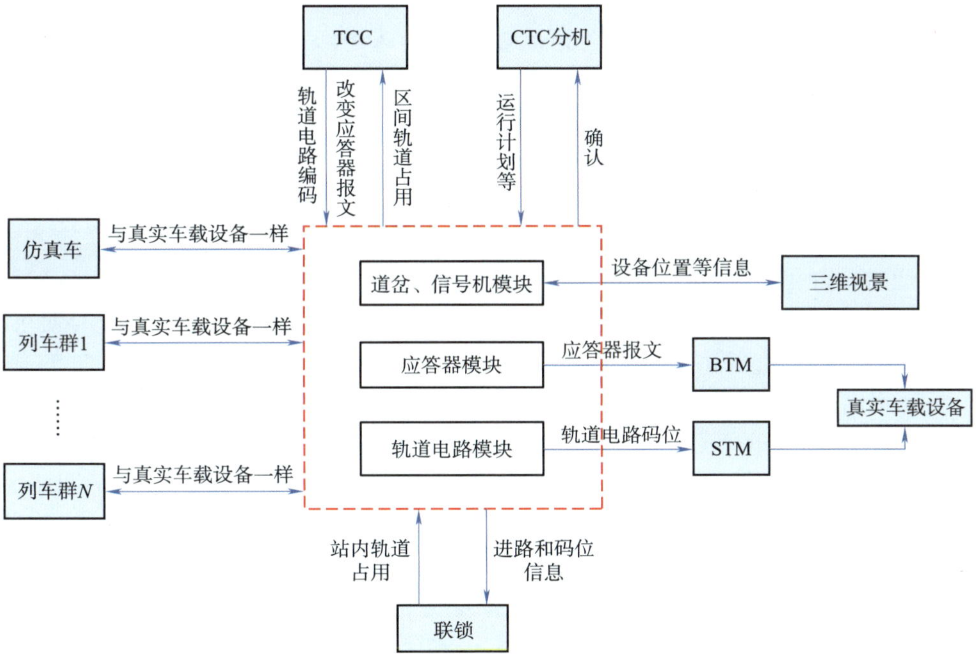

图 5-30　轨旁子系统中分辨率模型

轨旁仿真器负责管理轨旁设备状态，用于在实验室模拟现场设备，其主要作用是发送应答器编号及相应的报文信息和查找轨道电路占用，为其他子系统的仿真提供必需的线路数据和参数。另外进行轨旁子系统的故障模拟为车载设备的测试提供故障条件，主要实现应答器和轨道电路的故障模拟。

(1)应答器模块

应答器是 CTCS-2 级～CTCS-4 级系统的关键设备，同时也是轨旁仿真子系统的关键设备之一，其主要作用是向列控车载设备发送可靠的地面固定信息和实时准确的可变信息。地面应答器设备包括：无源应答器、有源应答器和地面电子单元(LEU)。应答器的报文信息格式采用中国铁路总公司统一的技术标准，而应答器的设置在满足 CTCS-3 级列控系统要求的同时，也要兼容 CTCS-2 级列控系统。

(2)轨道电路模块

轨道电路模块主要功能是反映轨道区段是否被列车占用。CTCS-2 级下当车载设备运行于 CTCS-0 级和 CTCS-1 级线路时，车载设备单方向采集轨道电路的信号；CTCS-3 级下，轨道电路是列控系统地面设备层的关键环节，它能迅速反映出轨道电路的占用状况，并对电路本身各个部件的工作状况进行监督。目前，轨道电路仍是检测列车占用的有效手段。但是随着车地通信传输技术的发展，列车自身位置的检测将脱离传统的轨道电路设备，轨道电路设备只作为基于通信的列控系统的后备模式或过渡方案。

(3)道岔、信号机模块

道岔是一种使机车车辆从一个股道转入另外一个股道的线路连接设备，通常铺设在车站和编组站，简单来讲，道岔就是铁道线路之间互相连接和交叉的设备的总称。信号机是出站兼调车信号机的变种，显示为绿红黄白，下方是两方向进路表示器。在 CTCS-3 级列控系统仿真测试平台下，在收到联锁的进路后，轨旁会搜索进路上的所有道岔，记录道岔的状态，同时需要给三维视景发送路径道岔帧及站场表示信息帧，说明站场的道岔状态和信号机状态。道岔和信号机模块主要用于仿真模拟实际线路的道岔状态和信号机状态信息，在收到联锁的进路后，将相关信息提供给三维视景。

3. 轨旁子系统的高分辨率模型实现

(1)应答器模块详细设计

列车在实际线路中运行时，只有在正好压过应答器时，才会给车载 BTM 发送应答器报文。地面应答器通常设置在信号机的旁侧或者设置在一段需要降速的缓行区间的始端或者终端。应答器分为有源应答器和无源应答器，因此既可以传送固定信息，也可以接收列控中心对可变信息的调整。有源应答器主要布置在车站的进站信号机和出站信号机处。进站信号机处的有源应答器主要作用是提供接车进路参数和临时限速信息，并为车载设备提供关键轨道区段信息，主要是告知车载设备前方轨道电路的载频信息和每段轨道电路的长度。出站信号机处的有源应答器主要作用是为车载设备提供临时限速信息，相邻两个车站之间一个运行方向仅考虑一个临时限速区。

轨旁仿真设备运行时，首先需要从数据库中提取出相应的信息，当列车经过应答器时，将这些信息发送给车载子系统。要完成这个功能，应答器需要从数据库中提取出应答器编号及其对应的绝对公里标，将绝对公里标与车载设备发送的里程相对应，当里程数接近绝对公里标时，认为列车压过应答器，轨旁会将应答器编号发送给车载设备，车载设备根据应答器编号查找数据库中存储的相应报文信息，通过此连贯动作，完成应答器的定位查找过程。

在实际中，列车运行里程是连续增加的，但是在仿真测试平台进行实验时，列车里程的增加是离散的，也就是 S 只能在间隔一定的时间 Δt 后才能进行累加，则 Δt 设置的间隔越小，S 的连续性越好。在程序实现时，设置一个时间函数来计算车载里程 S 的累加，以减少因为离散值原因造成的误差，该时间函数每隔 Δt 秒调动一次，每次累加的公式可用式(5-1)表示。

$$S=S+\frac{v\times\Delta t}{3\ 600} \tag{5-1}$$

列车每一时刻的绝对位置等于初始位置 St(如图 5-31 中车载 BTM 所在的位置 687.7 km)再加上列车行走的里程：

$$Sum=S+St \tag{5-2}$$

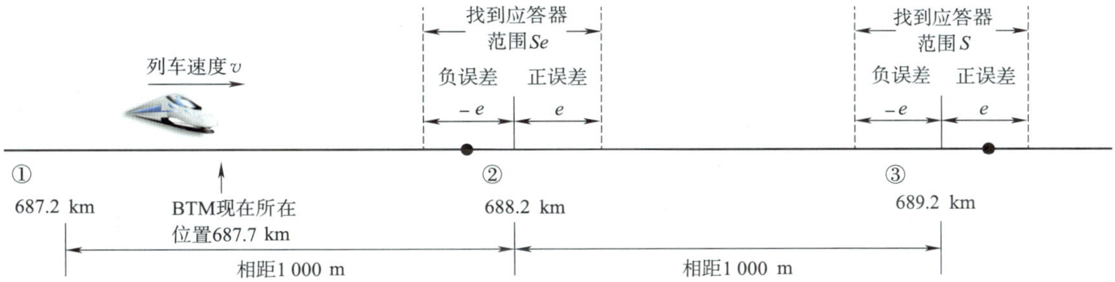

图 5-31　应答器查找示意

实际中，当列车所处的绝对位置等于应答器的绝对公里标 P 时，就认为压过了应答器。但由于仿真中软件的离散性，列车绝对位置一般无法实现与应答器绝对公里标的精确对应，因此需要给应答器开一个误差窗口，如图 5-31 中的找到应答器范围 Se，当列车的绝对位置落在 Se 的范围内时，就认为压过了应答器，这里需要注意的是，列车的绝对位置落在 Se 范围内可能不止一次，但按照实际中的处理，每个应答器报文应该只给车载 BTM 发送一次，因此还需要记录每次压过的应答器编号，并与下一次找到的应答器编号进行对比，以判断是否给车载 BTM 发送应答器报文。

应答器误差范围 Se 的设置应根据速度的不同而变化，其函数为：

$$Se=f(v) \tag{5-3}$$

速度 v 越大，同一个时间间隔列车里程 S 累加就越大，应答器误差需要的范围 Se 也就越大。如图 5-31 中，列车在应答器的前后，只要落在负误差和正误差的范围内时，就认为压过了应答器，所以实际的列车压过应答器的误差 e 为 Se 的一半，即：

$$e=\frac{Se}{2}=\frac{v\times\Delta t}{3\ 600\times 2} \tag{5-4}$$

式(5-4)中，时间间隔 Δt 是固定值，且 Δt 越小 Se 的误差也越小。根据式(5-4)即可计算查找到应答器的误差范围 e，计算过程中时间间隔 Δt 设置为 200 ms。实际过程中，列车运行速度 v 有可能是时刻变化的，因此也导致了误差范围 e 的不确定性，而误差范围的不确定将导致仿真程序无法找到应答器。为此，需要先确定列车接近应答器时的速度，再进行递推处理。

在确定误差允许的最大范围时，以 CTCS-3 为例，CTCS-3 级下列车运行的最高速度为 360 km/h，则最大的误差范围 $E=10$ m。为了减小误差，需要在按照最大误差找到应答器后进行预先递推，列车经过应答器的定位递推需要以下几个步骤来实现：

步骤 1：按最大误差 E 找到应答器，但不给 BTM 发送应答器报文。

步骤 2：记录当前时刻与应答器真实位置 P 的误差 e_0 及列车的实际速度 v_0。

步骤 3：在按最大误差范围找到应答器时，列车有可能是匀速行驶、加速行驶或减速行驶，由于不能确定列车下一时刻速度的变化趋向，速度越大，200 ms 的时间间隔内列车行走的距离就越大，所以预先递推计算都应该按照加速来递推。以 v_0 作为初始速度，按照匀加速运动（加速度设为 a）来计算当前时刻后连续 m 个 200 ms，列车与该应答器的误差 $e_1 \sim e_m$，且

$$P_{Sum_k} = Sum + \int_0^{200} (v_0 + a \times \Delta t) d\Delta t \tag{5-5}$$

取 $a=1$；

$$e_k = |P - P_{Sum_k}| \tag{5-6}$$

步骤 4：比较 $e_0 \sim e_m$ 的值，找到其中的最小值 e_n，如果 n 为 0，即 e_0 是误差的最小值，则直接给车载 BTM 发送应答器报文，结束该应答器的定位查找。

步骤 5：如果 n 不为 0，那么列车继续行驶 n 个 200 ms 的时间间隔后，重新开始步骤 2，直到 n 的值为 0。

(2)轨道电路模块详细设计

在 CTCS-3 级列控系统仿真测试平台中，站内轨道电路占用的查找对于车站进行列车的接发车工作起着至关重要的作用。车站需要据此来判断列车的运行状态、列车的限速信息等。而列车路径搜索是列车向前运行的前提条件，只有按照既定要求搜索到正确的路径后列车才可以向前运行，进而找到轨道电路占用。

轨道电路占用检测的目的是实现与三维视景所显示的列车位置间的匹配。如果列车行走路径查找不正确，那么就会出现三维视景显示列车行走的位置与轨旁所指示的列车行走位置不一致的问题。为解决该问题，可对站内列车路径进行搜索，进而查找站内轨道电路的占用情况。对站内列车路径进行搜索时需要两个要素：列车行走里程的累加和绝缘节的相对位置。需要找到列车要行走的进路，以路径上的第一个绝缘节的位置为参考点，记为相对零点。以这个绝缘节作为起始点，根据轨道电路的长度，去计算其他绝缘节的位置坐标，再将列车车头和车尾所走的里程与绝缘节的位置进行比较，进而找到站内轨道电路的占用。

为了准确定位列车的位置，并且使列车位置具有一致性，根据列车路径搜索需要的数据查找，使之与三维视景显示的视景相互配合。站内是按照列车的行走里程去计算的，经过道岔后，仍然按照里程的累加与绝对公里标比较，去判断列车所到达位置，每经过一个参考物，将里程清零，再按照新的里程累加去计算列车占用。如果对于很简单的小站，这样的计算误差可以忽略不计，但是对于复杂的大站，存在很多种进路选择，又或者会存在调车的情况，这时如果再单纯的按照列车行走里程计算，就会存在判断不准确的问题。因为列车行走的里程是在不断累加的，如果存在调车的情况，列车行走里程在增加，但是对应的绝对公里标却是在减少的，这时里程的增加与绝对公里标也不再对应，复杂的大站存在多个这样的道岔，而运行情况也是多种多样，所产生的误差就不能再忽略了。这时就需要对站内列车路径进行搜索，以减少列车在车站内行走误差。

该算法的实现原理：首先由轨旁子系统告知三维视景需要行走的路径，主要是该路径所经过的所有道岔的编号及状态，三维视景以道岔作为参考点进行里程累加。每经过一个道岔，会将里程清零，然后再以这个道岔为参考点，重新由零开始累计里程。三维视景把里程和参考点信息反馈给轨旁，轨旁根据参考点和里程查找轨道电路占用和列车的位置。该算法的重点在于列车起始位置（即参考原点）每经过一个参考点（如道岔）就变换一次，然后列车里程从零开始重新累计，确保参考点加上列车里程不超过下一个参考点的绝对公里标，否则会出现查找路径错误。

该算法的实现步骤具体如下：

①首先与联锁通信，接收到联锁发来的进路号信息；

②判断列车的位置，如果列车在车站外即在区间，以发车股道上列车尾部的信号机作为第一个参考点，也就是参考原点；如果列车在站内，以进站信号机作为第一个参考点；

③搜索进路上依次经过的道岔岔心和轨道电路上绝缘节的位置；

④计算相邻的道岔岔心、绝缘节之间的轨面距离；

⑤以参考点为原点，计算每个道岔岔心和绝缘节的位置坐标；

⑥计算出列车所在的位置与参考点之间的距离 Train_meter；

⑦将 Train_meter 与轨道电路的位置坐标进行比较，找到占用的轨道电路；

⑧列车开始行走，Train_meter 由零开始累加；

⑨将 Train_meter 依次与进路上的道岔绝对公里标进行比较，如果没有遇到道岔，则 Train_meter 继续累加，如果遇到道岔，则将参考点变更为所经过的道岔；

⑩判断经过的道岔是否为进路上的最后一个道岔，如果是，则进入区间的进路搜索，如果不是，则重新搜索，进行计算。

二、列控系统车载子系统多分辨率模型仿真实现

根据不同的仿真功能需求，将车载子系统的多分辨率模型定义为：

低分辨率模型：车载子系统的低分辨率模型即为多车仿真实现过程。

中分辨率模型：车载子系统的中分辨率模型为单车功能的仿真实现。

高分辨率模型：车载子系统的高分辨率模型包括列车运行过程中的安全计算、操纵控制等细节过程。

（一）车载子系统低分辨率模型仿真实现

采用多进程技术可实现多车扩展仿真系统。多进程技术通过在一台计算机上启用多个进程来模拟多个列车，每个列车的处理机制完全一样，完成完全相同的功能，从而实现多个仿真车的安全行驶。多车仿真子系统的工作原理和处理过程与上一节所描述单车仿真系统基本相同，整体结构如图 5-32 所示。

扩展多车仿真子系统的关键在于获取多辆仿真车的行车信息、列车静态信息、应答器信息、轨道电路信息以及与 RBC 的交互信息。

1. 仿真多车获取行车计划的实现

多车信息分配平台通过网络通信方式接收 CTC 分机统一发送的行车计划信息，并依据车次号分发给相应列车来控制自动发车。

2. 仿真多车获取 DMI 信息的实现

为减少多个列车通信过程的复杂性，多车仿真子系统中采用独立的 DMI，能够自动从 ATP 应用子模块提取并显示一些必要的信息，如当前速度、允许速度、里程、目标距离、列车车次号以及列车制动信息等；同时能够给 ATP 应用子模块回馈确认信息。

3. 仿真多车获取轨旁信息的实现

多车仿真子系统通过网络通信从轨旁仿真设备获取应答器信息和轨道电路信息，同时向轨旁仿真设备发送列车长度、车次、行走里程、方向等信息，配合仿真轨旁设备搜索压过的应答器和占用的轨道区段。仿真轨旁设备采取统一发送的方式向多个仿真车发送信息，因此在系

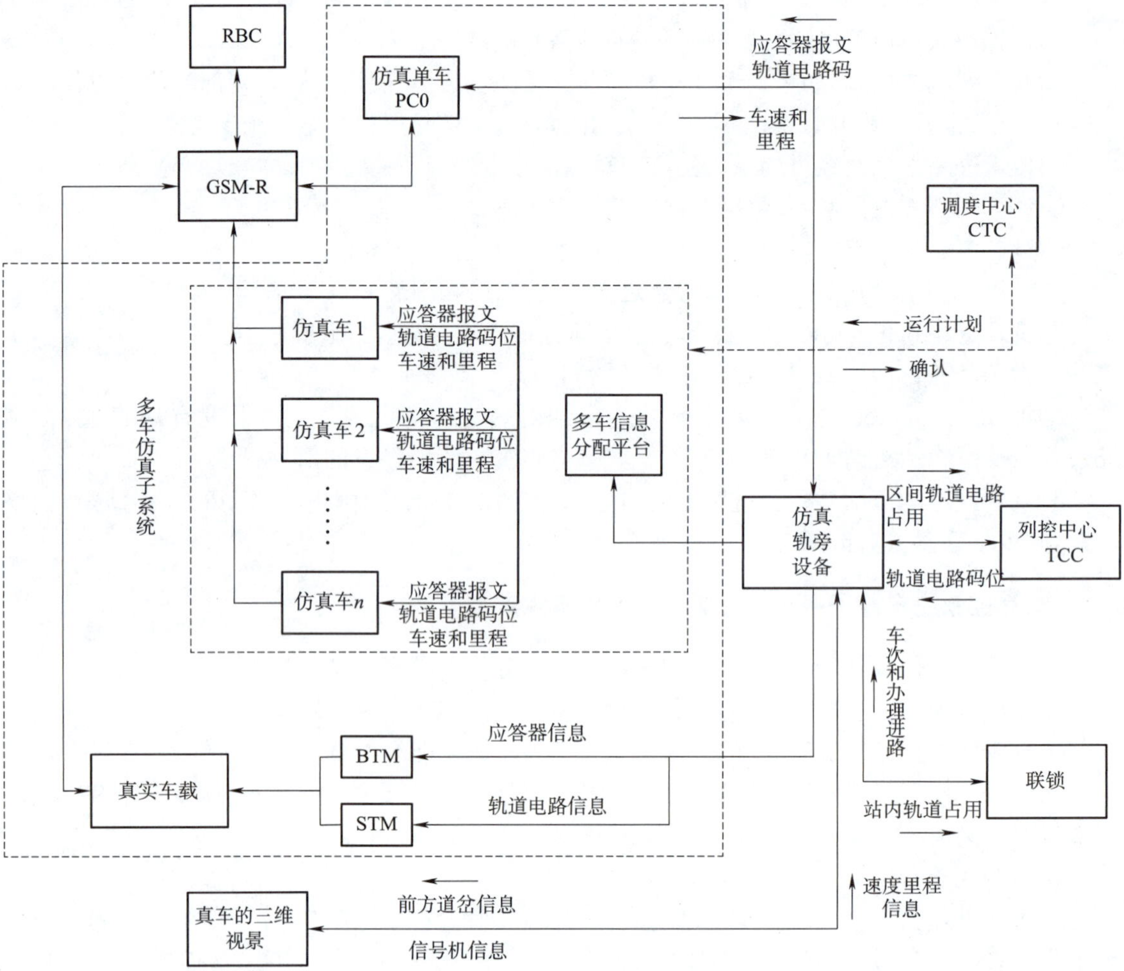

图 5-32　多车仿真子系统原理

统仿真实现时可在多车仿真系统中增添一个信息分配平台，以便将由仿真轨旁统一接收的应答器信息和轨道电路信息根据不同的车次号分配给相应仿真车。此外，在仿真过程中，多车仿真子系统不断接收仿真轨旁设备的路径道岔信息，结合周期走行距离，计算列车的绝对里程信息并发送给轨旁。多车信息分配如图 5-33 所示。

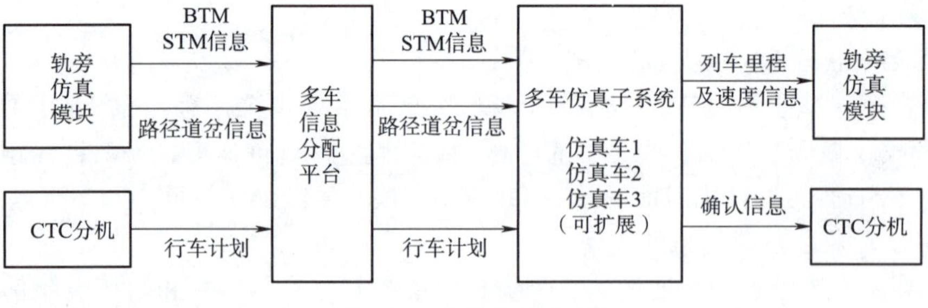

图 5-33　多车信息分配

4. 仿真多车与 RBC 的通信

仿真多车通过仿真 GSM-R 实现与地面 RBC 之间信息交互，扩展原理与获取轨旁信息的方式相同，即一个 GSM-R 对多个仿真车，通过端口号和车次号来分别与相应仿真车进行通信。

在基于 CTCS-3 级列控系统仿真测试平台的多车仿真子系统中，涉及的数据信息较多，包括子系统内部所需数据以及与外部有关子系统之间的交互信息。为方便系统数据管理和维护，有必要对数据流接口进行详细设计。在软件设计初始阶段，对系统内部的信息内容和流向以及系统外部通信数据内容进行定义，并对接口进行定义和数据结构设计，可使软件整体结构清晰、简化编码过程，同时增强程序的可读性和扩展性，方便以后的系统维护和扩展。

车载子系统仿真主界面包括速度信息和运行计划区、报警信息列表区。仿真运行过程中，车载子系统将显示当前信息交互状态，并检查是否存在异常信息。

车载安全计算机接收到的应答器信息，应该包括从当前位置往前若干个区段的应答器信息。为了表示车载安全计算机成员通过 RTI 成功接收到 RBC 成员发送的 MA 信息包，在车载安全计算机成员功能对话框上显示出一部分的 MA 信息包内容，如目标距离、静态速度。按照目标距离曲线计算原理绘制曲线，速度单位取 km/h，随着 MA 属性的更新，目标距离曲线也将动态地发生变化。车载子系统控制视图如图 5-34 所示。

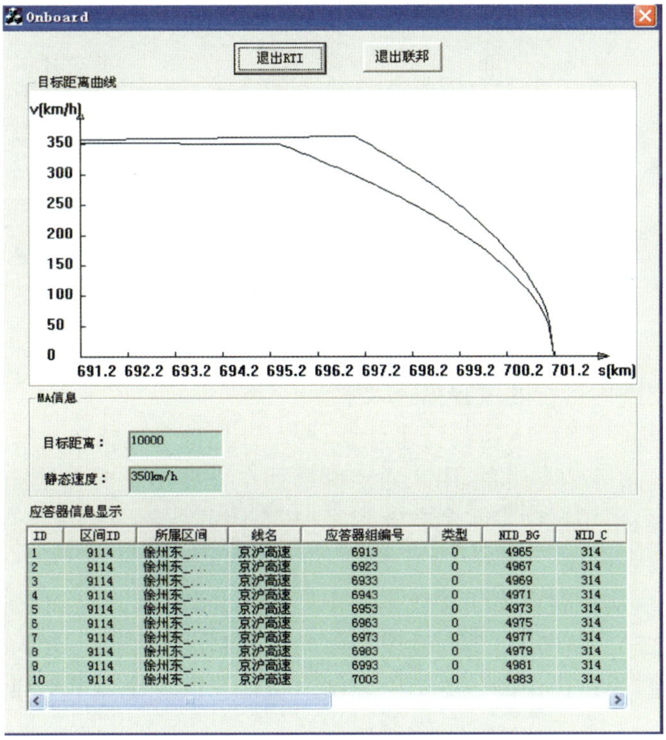

图 5-34　车载子系统控制视图

（二）车载子系统中分辨率模型仿真实现

单车仿真系统的信息交互原理如图 5-35 所示。

图 5-35 中点划线框内表示单车仿真系统的内部模块，即一个仿真车运行所需的全部模块。图中输入信息包括：开关量、列车当前速度、当前运行方向、列车一个周期的走行距离、

应答器接收延迟时间、上周期轮径值以及两应答器之间测量距离等信息；输出信息指输出开关量信息。开关为驾驶方式切换开关，打到 C 时为手动控制模式；开关打到 E 时为自动控制模式。

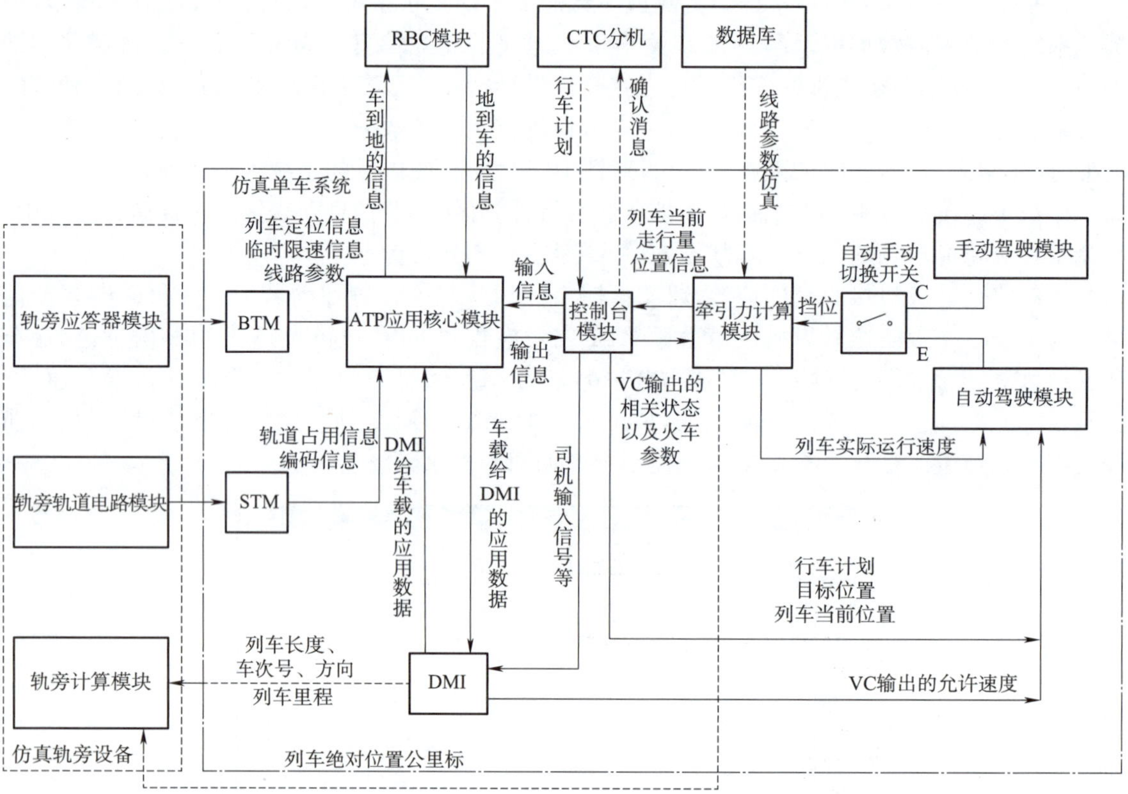

图 5-35　单车仿真系统的信息交互原理

仿真车在一个周期内运行的过程描述如下：

(1)控制台模块接收 CTC 下达的行车计划，行车计划信息包括车次号、发车时间、发车站、发车股道号以及途经站等必要信息，用来通知哪趟列车在哪个站具体哪个股道几点钟开始发车。为方便多车仿真，采用自动发车和自动驾驶模式，因此控制台模块将存储行车计划信息并提供给系统的自动驾驶模块。

(2)自动驾驶模块从控制台模块提取到行车计划后，采集仿真时间，如果到了发车时间且列车发车安全条件都已经具备，自动驾驶模块使列车从制动停车状态转为驱动状态，停车制动被缓解后使列车加速，通过预设的数据牵引控制牵引计算模块使列车平稳加速，实现列车从车站自动发车功能。

(3)启动 ATP 子模块程序，从控制台提取预先设定的开关量信息，当前速度(初始速度为零)、方向、周期走行量等信息。同时，ATP 应用子模块开始和仿真平台中 DMI 通信，接收来自 DMI 的司机输入信息，包括列车长度、司机号、车次等列车静态信息，并将列车当前速度、目标速度以及制动状态等列车动态信息反馈给 DMI，配合 DMI 实现显示和预警功能。

(4)ATP 应用子模块和仿真平台中轨旁仿真设备进行通信，接收来自应答器和轨道电路的信息，具体包括：线路参数、列车定位、RBC 切换、等级转换等信息；同时 ATP 应用通过 GSM-R 与 RBC 进行信息交互并获得行车许可。将所得信息综合处理后，计算出目标距离模式曲线控制列车按照行车许可安全运行。这个过程中，ATP 应用还需要不断地将列车当前行驶速度和里程等信息传给轨旁仿真设备，以便轨旁仿真设备通过这些参数，搜索压过的应答器和占用的轨道区段。

(5)若选择自动驾驶方式，在行驶过程中自动驾驶子模块不断地从 ATP 应用获取制动状态、限制速度和列车当前速度等控车命令，通过比较列车运行速度与 ATP 给出的最大允许速度和目标速度，结合实际线路信息和列车相关信息，依据一定的控制策略，输出命令自动控制列车的牵引和制动，使列车在区间的每一个区段始终控制速度(ATP 计算出来的限制速度减去 5 km/h)运行，并尽可能减少牵引、惰行和制动之间的转换，从而实现列车的自动驾驶。列车在行驶过程中，也可以选择手动驾驶方式，即通过手柄控制列车行驶。

(6)牵引力计算模块根据 ATP 的制动命令、ATP 隔离状态、自动驾驶模块的控制命令以及列车当前速度，结合列车参数和数据库提供的线路条件，计算列车下一时刻运行速度以及上一时间段内列车的走行量，通过控制台公共信息存储模块提供给车载 ATP 应用子模块。

(7)列车行驶进站时，由自动驾驶子模块实现停车点的目标制动功能，车站停车点作为目标点，当停车特征启动后，自动驾驶子模块基于列车当前速度、预先确定的制动率和距离停车点的距离计算出制动曲线，采用最合适的减速度使列车停在指定的停车点。

(8)列车到达目标站并在站内停稳后，由控制台向 CTC 分机发送注销列车的信息，完成列车进库功能的仿真。

(三)车载子系统高分辨率模型仿真实现

车载子系统高分辨率模型主要实现车载设备的控车过程。列控车载设备采用故障—安全设计，根据接收的地面信息及无线信息，结合车载设备已存储的配置信息生成列车速度控制曲线，并与列车实际速度进行比较，监督列车运行，实现超速防护等功能。列控车载设备控制列车运行最直接的手段就是对列车速度进行监控，即根据一定逻辑在特定时间或特定距离输出制动，控制列车速度。实现列车超速防护功能最重要的两个要素是计算制动模式曲线和列车定位。

1. 制动模式曲线计算

制动模式曲线的计算基于以下三方面的数据：列车制动性能参数、线路数据、MA 的位置和长度。车载设备根据 RBC 发来的参数，按照特定规律每隔一定时间距离或特定触发条件向 RBC 申请 MA。如果申请得到的 MA 有效，则当前位置即为 MA 的开始位置，车载设备也将开始根据 MA 的长度计算制动模式曲线。

制动模式曲线的计算以当前位置开始，以列车最大安全前端到达 MA 终点结束。制动模式曲线由 CSM 区和 TSM 区两部分组成，TSM 区根据列车制动性能进行计算；CSM 区根据目标和顶棚速度确定。模式曲线的计算应在车辆额定减速度的基础上，考虑制动性能下降时的最不利减速度进行计算。减速度的取值应考虑不同速度、不同坡度对减速度的影响。

前方目标点为停车点时，如果已获得 MA 以及坡度、静态限速等地面线路数据，列控车载设备将产生紧急制动模式曲线和常用制动模式曲线，如图 5-36 所示。

制动模式曲线的终点以列车最大估计前端位置为基准，因此可以消除测速测距误差等因

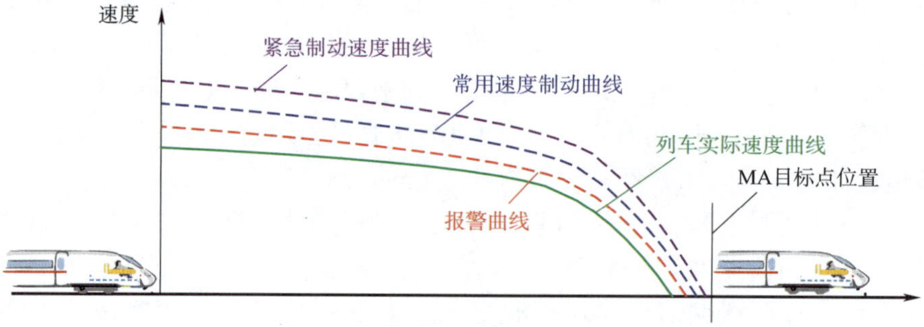

图 5-36　制动曲线示意

素对安全问题带来的影响。另外，当列车允许速度小于 250 km/h 时，对最大速度常用制动模式采用 SSP+5 km/h，紧急制动模式采用 SSP+10 km/h；当列车允许速度大于或等于 250 km/h 时，对最大速度常用制动模式采用 SSP+5 km/h，紧急制动模式采用 SSP+15 km/h。

2. 列车定位

车载设备参照应答器组确定列车位置，被参照的应答器组称为最近相关应答器组(LRBG)。车载设备接收 RBC 发送的位置报告参数，同时向 RBC 发送列车位置报告；RBC 对车载设备发送的列车位置和方向信息进行检查后根据 LRBG 建立列车位置坐标系，并将响应命令返回至车载设备。如果列车当前位置有效，车载设备将根据应答器组链接信息和测速测距误差对列车位置进行校正。

第三节　列控系统多分辨率实体仿真管理实现

列控系统仿真平台是一个多结点、分布式系统，随着仿真结点的增加、仿真任务的加重，仿真过程需要一个规划管理的角色——仿真管理器。仿真管理器主要完成现场中人工完成的命令下达和表格下达，实现仿真测试的自动化及实时的分辨率切换。

一、列控系统多分辨率仿真管理器功能模块

仿真管理器规划仿真测试过程、管理各个仿真测试结点，保证列控系统仿真测试平台高效、可靠地工作。无论是对整个仿真过程的控制，还是测试序列的执行，仿真管理器监控各个仿真结点，协调各个仿真结点产生测试序列需要的配合条件，甚至包括后期离线的数据分析都离不开仿真管理器。综上可知，仿真管理器需要实现以下功能：

1. 各仿真结点初始化设置

仿真管理器根据方案设置，如全线设置 RBC 的数量，管辖范围，各个设备之间的通信关系以及设备位置，下达初始化命令。各仿真测试结点根据仿真管理器的指令从线路数据库读取相应的线路数据。通过线路数据解析模块实现各个结点站场图的绘制和线路信息的描绘。

仿真测试是在不同场景下的仿真测试。仿真管理器负责不同场景的实现，通过与各仿真测试结点制定通信协议，仿真开始前发送相应的参数，完成各结点的初始化设置，实现不同的仿真测试场景。

2. 数据更新命令

当线路数据库中的数据有修改时，在仿真前期准备时，通过下达数据更新命令通知各个结点重新下载新的数据，以确保整个仿真测试平台基础线路数据的一致性。为了降低复杂度和减少数据通信，需要从线路数据库下载数据的设备必须存有本地数据，仿真管理器只有在第一次仿真开始和数据有更新的情况下才通知各个结点重新下载数据，否则各个结点保留使用上一次本地存储的数据。

3. 同步各仿真结点

由于各仿真结点的时钟漂移使得各个结点的时间不可能完全相同。这种时钟的不一致因素会给数据记录、分析等带来影响，甚至会出现因果倒置的结果，这种现象就是时空不一致。

为了消除时空不一致，必须在仿真开始前和仿真过程中对网络上的计算机进行时钟同步。

同时，仿真过程严格按照 CTC 总机下达的列车运行图执行。列车运行图中的时刻是固定的，而仿真的实际时间是灵活的。在这种情况下，仿真平台的时钟就不是各仿真结点的本地时钟，而是一个虚拟时钟。仿真管理器负责设置这个虚拟时钟。

仿真开始前，通过手动输入仿真起始时间(如果未执行手动输入，默认采用本地机器时间作为仿真时间)，仿真开始时，把设置的平台仿真时间下达到需要用到仿真时间的设备，如多车仿真器，临时限速服务器以及 TCC 仿真器。仿真设备接收到仿真管理器下发的仿真时间后自动推进自身仿真时间，但在仿真过程中每隔一段时间(30 s)仿真管理器会向各仿真结点发送仿真时间校对，达到同步时间的目的。

4. 识别各仿真结点

随着 CTCS-3 级仿真平台中各方面功能的增加，与仿真管理器相连的结点也会越来越多。因此，为了提高仿真管理器的可扩展性，仿真管理器对结点的个数也应是没有限制的。例如，可以将与仿真管理器相连的联锁设备仿真器的数量由两个车站扩展为七个车站。

仿真过程开始阶段，各仿真结点向仿真管理器发送信息，表明各自身份；仿真管理器对其进行识别，并根据其身份为其创建界面。与仿真结点连接过程中，为避免与其长期断开连接，需要其发布心跳信息。与仿真结点断开后，删除为其创建的界面。

5. 站场图显示

仿真管理器根据从线路数据库下载的基础线路，绘制全线的线路图，根据其他仿真设备(轨旁：轨道电路状态、应答器状态；联锁：站场信息、进路信息、信号机状态、道岔状态；TCC：轨道电路码序；RBC：列车运行许可)提供的信息显示全场的实时状态，这些状态包括：轨道电路状态、应答器状态、站场状态、列车可运行的最远距离及轨道电路码序。

全线图采用多个屏幕显示，显示不全的使用横向滚动条来扩展。全线图是整体仿真平台状态的显示，同时也可以在上面完成人工的操作，包括：轨道电路故障下达，应答器故障下达，进路设置或取消命令等。仿真管理器只下达命令，执行设备需要根据逻辑状态判断是否能执行其命令，并将结果反馈给仿真管理器。

全线图还需要显示测试序列的情况，包括测试序列要发生的地点及其执行情况，使用不同颜色区分将要执行的序列和已经执行的序列。

6. 仿真过程控制

CTCS-3 级仿真平台是一个由多人操作的多结点、分布式平台，如果对多人操作没有一个统筹、控制，会给仿真过程带来不便。引入仿真管理器的一个重要目的就是命令各仿真结点的操作，以控制仿真过程。以自动为主，兼顾手动，当有些命令必须通过手动下达时，应该通过手动功能进行下达，但要求仿真管理器有显示提示的功能。这些自动命令应该包括：

(1)XML数据解析

需要解析测试案例及测试序列生成平台提供的XML数据，将其转换为测试命令。为了能自动的执行测试案例过程，测试命令应该包括：测试的条件、时间、地点。仿真管理器根据各结点提供的状态信息和列车的位置，在满足测试命令要求的时刻前，提前一定的时间余量下达测试命令到对应的结点，如要求联锁办理进路或进路人工解锁。

(2)测试序列的执行

目前现场和实验室使用的测试序列都是手工编制的，编制时需要考虑各种约束条件。在执行测试序列时，仿真管理器根据测试序列生成的测试命令，使仿真系统为测试序列提供配合，完成自动的测试命令的下达。为实现这一功能，相关的设备需要把各自相关的状态信息提供给仿真管理器，仿真管理器根据测试序列及结点状态判断下达测试命令的时机。

(3)信息记录

仿真测试过程中会产生很多数据。一方面，一些代表仿真测试过程的信息，反映了过程中的重要事件，比如结点间建立连接、列车到站等，这些需要由仿真测试结点发送给仿真管理器，以实现仿真管理器对仿真测试过程的监控。另一方面，一些具体参数，作为仿真产生的核心数据，以及测试需要的重要数据，这些信息也要由仿真测试结点发送给仿真管理器，以供回放、分析、评估之用。

对于接收到的这些重要信息，一方面，在仿真管理器界面上实时显示出来；另一方面，连同发送时间，一同存档。

(4)测试及控制信息提示

在仿真控制过程中出现的无法自动下达的测试命令，如要求真实车载设备停车或变更速度时，需要通过显示或声音来提示，再由人工来完成相应的操作。

(5)启动多车进程功能

在仿真控制过程中，可能根据CTC总机的运行计划在仿真运行过程中临时增加或删除列车程序。

(6)打印测试报表

打印符合现场应用的报表，提供给操作人员查看，完成人工操作。同时，完成现场与应用的接轨。

仿真管理器界面如图5-37所示。

在仿真开始时，需通过仿真管理器设置仿真初始参数。仿真管理器开始工作后，首先启动服务器端，与线路数据库和各仿真测试结点请求连接。建立连接后，对这些结点进行识别，依次给这些测试结点下达下载线路数据库中线路信息的命令，并在仿真管理器中为其创建界面。当参与此次仿真测试的所有结点都与仿真管理器建立连接后，仿真管理器对这些结点进行时钟同步、测试场景初始化和网络参数配置。仿真过程中加车操作如图5-38所示。

图 5-37　仿真管理器界面

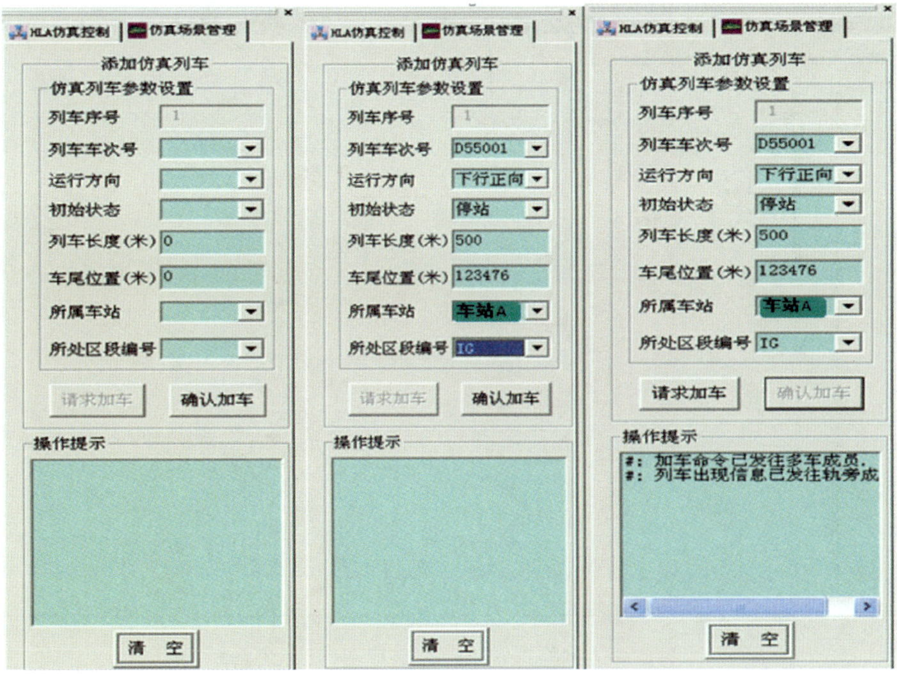

图 5-38　列控仿真系统加车操作过程

完成仿真前的管理工作后,由仿真管理器来启动整个仿真测试过程。仿真测试过程中,仿真管理器对各结点进行监控,并记录一些重要信息。仿真管理器同时实现了列控仿真过程中多级视图的可视化显示,如图 5-39~图 5-44 所示。

图 5-39 列控系统仿真一级视图(全网)

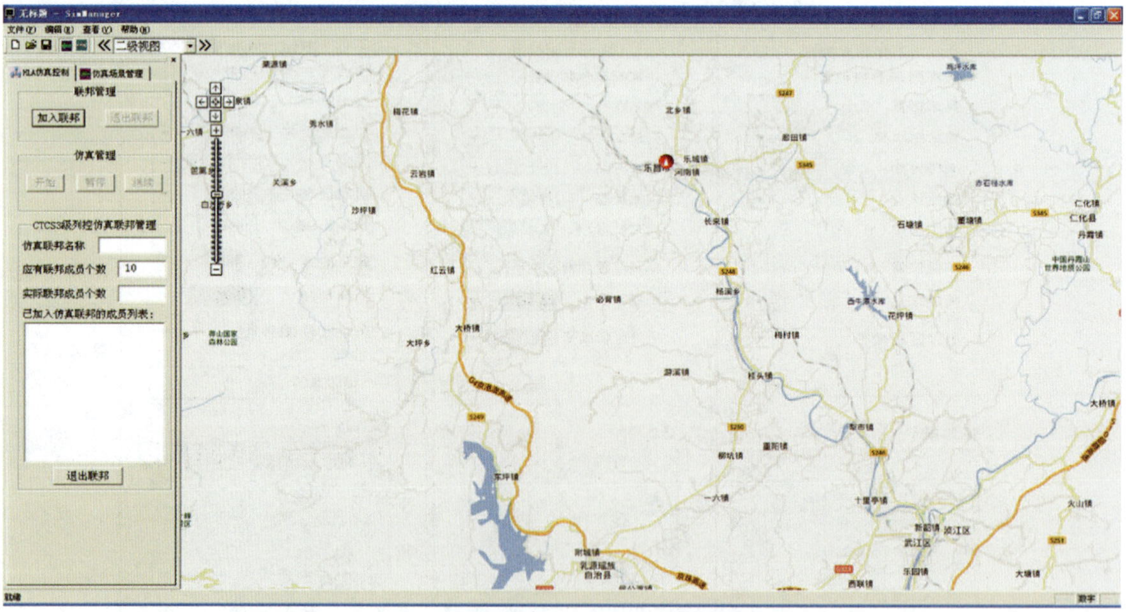

图 5-40 列控系统仿真二级视图(某一线路)

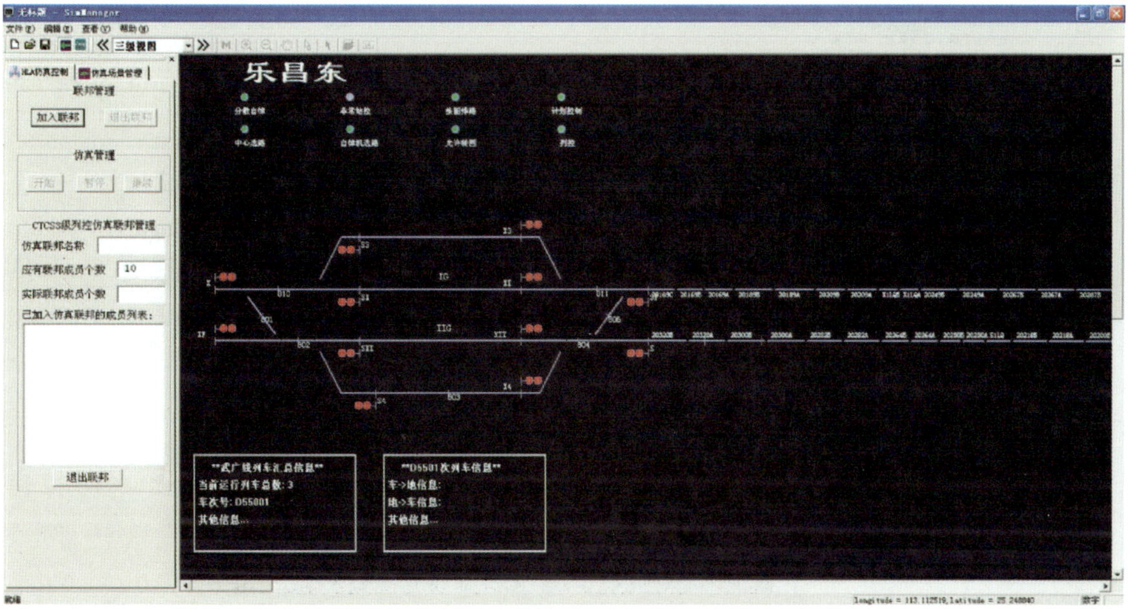

图 5-41　列控系统仿真三级视图(车站)

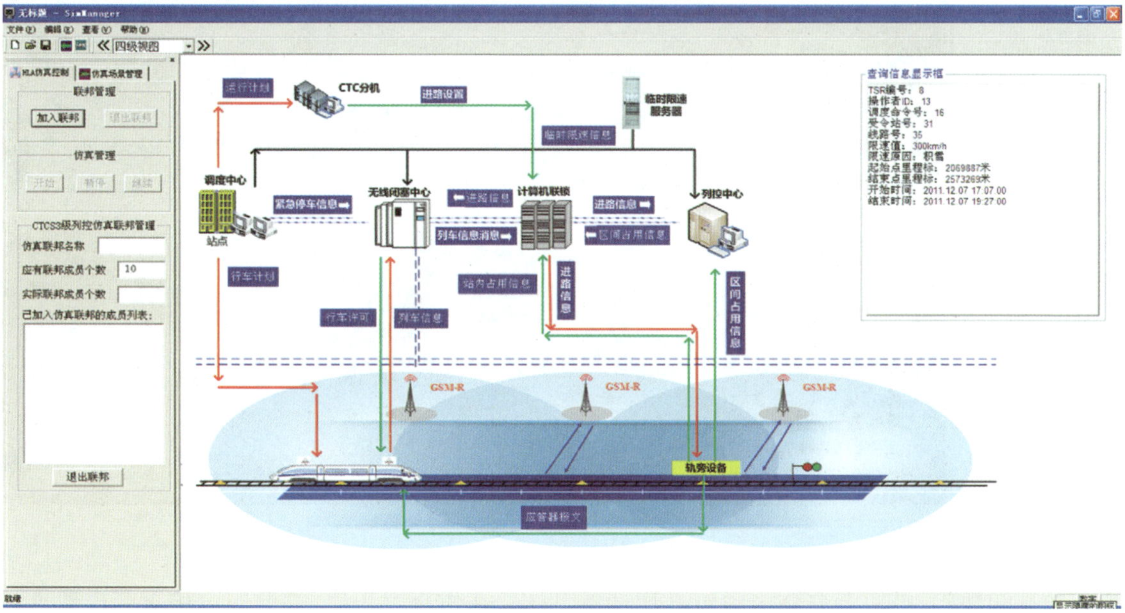

图 5-42　列控系统仿真四级视图(站内设备)

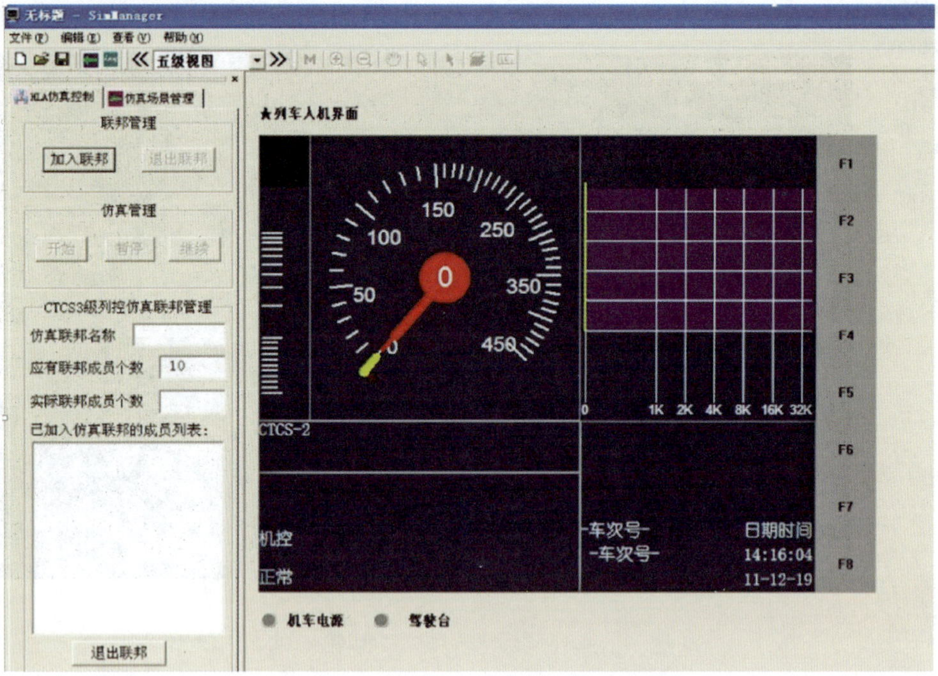

图 5-43　列控系统仿真五级视图(控制信息显示)

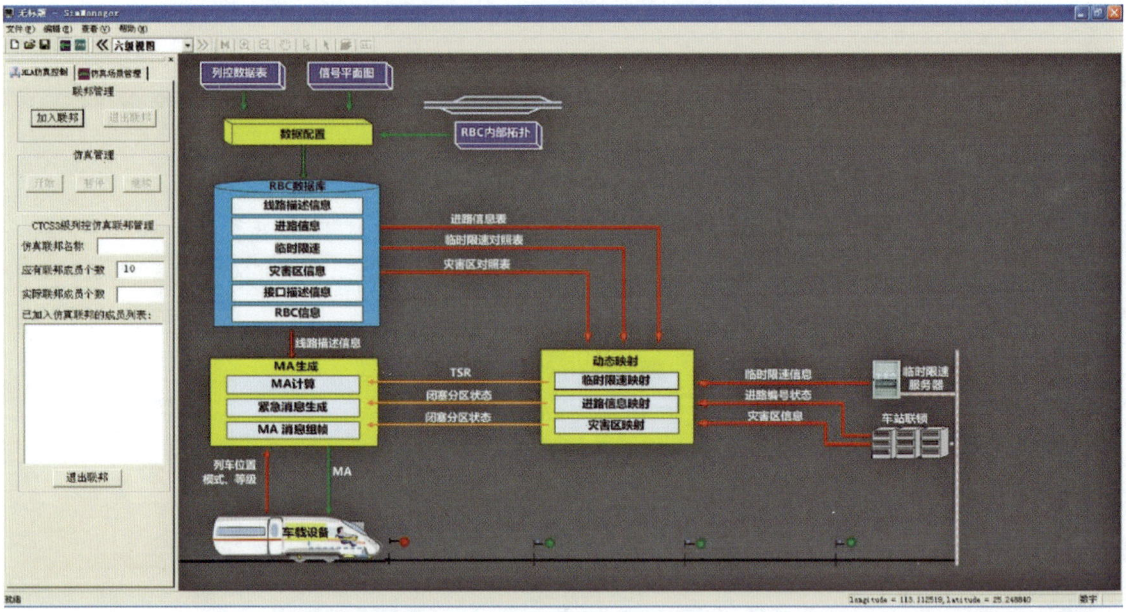

图 5-44　列控系统仿真六级视图(信息处理)

仿真的暂停、结束等命令也由仿真管理器下达。在仿真过程中，需要通过仿真管理器进行故障注入和测试案例的执行。

二、列控系统多分辨率仿真管理器总体实现流程

仿真管理器的总体流程设计如图 5-45 所示。

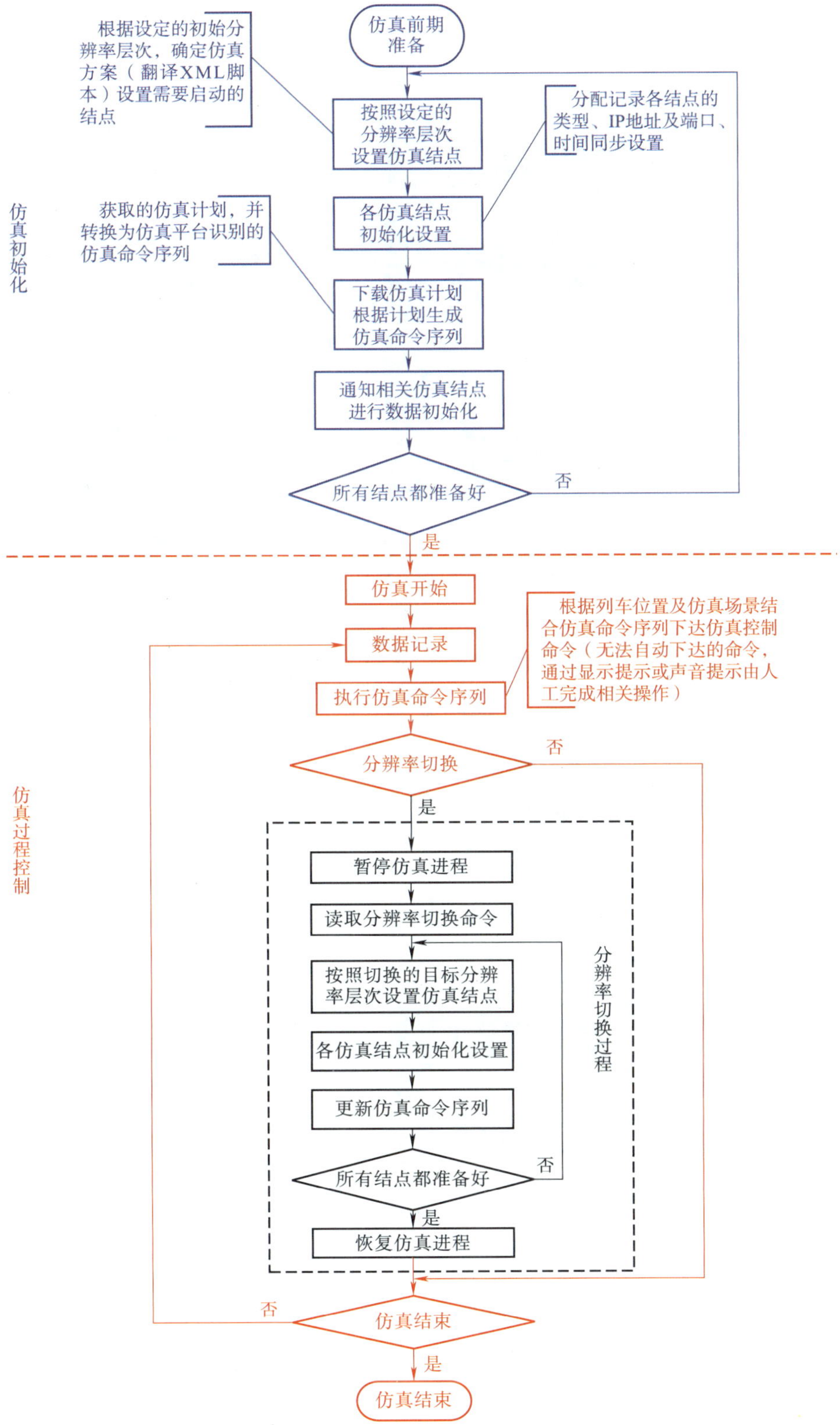

图 5-45　仿真管理器总体流程

图 5-45 中，仿真管理器开始工作后，首先启动服务器端，与线路数据库和各仿真结点请求连接。与仿真管理器相连的仿真结点主要有列控中心仿真器、RBC 仿真器、联锁设备仿真器、CTC 车站分机仿真器、车载子系统仿真器、列车运行仿真器等，如图 5-46 所示。

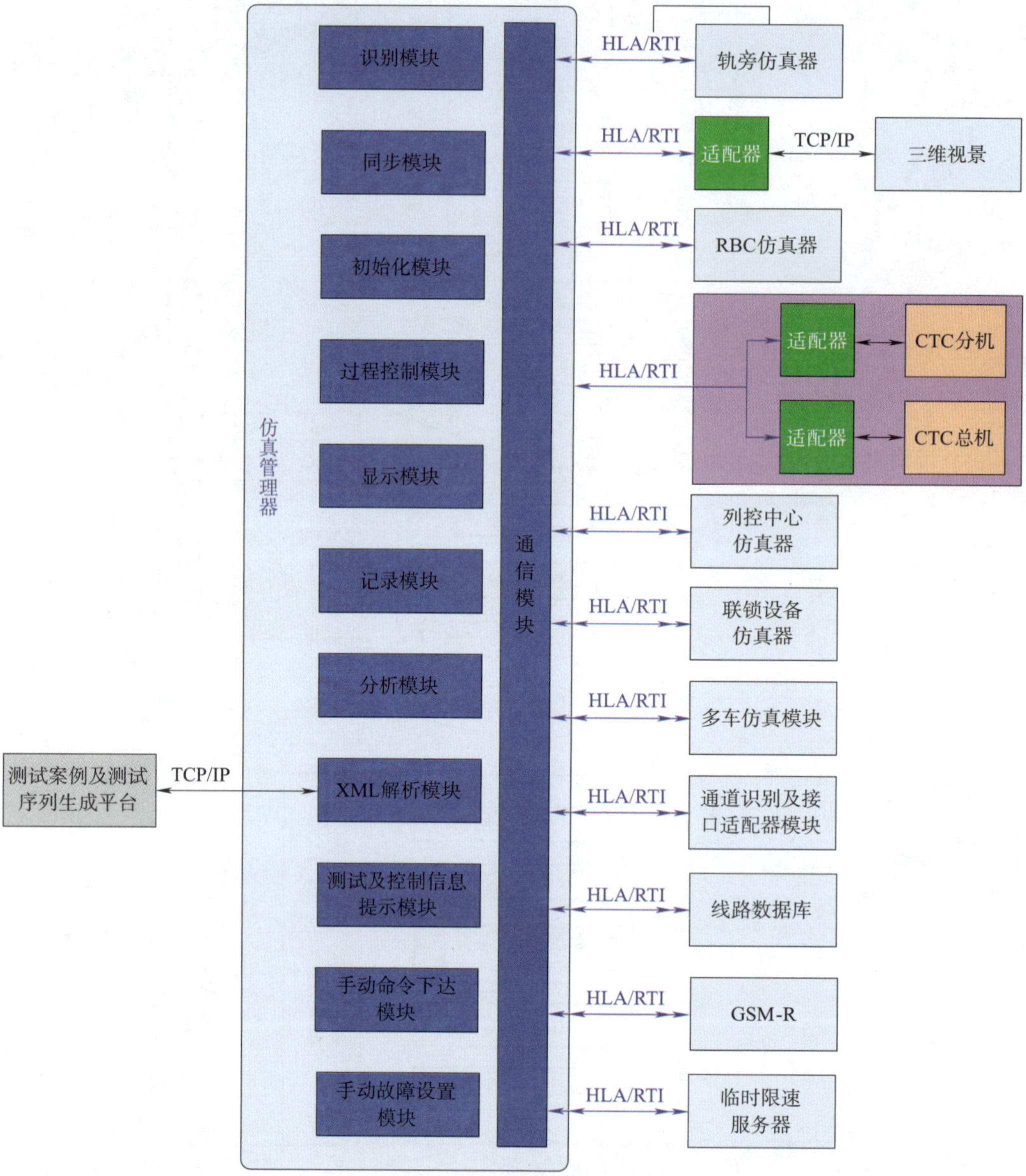

图 5-46　仿真管理器功能模块

各联邦成员加入仿真联邦的第一帧数据均发往仿真运行管理器以表明自己已加入仿真联邦，仿真管理器收到该帧数据后，须向每个联邦成员发送时间同步信息以初步同步整个仿真联邦的时间。仿真管理器在仿真开始阶段需要向车载发送加车信息，以实现仿真过程中的列车运行过程。

建立连接后，对这些结点进行识别，依次给这些仿真结点下达下载线路数据库中线路信息的命令，并在仿真管理器中为其创建界面。当参与此次仿真测试的所有结点都与仿真管理器建立连接后，仿真管理器对这些结点进行时钟同步、测试场景初始化和网络参数配置。

仿真前的管理工作做好以后，由仿真管理器来启动整个仿真测试过程。仿真过程中，仿真管理器对各结点进行监控，并记录一些重要信息。仿真的暂停、结束等命令也由仿真管理器下达。在仿真过程中，需要通过仿真管理器进行故障注入和测试案例的执行。同时，仿真管理器实时获取来自外部的人为的分辨率切换指令，根据指令判断是否执行分辨率切换行为，或是根据当前仿真数据结合仿真初始设置，判断是否在仿真内部需要进行分辨率切换，生成内部的分辨率切换指令。若需要进行分辨率切换，则暂停仿真进程，读取分辨率切换信息，按照需要切换的目标分辨率层次模型需求，激活该分辨率层次模型需要调用的仿真结点，初始化设置各个仿真结点数据。当参与此次仿真测试的所有结点都与仿真管理器建立连接后，仿真管理器对这些结点进行时钟同步、网络参数配置。当一切完成之后，恢复仿真进程。

仿真结束后，仿真管理器对记录的一些重要数据进行分析，并可以对仿真片段进行回放，以此来实现对建设方案和仿真系统自身的验证(验证分析模块)。

仿真观察控制界面主要完成站场的显示和一些测试表示和故障命令的图形下达操作，并显示以主要测试设备为中心(如被测车载)前后的站场情况，显示范围根据占用的显示器数量来决定。仿真管理器硬件连接如图 5-47 所示。

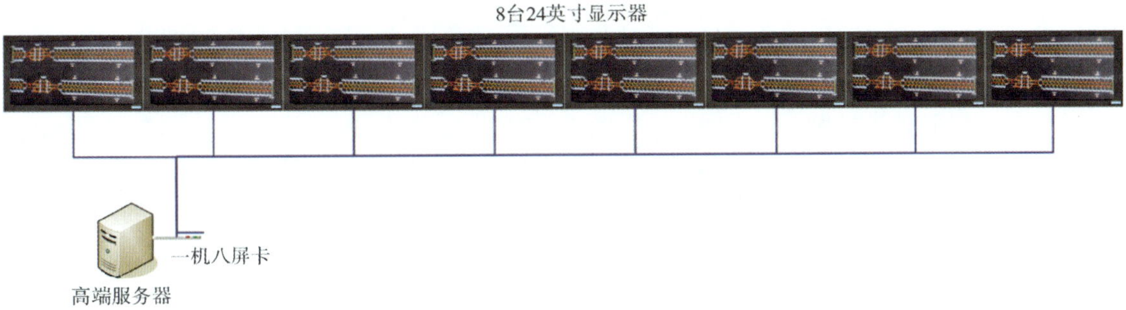

图 5-47　仿真管理器硬件连接

三、列控系统多分辨率仿真的时间管理机制

列控系统仿真管理器需要协调各联邦成员共同完成仿真任务，因此各联邦成员的时间管理机制是影响列控系统仿真性能的主要因素之一。

(一)时间管理机制的内容

HLA 时间管理机制包括两方面内容：消息传递机制和时间推进机制。

1. 消息传递机制

消息传递机制包括消息传输方式和消息传递顺序。消息的传输方式分为“可靠”(reliable)和“快速”(best effort)2 种。前者保证可靠性，但通常需要增加时延；后者以减少传输时延为主要目的，但要以降低可靠性为代价。消息的传递顺序可分为接收顺序、优先级顺序、因果顺序和“时间戳”顺序。目前 HLA 支持接收顺序和时间戳顺序 2 种基本类型。

接收顺序(Receive Order，RO)是时延最小的方式，RTI 按接收到消息的顺序将消息传递给成员。这种情况下，可以理解为 RTI 内部为每个成员建立了 1 个队列(queue)，RTI 将要转发给成员的消息按先进先出方式在队列中排队，每次将最前面的消息传递给成员。此方式用于对传递速度的要求高于对因果关系的要求的情况。

在时间戳顺序（Time Stamp Order，TSO）方式下，RTI 将保证传递到成员的所有消息都是按时间戳顺序到达。实现方式为：RTI 将接收到的消息存于队列中，直到确信没有时间戳更小的消息到达，才将这些消息转发给成员。使用 TSO 可以保证成员不会收到“过去”的消息，以及所有从同一事件接收消息的成员能以同样的顺序接收消息。

在 HLA 中，无论是发送的消息还是接收的消息，其顺序只能是 TSO 与 RO 中的一种。想要消息按照时间戳顺序传递，必须满足以下 3 个条件：

（1）消息的发送者必须拥有“时间控制”（regulating）属性；

（2）消息的接收者必须拥有“时间受限”（constrained）属性；

（3）“消息”本身必须被定义为“时间戳”事件。

不满足以上条件的消息传递顺序在 HLA 中全部被看作 RO。在联邦开发过程中，每个对象类属性（attribute）和交互类（interaction）都在 FED（联邦）文件中表明了其首选顺序类型，即 TSO 或 RO，RTI 在传递消息时将使用 FED 文件中标明的首选顺序类型。在联邦的仿真运行过程中，联邦成员可以用“change Attribute Order Type()”和“change Interaction Order Type()”服务来改变实例属性和交互类的首选顺序。

2. 时间推进机制

根据并行离散事件仿真（Parallel Discrete Event Simulation，PDES）提出的保守算法和乐观算法，HLA 的时间推进机制可分为保守时间推进机制和乐观时间推进机制 2 种。

（1）保守时间推进机制

HLA 的保守时间推进机制的基本思想是在遵守本地因果约束条件（local causality constraint）的前提下，保证系统发出的 t 时刻消息仅仅依赖于 t 时刻以前接收到的消息和状态，并且系统能够在 t 时刻预测出 $t+\varepsilon$ 占时刻的消息（$\varepsilon>0$）。在保守时间推进机制中，有 2 个关键变量（时间前瞻量、时戳下限值）和 1 个重要概念（时间戳顺序事件）影响时间的推进。

①时间前瞻量（Lookahead）：每个时间控制成员都能够建立 1 个时间前瞻量 $T_{\text{Lookahead}}$，并且保证产生下一事件的时间不会早于 $T_{\text{current}}+T_{\text{Lookahead}}$。时间前瞻量是时间控制联邦成员与联邦之间的约定，它建立了下一个出现的事件与当前逻辑时间之间的关系。每个时间控制成员必须确定时间前瞻量，时间前瞻量可以通过 RTI 提供的 modify Lookahead() 函数动态地进行改变，也可以是零。

②时戳下限值（Lower Bound Time Stamp，LBTS）：联邦成员的 LBTS 表示该成员的最大安全时间推进值，将来不会再接收时戳值小于该值的 TSO 事件，联邦的 LBTS 定义为所有联邦成员 LBTS 的最小值，它的含义是指在联邦最小的局部时钟和它之间建立 1 个时间窗，所有联邦成员的所有时戳在该时间窗的事件均可以并发执行。所有的联邦成员都拥有 1 个 LBTS，但 LBTS 仅影响时间受限的联邦成员。

③时间戳顺序事件（TSO event）：时间戳顺序事件是指带有“时间戳”的事件，由具有时间控制属性的联邦成员产生，作用于具有时间受限属性的联邦成员。时间控制成员通过 RTI 的逻辑控制组件来调整时间的推进，并把当前逻辑时钟设置为 T_{current}。该类成员可以产生多种时间戳事件，但是所有事件必须出现在“$T_{\text{current}}+T_{\text{Lookahead}}$”时间之后。

(2)乐观时间推进机制

HLA乐观的时间推进机制以PDES的乐观算法为基础,不严格遵守本地因果条件,而是在因果关系发生错误时,采用回滚机制恢复系统状态。

乐观时间推进机制遵循以下几个原则:一是乐观联邦成员使用乐观机制进行消息的接收和处理。二是乐观联邦成员收到TSO时间戳小于已发送消息的时间戳时,由该成员启动回滚操作。此时,首先该成员向RTI请求回收"回滚区间"内发送的消息。RTI收到此请求后,若发现要回收的消息还没有被发送,则删除该消息;若发现此消息已发送,则向已接收到该消息的联邦成员发出回收该消息的请求,而后由接收到该消息的联邦成员执行回滚操作。三是使用全局虚拟时钟(Global Virtual Time,GVT)作为乐观联邦成员的逻辑时钟,小于GVT的消息和事件不回滚。乐观成员发送的时间戳小于"GVT+Lookahead"的消息是安全的。

与保守时间推进机制相比,乐观时间推进机制允许事件的处理偏离TSO,但必须检测出已偏离的事件并回滚。而该回滚操作由用户来完成,增加了开发者的负担,因此通常不使用乐观推进机制。

(二)时间管理机制的实现

在HLA中,可以通过2种方式实现时间的管理,分别为独立的时间推进方式和协商的时间推进方式。在协商的时间推进方式下,又可分为按步长推进时间、基于事件推进时间和乐观机制下推进时间。

独立的时间推进不需要RTI协调。在协商推进方式下,RTI参与协调成员间的时间推进,目的是保持物理系统中的时间先后顺序在仿真中的实现。由于乐观机制下的时间推进很少使用,在此只介绍前两种时间推进的实现方法。

1. 基于步长的时间推进的实现

时间步进的联邦成员按照一些固定的步长推进时间。只有与当前时间步长范围相关的所有仿真活动全部结束后,才能将时间推进到下一个时间步长段。它首先接收所有时间戳不大于"当前逻辑时间+步长"的外部事件,然后将这些外部事件与内部事件放在一起加以考虑,并且按照时间戳顺序处理所有事件。

2. 基于事件的时间推进的实现

在这种推进方式下,没有固定的时间步长。联邦成员把外部TSO事件和内部TSO事件一起考虑,按照时间戳顺序处理所有事件。联邦成员的逻辑时间被推进到最后一个处理的事件的时间戳处。

(三)时间管理机制的改进方法

由于HLA时间管理服务不能满足一些实时性较高系统的要求,而一些实时系统对实时性要求较高,所以,HLA的实时性问题成为HLA是否可以应用于相关系统的关键。

1. HLA在实时仿真方面的不足

在HLA中,没有使用PDU单元,而是引入RTI来提供通用的、相对独立的支撑服务程序。将应用层同底层运行支撑环境分离,从而使各个部分相对独立地进行开发,隐蔽各自的实现细节。但是HLA在应用于实时性要求较高的系统时存在着一些不足,经过长期的分析和研究,已基本找出HLA在实时方面存在不足的原因,包括以下几个方面:

首先,各成员内部都可以有自己的联邦成员时间,但要推进联邦成员时间则必须向RTI提出"时间推进请求"。而RTI响应时间推进请求依据的是联邦成员的逻辑时间管理策略、消息传递机制和时间推进机制的配置信息，因此当一个联邦成员请求时间推进时，不一定能立刻得到 RTI 的响应，这样联邦成员就不能实时推进它的仿真时间。

其次，各联邦成员内部可以有自己的联邦成员时间，而且各个成员的逻辑时间可以不相同。这样虽然提高了联邦的交互性，但考虑这样一种情况：联邦成员 E 发送消息给联邦成员 B，请求知道 B 目前 t 时刻的状态信息，这里 t 时刻是相对于 E 的联邦成员时间而言；而 B 目前联邦成员时间小于 t，因此 B 将在自身联邦成员时间到达 t 时将信息发送给 E，而此时 E 接收到的消息已不再是预期所需的信息，从而导致实时消息的传输错误。

再次，联邦成员间的消息传递是通过网络来完成的，网络传输总是存在时延，且网络时延受网络带宽和流量的限制。因此，当系统要求实时运行时，会出现各种预想不到的问题，从而不能满足系统的实时性要求。

最后，目前一些 RTI 的软件开发采用的是基于 CORBA(Common Object Request Broker Architecture)的技术，而从目前的资料来看，CORBA 本身就没有提供实时功能。如果想真正实现实时，就不能采用 CORBA 技术，而必须通过调用底层的 API 函数来实现。

2. 改进方案

由于 HLA 中的时间管理服务受网络和运行速度的限制，所以当系统对实时性要求较高时，可以通过以下方法来提高系统的实时性。

(1)采用“报时”机制。RTI 的体系结构采用层次结构模型，这种结构的中心服务器专门用于时间管理服务。而该联邦成员的时间推进与物理时钟一致，定时向其他子 RTI 服务器发送一些同步消息，并且设置这个联邦成员的时间管理策略为“时间控制”，而其下面的子 RTI 服务器的时间管理策略为“时间受限”。

这样，各个子 RTI 服务器联邦成员的逻辑时钟不能超过中心服务器的逻辑时钟，而且中心服务器和子服务器之间网络传输的只是一些同步服务请求和时钟推进请求，网络的流量不会出现什么“拥塞”现象。对于一些实时性要求不是很高的系统，基本可以满足要求。

(2)提高网络和主机性能。虽然 HLA 体系结构较 DIS 系统在网络传输的信息量上有较大改善，但在 HLA 仿真系统中，网络的时间延迟仍然出现。由于各个联邦成员间的信息交互都要通过网络传输，从而导致网络上的信息量很大，特别是在特定的时间某一段网络上的信息量很大，而其他段可能会有空闲。这就要求改善网络的性能，如采用高速专用网络、优化网络的路由选择算法和流量控制策略等。

由于各联邦成员主机上的 RTI 均为独立运行，而联邦成员间的各种服务都要通过 RTI 的协调来完成，因此 RTI 运行状况的好坏将对联邦成员造成很大影响，即联邦成员的运行效率依赖于主机性能。为提高联邦成员运行效率，需提高主机硬件的性能，如采用高性能 CPU、增加主机的内存及其他硬件配置等。

(3)改变联邦成员内部的状态。在联邦运行中，“时间控制”成员发送的控制信息可以通过增加它的时间前瞻量来提前发送，以及提高控制信息发送的“优先级”来使控制信息尽早发送到 RTI，进而 RTI 也要尽快将这个控制信息发送到接收联邦成员。在“时间受限”联邦成员端的 RTI 也要根据消息的“优先级”来尽快处理实时仿真中的控制信息，同时也要提高处理消息和事件的效率。但这些要求的实现比较困难，需要深入研究物理系统的原理以期达到较好的效果。

如果一个联邦成员的逻辑时钟总是跟不上物理时钟，可能会导致受到它限制的其他联邦成员逻辑时钟都跟不上物理时钟。因为 RTI 必须保证消息传递的逻辑正确性，这样就会延迟 TSO 消息的传输，从而导致 RTI 推迟了批准其他联邦成员时钟推进的请求，并最终引起联邦中许多联邦成员的逻辑时钟落后于物理时钟。这时可以把一些影响系统逻辑时钟推进联邦成员的时间管理策略由“时间控制”改为“非时间控制”，或将其发送的消息由 TSO 改为 RO 消息，从而通过牺牲一些联邦成员来提高整个系统的实时性。

(4)增加特殊的硬件和采用实时算法。对某些铁路上实时性要求较高的系统，如列控系统，必须通过增加特殊的时间接收器件来达到联邦成员的时间同步。具体有以下两种方法：一种方法是在实时要求较高的分系统中都添加 GPS 硬件，使联邦成员的逻辑时钟与 GPS 时钟一致，其他联邦成员可以通过时钟同步请求使自己的逻辑时钟与之同步；另一种方法是在系统中采用实时仿真算法。通过使用实时仿真算法来实现系统的软同步，从而提高系统的实时性。

网络传输服务的主要承担者是 RTI，因此提高 RTI 系统的性能是改善网络实时性的根本途径。

①采用多线程

在 HLA 体系下，不同的进程模式决定了应用进程(联邦成员)向 RTI 调用的方式和 RTI 如何调用回调函数的方式。这也就决定了成员和 RTI 如何分享 CPU 时间。

现在实现的 RTI 有三种进程模式：单线程、异步模式和多线程实现。在单线程模式下，联邦成员必须在一个线程内向 RTI 提出请求并调用 tick()函数完成回调；异步模式支持多线程重入，可以用一个线程调用 RTI 服务，而另一个线程不断的调用 tick()函数，性能比单线程要好；在多线程模式下，联邦成员可以不调用 tick()函数，RTI 内部自动进行消息处理并完成回调，不存在 RTI 处于消息饥饿状态和消息阻塞状态，CPU 时间得到充分利用，因而可以有效的改善网络延迟。

②进一步完善数据过滤机制

网络数据量过多会导致网络拥塞，造成延迟。

HLA 提供了基于类和基于值的数据过滤机制，能限制系统中冗余数据的产生，减轻对系统资源的压力。

分布交互仿真内在的点到多点的通信模式使得组播通信在分布仿真环境中得到很好应用，特别是与数据过滤机制相结合能极大程度地降低网络流量和仿真结点处理机的通信开销，提高了系统规模的可扩缩性。

③改进时间管理算法

数据管理和时间管理一直是 HLA/RTI 系统研究的热点和难点。现有的 RTI 时间管理算法，基本都借鉴了 PDES 的思想，时戳下限值 LBTS 的计算是算法的关键所在。从前面所列的网络延迟的测试数据可以看出，消息在结点间的传输虽然也有一定的延迟，但主要还是时间推进引起的。当成员向 RTI 提出时间推进请求(Time Advance Request，TAR)后，RTI 会根据各个成员的时间管理模式(时间受限或者时间限制)以及它们的逻辑时间和时间前瞻量(Lookahead)计算提出时间推进请求成员的 LBTS，从而对该请求做出响应。因而改进时间管理算法关键是提高时间推进请求的响应速度，也就是改进 LBTS 的算法。

④其他方法

另外，改变 RTI 的体系结构，LRC 之间以及 LRC 与 RTIexec 间所采用的连接方式，都会影响 RTI 的实时性能。开发效率更高的协议(如数据压缩协议)也可以提高系统的实时性。

⑤从应用层改进系统实时性能的一种策略

上面提到的几种方法诸如多线程模式、数据过滤、时间管理算法改进都是从 RTI 本身出发来提高系统实时性能。作为仿真应用系统开发者，在选定了 RTI 版本后，更多的是考虑如何从应用层改进系统的实时性能，满足仿真需求。在这方面，主要思路是减少联邦成员发送和接收冗余数据，如采用 DR 算法。还有提高仿真应用实体本身的处理速度，缩短从应用层操作到 RTI 传输的时间。这样做一定程度上改善了仿真系统的实时性能，但 RTI 带来的网络延迟仍然没有改变。

考虑到 RTI 对联邦成员的时间推进请求的响应延迟是影响系统实时性的一个主要因素，那么如果能减少成员时间推进请求的次数甚至不用 RTI 来协调成员间的时间推进，则系统的实时性必将会得到显著的改善。

时间管理服务是 HLA 体系区别于 DIS 体系的一个重要方面，但也是影响其实时性的一个关键“瓶颈”，在“瓶颈”问题未解决之前可以先抛开其时间推进服务，由应用层来协调各个成员的时间同步，RTI 提供的其他服务仍然有效。具体的做法是：

a. 设置管理结点，产生机器时钟，也可以接实物，与硬件保持同步，协调各个结点成员的同步推进；

b. 各个结点成员完成当前时间步长内的事务后，向管理结点发送消息，请求时间推进，自身逻辑时间停止推进；

c. 管理结点在确定所有结点当前事务都已完成后，根据当前的机器时钟，确定是否向各个结点发送允许推进的消息；

d. 各个结点成员收到允许推进的消息后修改逻辑时间，进入下一步长的事务处理。

在这种时间管理模式下，设置了公共的全局时钟，避免了 RTI 对成员的 LBTS 的计算。但是也存在着两个很关键的问题，一是如何让 RTI 完成回调，向成员分发消息；二是如何确保结点不会收到“过时”的消息。由于 RTI 一般是在收到成员的 TAR 后调用回调函数向成员分发数据的，这种分发机制也保证了成员不会收到过去的消息。如果不采用 RTI 的时间推进服务，应该有相应的策略对此予以保证。对第一个问题一般不好解决，因为 TSO 消息只能在时间推进期间传递给时间受限成员，RO 消息则可以在时间推进期间或异步传输状态下传递给时间受限成员，所以该改进策略的消息传输顺序只能采用 RO 顺序。这样只要联邦成员通过 enable Asynchronous Delivery()服务打开了 RO 消息的异步传输状态，在进程中调用 tick()函数使得 RTI 获得 CPU 的控制权，RTI 就可以向成员分发数据。而第二个问题相对容易解决，只要对收到的消息进行确认即可。一般发送方发出带时间参数的消息，接收方对比时间参数进行确认，如果消息有误则持续调用 tick()函数直到成功接收。

四、列控系统多分辨率模型动态聚合解聚实现案例

以图 3-4 描述的场景为例，三列列车从 A 站发车至 B 站，初期运行多车追踪运行控制模型，其中列车 1 即将到达 B 站，为了与站内设备通信，进行模型分辨率切换。分辨率切换的过程可以通过仿真管理器的仿真数据记录中体现出来。仿真管理器在分辨率切换过程中的部分仿真数据的记录经处理后如图 5-48 所示，仿真管理器已经将仿真数据进行处理，提取出时间、传输类型(主要描述通信的双方)、源设备、数据类型，按列可在图 5-48 中看到，具体的编码定义是仿真程序写定的。可以看出，在 1:34:32 时刻，模型实体需要切换分辨率，从而暂停仿真进程，仿真管理器加入三个单车模型实体，并初始化单车信息，加入信号机、轨道电路、应答器

设备模型实体，并经过初始化，再在 1:34:38 时刻，恢复仿真进程，所有新的分辨率实体已经全部参与到仿真运行过程中，完成分辨率切换。

	A	B	C	D
1	时间	传输类型（主要描述通信的双方）	源设备	数据类型
7671	1:34:29	72 AB	F7 00 02	Resp_Info
7672	1:34:30	27 AC	F2 00 01	Multi_Train_Status
7673	1:34:32	B1	F1 00 01	Sim_Pause
7674	1:34:33	B1	F1 00 01	Add_Train
7675	1:34:33	B1	F1 00 01	Add_Train
7676	1:34:33	B1	F1 00 01	Add_Train
7677	1:34:34	CC	F4 00 01	Train_Status
7678	1:34:34	CC	F4 00 02	Train_Status
7679	1:34:34	CC	F4 00 03	Train_Status
7680	1:34:35	B1	F1 00 01	Add_SRS
7681	1:34:35	B1	F1 00 01	Add_SRC
7682	1:34:35	B1	F1 00 01	Add_SRW
7683	1:34:36	03	F1 00 01	Train_Pos
7684	1:34:36	03	F1 00 01	Train_Pos
7685	1:34:36	03	F1 00 01	Train_Pos
7686	1:34:37	B1	F1 00 01	Time_Syn
7687	1:34:38	B1	F1 00 01	Sim_Resume
7688	1:34:39	AC	F4 00 01	Train_Status
7689	1:34:39	AC	F4 00 02	Train_Status
7690	1:34:39	AC	F4 00 03	Train_Status
7691	1:34:40	D1	F4 00 01	RC_Code
7692	1:34:41	AB	F4 00 02	Resp_Info
7693	1:34:41	AB	F4 00 03	Resp_Info

图 5-48　分辨率切换过程的部分仿真数据记录

图 5-49 是应用伪解聚法进行分辨率切换实现的部分仿真数据记录，可以看出，只是增加了一个单车的模型实体，其他参与仿真的模型实体不变，原有的多车模型实体的数据在切换过程中得到了更新，切换开始是 1:34:32，切换结束是 1:34:37，切换时间得到缩短，通过伪解聚法得到的单车运行控制模型的设备模型实体数据和常规运行过程中设备模型实体数据没有很大区别，从而没有影响单车运行控制模型实体的运行，验证了基于伪解聚法的模型分辨率切换优化策略的有效性。但是，可以看出，在切换完成后的后续仿真过程中，由于需要执行伪解聚行为，单车模型实体控制信息的获得需要相对较长的处理时间。根据图 5-49 中的仿真数据记录，车地通信过程的仿真执行周期大概在 2 s 左右。

	A	B	C	D
1	时间	传输类型（主要描述通信的双方）	源设备	数据类型
7671	1:34:29	72 AB	F7 00 02	Resp_Info
7672	1:34:30	27 AC	F2 00 01	Multi_Train_Status
7673	1:34:32	B1	F1 00 01	Sim_Pause
7674	1:34:33	B1	F1 00 01	Add_Train
7675	1:34:33	CC	F4 00 01	Train_Status
7676	1:34:33	03	F1 00 01	Train_Pos
7677	1:34:35	B2	F1 00 01	Multi_Train_Status
7678	1:34:36	B1	F1 00 01	Time_Syn
7679	1:34:37	B1	F1 00 01	Sim_Resume
7680	1:34:38	AC	F4 00 01	Train_Status
7681	1:34:38	27 AC	F2 00 01	Multi_Train_Status
7682	1:34:38	72 AB	F7 00 02	Resp_Info
7683	1:34:39	B2	F1 00 01	RC_Code
7684	1:34:39	AC	F4 00 01	Train_Status
7685	1:34:39	27 AC	F2 00 01	Multi_Train_Status
7686	1:34:40	72 AB	F7 00 02	Resp_Info
7687	1:34:41	B2	F1 00 01	RC_Code
7688	1:34:41	AC	F4 00 01	Train_Status
7689	1:34:41	27 AC	F2 00 01	Multi_Train_Status
7690	1:34:42	72 AB	F7 00 02	Resp_Info
7691	1:34:43	B2	F1 00 01	RC_Code
7692	1:34:43	AC	F4 00 01	Train_Status
7693	1:34:43	27 AC	F2 00 01	Multi_Train_Status
7694	1:34:44	72 AB	F7 00 02	Resp_Info
7695	1:34:45	B2	F1 00 01	RC_Code

图 5-49　应用伪解聚的分辨率切换过程的部分仿真数据记录

图 5-50 是实现了跨分辨率交互协调策略的仿真管理器的部分仿真数据记录，在仿真过程中，可以任意定义参与仿真的多分辨率模型实体的两两通信过程，这些实体之间可以进行跨分辨率通信，通信的信息也符合各自的模型分辨率设置。根据图 5-50 中的仿真数据记录，车地通信过程的仿真执行周期大概在 1.6 s 左右。

	A	B	C	D
1	时间	传输类型（主要描述通信的双方）	源设备	数据类型
7671	1:34:29	72 AB	F7 00 02	Resp_Info
7672	1:34:30	27 AC	F2 00 01	Multi_Train_Status
7673	1:34:32	B1	F1 00 01	Sim_Pause
7674	1:34:33	B1	F1 00 01	Add_Train
7675	1:34:33	CC	F4 00 01	Train_Status
7676	1:34:33	03	F1 00 01	Train_Pos
7677	1:34:35	B2	F1 00 01	Multi_Train_Status
7678	1:34:36	B1	F1 00 01	Time_Syn
7679	1:34:37	B1	F1 00 01	Sim_Resume
7680	1:34:38	AC	F4 00 01	Train_Status
7681	1:34:38	27 AC	F2 00 01	Multi_Train_Status
7682	1:34:39	B2	F1 00 01	RC_Code
7683	1:34:39	72 AB	F7 00 02	Resp_Info
7684	1:34:39	AC	F4 00 01	Train_Status
7685	1:34:40	27 AC	F2 00 01	Multi_Train_Status
7686	1:34:40	B2	F1 00 01	RC_Code
7687	1:34:41	72 AB	F7 00 02	Resp_Info
7688	1:34:41	AC	F4 00 01	Train_Status
7689	1:34:41	27 AC	F2 00 01	Multi_Train_Status
7690	1:34:42	B2	F1 00 01	RC_Code
7691	1:34:42	72 AB	F7 00 02	Resp_Info
7692	1:34:42	AC	F4 00 01	Train_Status
7693	1:34:43	27 AC	F2 00 01	Multi_Train_Status
7694	1:34:43	B2	F1 00 01	RC_Code
7695	1:34:44	72 AB	F7 00 02	Resp_Info

图 5-50 应用跨分辨率交互协调策略的分辨率切换过程部分仿真数据记录

综上所述，伪解聚方法较适用于短时间内的不同分辨率模型实体间的交互，如果交互时间过长，则每一次单车模型实体需要获得信息的处理时间会累积，就不能很好地体现伪解聚方法的有效性。跨分辨率交互协调方法和伪解聚方法在分辨率切换过程中的步骤和时间都是一致的，差异主要在于后续的仿真进程中，由于仿真数据在不同分辨率层次的映射是有参照数据库的，因此，在数据的映射过程中，处理时间相较于伪解聚方法要更短，更加适用于较长时间的跨分辨率实体间的交互。

第四节 列控系统多分辨率仿真实体互操作性实现方法

一、列车运行控制多分辨率仿真的集成机制

1. 列车运行控制多分辨率仿真系统的特点

从系统集成的角度看，列车运行控制多分辨率仿真系统具有三大特点：

(1)在分布互联环境下实现系统的建模与仿真；

(2)根据仿真需求可对仿真系统进行配置与重组；

(3)仿真系统基于服务的思想进行集成。

2. 列车运行控制多分辨率仿真集成机制的主要活动

列车运行控制多分辨率仿真的集成机制可由构建仿真实验框架、管理和调度仿真服务、仿真服务交互与联邦成员交互之间的转化和实现仿真成员间的分布互联等四个主要活动来

描述。

(1)构建仿真实验框架

根据仿真需求和现有的仿真资源信息,为仿真系统的构建提出一个建模和仿真实验的基本框架,为仿真集成框架实现仿真角色间的互操作提供指导信息。

(2)管理和调度仿真服务

仿真集成框架根据仿真实验框架中的角色模型,管理仿真服务,根据仿真服务供需关系进行仿真服务调度,实现仿真服务提供者与仿真服务需求者之间在服务层面的互操作。

(3)仿真服务交互与联邦成员交互之间的转化

根据仿真实验框架中的软件部署信息,将仿真角色组装为仿真联邦成员,利用 HLA 规范实现仿真角色在联邦成员层上的交互,当仿真角色在服务层上交互涉及不同的联邦成员时,还将仿真服务提供者与仿真服务需求者之间的服务信息转化为符合 HLA 规范且能够通过 RTI 进行交互的形式,同时,也实现联邦成员交互信息到服务信息之间的转换。

(4)实现仿真联邦成员间的分布互联

利用 HLA/RTI 在数据交互层和仿真时钟推进层实现仿真联邦成员间的互操作。

二、基于服务的列控系统多分辨率仿真集成与互操作方法

列车运行控制仿真系统是在分布互联条件下运行的,在系统中,可以根据实施互操作的应用单元之间的关系不同,将单元间互操作的应用类型划分为如下 3 种:

(1)仿真应用单元处于两个不同仿真层次内。

这种类型的互操作与业务流程相关,当流程有变化时,交互的内容与时机都可能发生改变,因此二者之间的耦合性越松,系统的灵活性越强。

(2)仿真应用单元在同一仿真层次内,但不在同一个分布的仿真结点上。

例如,由于计算能力的制约,将仿真应用按照仿真区域或仿真对象部署到多台计算机上进行分布计算,或者将仿真计算、仿真过程展示以及仿真数据存储与处理等不同部分分布到计算机网络上运行。这种类型的互操作主要解决分布互联条件下应用单元间的信息交互和仿真运行时空一致性问题。

(3)仿真应用单元在同一仿真层次内,并且在同一个仿真应用程序内部。

这种类型的仿真单元间由于模型构建本身的原因,联系较为紧密,其耦合性也较强。

这三种互操作类型,从上到下其耦合性逐渐增强,因此系统中仿真单元的互操作实现方法并非是单一的,需根据不同类型的要求进行综合。某些在逻辑上具有较强耦合性的仿真单元之间的互操作与建模方法本身的关系更密切,因此在考虑仿真应用集成时,仅针对前两种类型进行研究。

仿真模型重用的前提条件是仿真模型具备互操作性和可重复利用的特点。从根本上实现这一目标,一方面要求仿真模型与仿真执行器分离,另一个重要的方面在于不同的模型具有面向一个共同的、更宏大的目标而进行合作的能力。这种仿真合作与仿真流程逻辑有关,在相应的集成模式下,不同的仿真应用单元根据仿真应用的需求集成为仿真系统,从仿真应用单元交互并合作以满足不同仿真应用要求的角度上来看,各仿真应用单元也是在为着共同的目标——根据仿真应用需求确定的仿真实验框架与仿真流程进行集成而协同工作。这类仿真单

元间的协作与仿真集成方法有关。

由于列车运行控制仿真系统中同一类实体的多个不同分辨率模型可构成该实体的仿真模型族，为了能实现根据仿真应用需求对不同分辨率的模型进行灵活装配，不同分辨率的仿真模型与其接入系统之间适宜采用松散耦合的方式。为此，可用服务的观点对实体的仿真模型族的功能与逻辑进行高层抽象，从概念层以“服务”作为可重用的单元，使不同分辨率的模型与其应用环境（相应的仿真层次中除该模型的其余部分）在发生变化和重组后不带来额外的干扰，同时，这种以“服务”的概念来实现集成和重用的方式也符合分布式网络应用技术领域从传统的系统集成到业务集成的服务转变发展趋势。

第五节　基于故障注入的列控系统多分辨率实体仿真方法

列控系统多分辨率仿真实体的重要功能之一是测试系统在故障条件下的性能表现，对于任一分辨率来说，首先需要实现在该分辨率下相应故障的注入，本书以实现系统评估为最终目标，介绍基于故障注入的列控系统多分辨率实体仿真方法。

一、列控系统多分辨率仿真故障模式库生成方法

故障模式库是故障注入技术实现的基础，故障模式库生成作为故障注入具体实施前的准备工作显得尤为重要，其完备性直接影响到故障注入对于系统评估的效果。

1. 列控仿真系统故障模式库功能模块分析

故障模式库是故障注入工作的指导，一个好的故障模式库能有效地保障仿真系统故障注入实验的质量。故障模式库由四个功能模块组成，即故障案例人工编写模块、故障树建树模块、故障树自评价模块、故障树自评价结果输出模块，如图 5-51 所示。

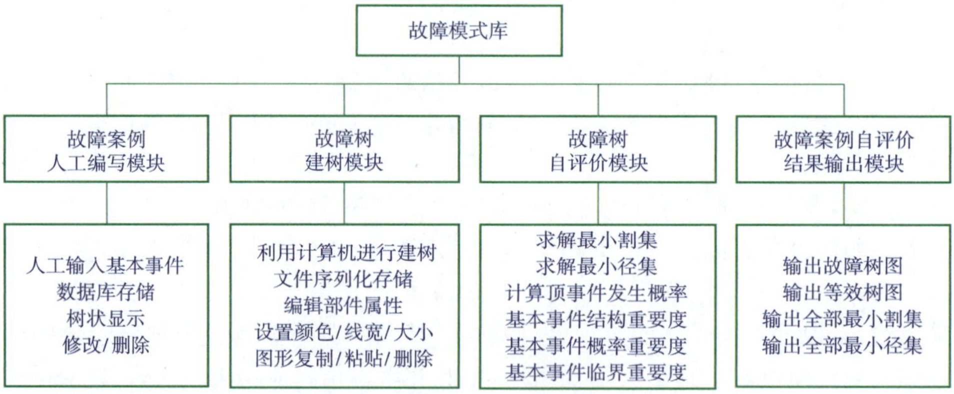

图 5-51　故障模式库功能模块

故障案例人工编写模块包括故障案例库部分和故障优化组合案例库部分。故障案例库由多条故障案例组成，用于存放人工写好或是提前设定好的故障案例；故障优化组合库用于存放人工编组好的以及经过自评价优化后的故障案例组合，用于测试在几个故障同时或不同时（如：连续或时间上有重叠）发生时，仿真系统的运行是否可靠、安全。故障案例可以由人工编写，以有效暴露仿真系统中隐藏的缺陷为编写标准，所以在设计故障案例时要考虑那些在仿真

系统以及真实系统运行中易于出现的故障和对列车运行安全有着巨大影响的故障。

故障树建树模块利用计算机进行故障树的创建。构建故障树是一项繁琐的工作，建树的方法有：计算机辅助出图法、合成法（Synthetic Tree Method）、决策表法（Decision Table Method）、绘图输入法等等。

故障树自评价模块可以对已有的故障树进行定性和定量分析，将已经绘制好的故障树图导入到此模块中，通过文件的读取、转换、排序、运算，从而获得相应的分析结果。其中定性分析包括故障树最小割集、最小径集的求解，基本事件结构重要度近似值的计算，从而可对基本事件进行结构重要度排序。定量计算包括顶事件发生概率的近似计算，基本事件概率重要度和临街重要度的计算。

故障树自评价结果输出模块实现故障树图和自评价结果的输出。

2. 列控仿真系统故障模式库生成

CTCS-3 级列控系统包括地面设备、车载设备和车地通信三个部分。在系统运行过程中，不可抗力及 C3/C2、C2/C3 过渡都有可能导致无线闭塞中心（Radio Block Center，RBC）、列控中心（Train Control Center，TCC）或轨道电路的故障。针对这些随机产生的故障，需要验证系统对于故障的处理方式是否符合技术规范的要求。

本书中，设计应用软件故障注入系统验证 CTCS-2 级是否在运行过程中作为 CTCS-3 级的后备系统，即当 RBC 或无线通信故障时，CTCS-2 级列控系统是否能够控制列车。该运行故障案例见表 5-2。

表 5-2　实验用故障案例

故障编号	传输发起方	传输接收方	故障开始时间(s)	故障持续时间(s)	错误数据
1	车载子系统 (000)	RBC (001)	980	30	无数据 (NULL)
2	RBC (001)	车载 (000)	980	30	无数据 (NULL)

其中，故障编号为 1 号的故障用于描述在仿真系统运行至 980 s 时，车载子系统中涉及 GSM-R 无线通信的发送单元故障，导致车载子系统在 30 s 内不能向 RBC 传送数据；故障编号为 2 号的故障用于描述在仿真系统运行至 980 s 时，车载子系统中涉及 GSM-R 无线通信的接收单元故障，导致车载子系统在 30 s 内不能收到来自 RBC 的数据。

（1）故障案例的标准描述格式

FAULT_SINGLE_NUM＝{NUM，PLACE_OUT，PLACE_IN，STARTTIME，ENDTIME，FAULT_DATA}

（2）故障案例库的标准描述格式

FAULT_SINGLE_LIBARAY＝{ FAULT_SINGLE_NUM1，FAULT_SINGLE_NUM2，…}

则表 5-2 中对应的故障案例库描述如下：

FAULT_SINGLE_LIBARAY＝{ FAULT_SINGLE_1，FAULT_SINGLE_2}

FAULT_SINGLE_1＝{1，000，001，980，980＋30，NULL}

FAULT_SINGLE_2＝{2，001，000，980，980＋30，NULL}

故障优化组合库中存储编组好的故障组合，这些故障组合由故障案例库中的基本案例经过人工或自动优化编辑修改而组成，用于测试在几个故障同时或不同时（如：连续或时间上有重叠）发生时，仿真系统的运行是否可靠、安全。

（3）故障组合的标准描述格式

FAULT_MULTI_NUM={NUM，n，FAULT_SINGLE_N1，FAULT_SINGLE_N2，…，FAULT_SINGLE_Nn}

（4）故障优化组合库的标准描述格式

FAULT_MULTI_LIBARAY={ FAULT_MULTI_NUM1，FAULT_MULTI_NUM2，…}

应用的实验故障组合由表 5-2 中两个基本故障案例组成，则该故障组合描述如下：

FAULT_MULTI_1={1，2，FAULT_SINGLE_1，FAULT_SINGLE_2}

实验用故障优化组合库描述如下：

FAULT_MULTI_LIBARAY={ FAULT_MULTI_1}

本书实验用故障优化组合库中只有 1 个故障组合，该故障组合用于描述在仿真系统运行至 980 s 时，车载设备与 RBC 通信失败 30 s。

二、列控系统多分辨率仿真故障注入方法

1. 列控系统仿真故障注入功能分析

列控系统仿真故障注入将 CTCS-3 级列控系统功能需求规范（FRS）作为顶级设计的基础，根据系统功能规范，对系统中可能存在的危险源进行详实、全面的分析，找出系统可能存在的所有安全隐患和危险源，如轨旁与列控中心通信故障、列控中心与临时限速服务器通信故障、RBC 故障、RBC 与车站联锁设备通信故障、GSM-R 通信中断、车载子系统故障等。

软件故障注入系统要求能够实现如下功能：

（1）实时数据传输

隔断并采集即将输入到仿真系统的各类数字、模拟及通信信号，同时将注入故障后的各类信号实时送入仿真系统中，应能针对各类信号的特点选择不同的采样频率，确保不影响原系统运行的实时性。

（2）故障设置

能够根据用户要求灵活设置各类故障，可选择的故障尽可能包括仿真系统的各种常见故障。

（3）故障注入

按用户设置的故障概率要求在特定的时间与位置产生特定的故障，同时要求用户可以控制故障的持续时间。

（4）试验结果保存分析

能够以文件形式保存试验数据，并向实验者提供若干种数据分析的办法，以评测仿真系统的各项性能指标。

此外，故障注入系统应具有较好的可扩展性要求，以便系统功能升级。

2. 基于 HLA 的列控仿真系统软件故障注入

在分布交互式仿真协议中，仿真系统间的交互式通过互相发送 PDU（Protocol Data Unit，

协议数据单元)来完成,而 PDU 的发送是采用广播方式,这个过程浪费了大量的处理时间。由此可见,DIS 协议限制了构建一个大型分布仿真环境的能力。

为了解决 DIS 协议中的问题,HLA 采用了一种"匹配"(或称"过滤")机制,即数据"生产者"向 RTI 声明自己所能"生产"的数据,数据"消费者"向 RTI 定购自己所需要的数据,由 RTI 负责在"生产者"和"消费者"之间进行匹配。声明管理(Declaration Management,DM)为联邦成员提供了类层次上的表达(公布或订购)机制。"公布"是联邦成员向联邦表明自己能力的一种方法。"订购"是联邦成员向联邦表达自己感兴趣的信息的一种方法。HLA 声明管理的主要目的是在联邦范围内建立一种公布和订购关系,以利用 RTI 的控制机制减少网络中的数据量。一个简单的基于 HLA 的仿真系统如图 5-52 所示。

图 5-52 基于 HLA 的仿真系统示例

图 5-52 中,成员 A 通过声明管理服务向联邦公布对象类"a",而成员 B 向联邦订购了对象类"a"。在仿真运行过程中,成员 A 发出的数据最终只能传给成员 B 和其他订购了对象类"a"的成员。

针对图 5-52 所示的基于 HLA 的仿真系统,故障注入设计方案如图 5-53 所示。

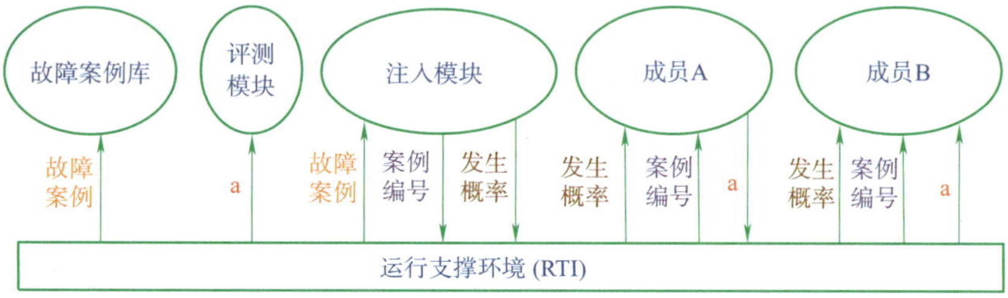

图 5-53 基于 HLA 的仿真系统故障注入设计方案

图 5-53 中,故障案例库公布故障案例列表;注入模块订购故障案例列表供用户选取,公布案例编号以及故障发生概率;成员 A 和成员 B 订购案例编号以及故障发生概率,即成员 A 和成员 B 根据案例编号,在确定发生概率下产生故障;评测模块订购对象类"a",实时监控仿真系统的信息传输情况,以记录分析仿真系统的状态。

基于 HLA 的列控系统控车模型,研究了故障注入的设计及实现,该控车模型具体的公布、定购属性如图 5-54 所示。

根据软件故障注入系统的设计框架与控车模型各个部件的功能需求,实现了基于 HLA 的列控系统控车模型的软件故障注入系统。在试验中,应用故障注入系统对于构建的基于 HLA 的控车模型进行测试验证,主要试验内容是测试车载子系统无线通信中断后,列车运行降级的过程。故障注入控制仿真系统执行步骤见表 5-3。

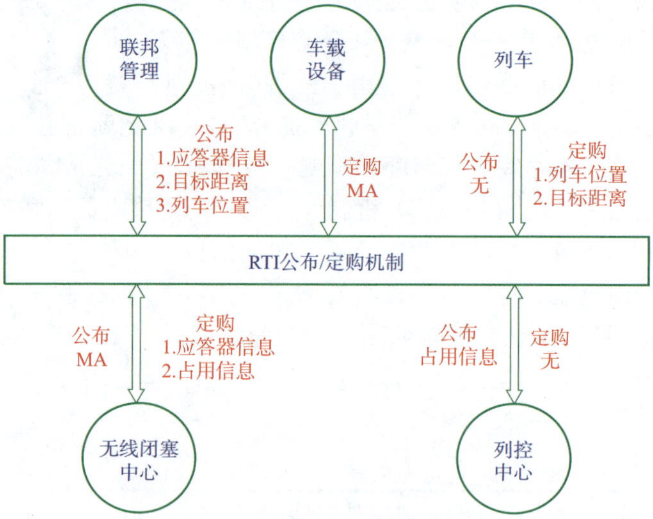

图 5-54　控车模型的仿真联邦结构

表 5-3　故障注入执行步骤

序　号	操 作 步 骤	期 望 结 果
1	联锁办理上行发车进路	—
2	列车上电、开启驾驶台、注册、起动列车，以 CTCS-3 级目视行车模式(OS)运行	车载设备：无线连接建立 CTCS-3 级待机模式(SB)→目视行车模式速度监督值 40 km/h RBC：显示列车数据
3	列车经过某一上行信号机后转 CTCS-3 级完全监控模式(FS)	车载设备：C3 OS→FS
4	列车以 FS 模式运行，越过某一特定轨道区段后模拟车载无线电台单元故障，无线通信中断，到某一指定轨道区段停车	车载设备：C3→C2
5	停车后，恢复车载无线电台单元正常，关闭驾驶台	车载设备：C3 FS→SB RBC：列车注销

3. 基于故障事件的列控仿真系统故障事件辨识

基于故障事件的列控仿真系统故障事件辨识的具体流程如图 5-55 所示。

步骤 1　系统定义

参考 CTCS-3 级列控系统需求规范(SRS)、系统结构、系统设计规范来定义系统边界。

步骤 2　辨识风险

通过思考、操作风险研究(HAZard and OPerability Study，HAZOPS)以及故障模式和效果分析方法(Failure Modes Effects and Criticality Analysis，FMECA)进行辨识。

$$H_j = HR_j \times D_j \tag{5-7}$$

式中，H_j 是外部环境引起风险的概率；HR_j 是风险产生的概率；D_j 是风险的持续时间，与系统与外部环境的交互程度有关。

步骤 3　辨识事故

基于风险辨识的结果，考虑系统在故障状态下与外部环境的交互。该步骤的目标是计算

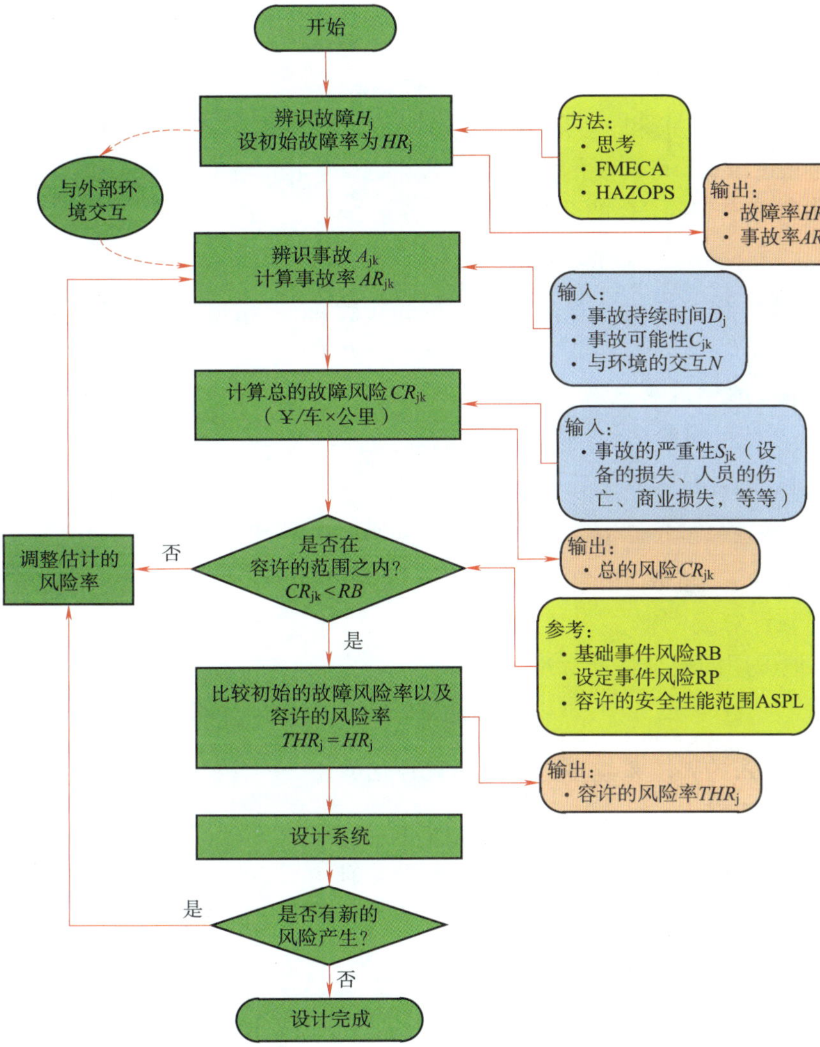

图 5-55　列控仿真系统故障事件辨识流程

每一个风险的 THR(Tolerable Hazard Rate,容许风险概率)。

对于一个风险来说,该风险会造成一种或多种的事故。对于风险 H_j,可能造成的事故为 A_{jk}。C_{jk}是事故 A_{jk}发生的可能性。利用事件树分析所有 A_{jk}的因果可以更准确地计算出 A_{jk}的发生概率 AR_{jk}:

$$AR_{jk}=N\times(HR_j\times D_j)\times C_{jk} \tag{5-8}$$

式中,N 代表系统每小时与外部环境的交互次数;C_{jk}可以通过历史数据获得。

步骤 4　风险估计

为了获得每个风险的 THR,必须计算事故的后果。事故的后果通过事故的严重性进行描述,记为 S_{jk}。

S_{jk}(经济上)=设备损失+轨道损失+其他损失(如事后清理工作等)+同等价值的人员伤亡

S_{jk}(人员上)=死者人数+伤者人数(转换为死者人数)+经济损失(转换为人员伤亡)

CR_{jk}表示总的风险估计：

$$CR_{jk}=AR_{jk}\times S_{jk} \tag{5-9}$$

步骤 5 计算 THRs

将所有的风险估计值求和，必须小于或等于 R_B，即基本事故风险或 ASPL（Acceptable Safety Performance Level，可接受的安全性能级别）。否则系统必须重新设计以降低 THRs。该步骤将会得出每一个风险 H_j 的 THR_j。

$$R_B=\sum(n_{B(x)}\times\Re_{B(x)})/v_B \tag{5-10}$$

式中，$n_{B(x)}$ 指在一段时间内 x 类的事故发生的次数，$\Re_{B(x)}$ 指该事故的平均严重性，v_B 即列车运行速度。

步骤 6 安全性能测量

R_p 是指被测系统的风险值，且满足：$R_p\leqslant R_B$。

与 R_B 相同，R_p 的计算公式为：

$$R_p=\sum(n_{p(x)}\times\Re_{p(x)})/v_p \tag{5-11}$$

如果计算得出的 R_p 与 R_B 相差甚远，或者在设计过程中发现了新的风险，则必须对于风险估计值进行重新计算及调整。

步骤 7 其他可用的安全性能标准

在判断系统的 THRs 过程中，可以参考其他的工业安全标准定义的容许风险标准。

三、基于故障注入的列控系统多分辨率仿真评估方法

1. 基于故障事件的列控仿真系统风险评估

随着铁路列控自动化进展的加快，急切需要有一种可以评估风险的手段。由于列控系统的特殊性，需要能够在系统使用甚至是设计之前就能够完成风险评估，并且要求该评估手段具有方便、可重用、可靠等特点。

风险评估方法利用事件树进行因果分析，并结合来自于实际应用中的历史数据。首先，需计算得到面向单个风险的属性和原因；其次，还需要计算好总体的风险损失。利用标准化工具进行计算可以清楚地看到数据源以及计算过程中用到的假设，如果有部分数据缺失，该标准可以允许用户补充，同时保存新旧场景中的数据参考值。风险评估方法通常面向不同群体，如铁路、厂商、维护者等，本书提供了一种通用的针对安全苛求的列控系统风险评估方法，该方法主要包含如下步骤：

步骤 1 定义系统，分析其潜在操作行为，找出潜在的风险；

步骤 2 根据找出的风险，分析可能造成的结果；

步骤 3 将该结果与预设的底线进行比较，计算系统功能的容许风险概率（Tolerable Hazard Rates，THRs），获得系统安全设计需求集；

步骤 4 在设计的过程中，完善风险评估方法，以覆盖所有风险，确定系统及系统操作的总体风险不高于预设的底线。

针对安全苛求的列控系统风险评估方法的目标是利用铁路历史数据计算根据系统风险发生的事故的严重性和可能性，而不是评估系统内部的失效机理，因此使得风险评估可以在系统设计实现前完成。基于故障事件的列控仿真系统性能评估步骤如图 5-56 所示。

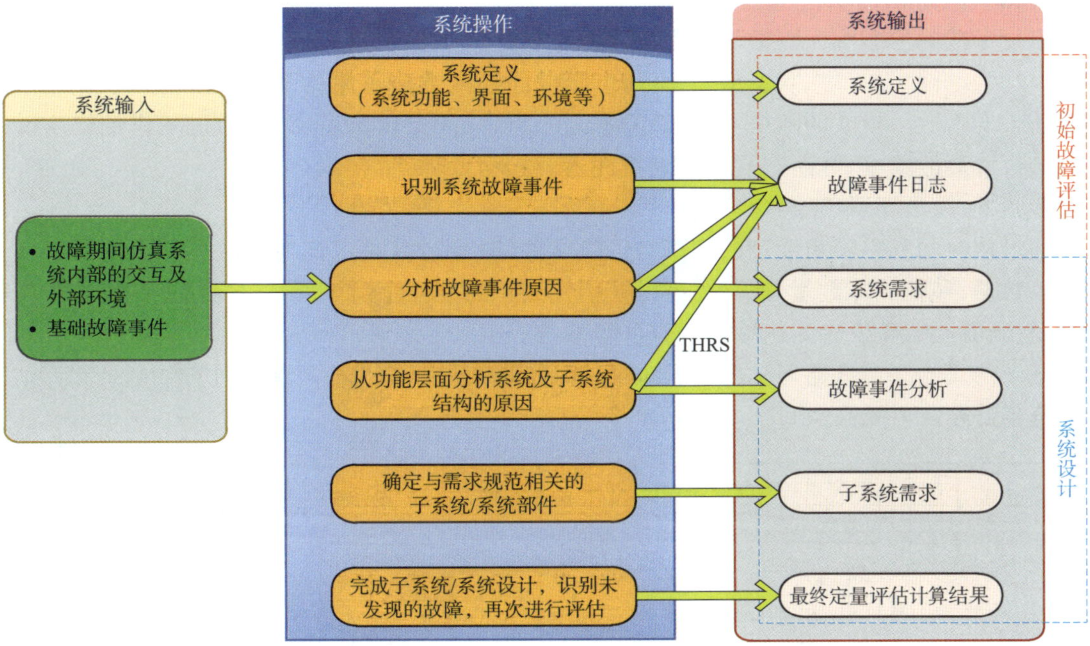

图 5-56　基于故障事件的列控仿真系统性能评估步骤

2. 基于故障注入的列控系统仿真技术

在依据系统方案制定相应仿真测试规则的基础上，运用混合仿真技术构建仿真环境。在设备和人因的仿真过程中，综合运用故障率已知与未知的故障注入技术，完成对各个设备及人员行为的随机故障注入。以混合仿真和故障注入的方法对铁路列控系统进行测试，具体步骤如下：

步骤 1　依据系统方案制定相应规则

对于每个高速铁路列控系统，都对应有相应的仿真测试规则，比如：列车在接到行车许可信息后才能运行；列车在限速区段要按限速运行；司机在接收到紧急制动命令时必须在规定时间内做出相应操作等。仿真测试规则是仿真过程中的事故仿真与判断的依据，规则的完备性直接决定着分析结果的质量。拟采用一阶谓词逻辑的形式来制定规则，以便于计算机识别。

步骤 2　构建仿真环境

运用连续时间仿真技术实现列车群的仿真，运用离散事件仿真技术实现对影响列车运行的物理设备和人员行为的仿真，并以同步方式实现两个仿真过程的统一。

步骤 3　建立设备故障模型和人因模型

采用 Markov 建模方法建立设备的故障模型，采用 Petri 网建立人因模型，为后续的故障注入研究奠定模型基础。

步骤 4　生成故障模式库

故障模式库生成以故障树分析(FTA)和初步危险分析(PHA)两种方法相结合的思想，对系统进行危险源识别；针对设备和人的危险源进行故障模式分析，最后针对每种类型的设备和人员建立各自的故障模式库。故障注入模块在对每个设备或人因进行故障注入时调用相应的故障模式库。

步骤 5 故障注入

以设备故障模型和人因模型为基础，按照故障率，从故障模式库中抽取，完成对各个设备及人员行为的随机故障注入。故障率已知时，故障注入方法采用伪随机数法和状态概率间隔分割法来实现故障模式的随机注入；故障率未知时，采用蒙特卡罗方法，通过随机抽样实验及统计分析计算故障率，继而实现故障随机注入。

步骤 6 数据收集与分析

通过从时间和空间角度判断列车与危险事件的一致性，获得列控系统在整个仿真过程中的故障数据，包括故障数量、故障类型以及引发故障的事件序列等。通过对这些数据的分析和计算，得到各类故障发生的概率和严重度等参数。

基于仿真的高速铁路列车控制系统评估系统框架可以分为故障注入、仿真、记录和评估四个过程，如图 5-57 所示。

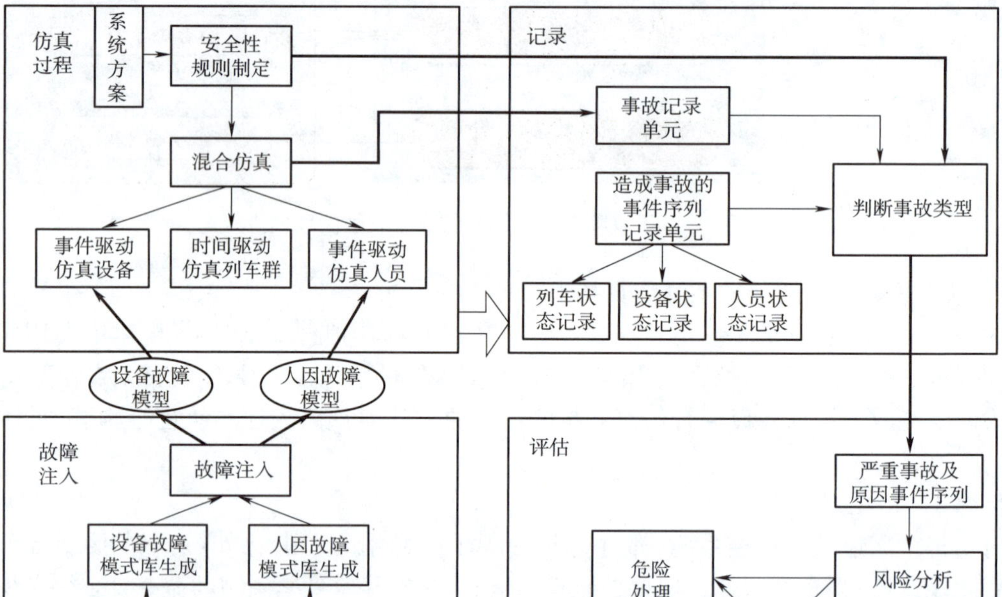

图 5-57　基于仿真的高速铁路列车控制系统评估系统框架

采用混合仿真方法在短时间内产生“稀有事件”的故障数据，模拟在实际运营环境中几个月甚至几年运行得到的数据，有利于对列控系统方案进行高可信度的仿真测试。

第六章　列控系统多分辨率仿真平台实现与应用案例

本章首先介绍列控系统仿真可信性的基本概念，对列控系统仿真可信性评估的必要性及方法等进行详细介绍，并结合列控系统仿真实际开发过程，介绍列控系统全生命周期可行性框架的设计与实现方法。同时结合 CTCS-3 级列控系统的结构原理，分析列控系统仿真的功能需求、用户需求及仿真具体需求等，构建列控系统多分辨率模型域，并针对其中涉及的实体进行建模仿真实现，在 CTCS-3 级列控系统仿真环境的支撑下，结合具体案例验证列控系统多分辨率建模方法。

第一节　可信性概念及相关理论

仿真系统的规模日益增大，所采用的技术也日益复杂，进行仿真与建模的对象也复杂多样，仿真系统的仿真试验结果能否在特定情况下吻合真实系统的相关性能，仿真结果和结论是否能真实反映系统的性能，将直接决定仿真系统的最终结果对于预期工程应用来说是否具有可用性。因此，在仿真系统投入使用之前，需要进行仿真性能评估。

仿真性能评估包括仿真系统的可靠性(Reliability)、可维护性(Maintainability)、可支持性(Supportability)、可测试性(Testability)以及可用性(Usability)等。仿真系统可信性评估即为以上各项评估的集合，一个仿真系统是否成功应用，关键在于其可信度(可信性的量化描述)能否达到要求。

一、可信性评估的基本概念

仿真可信性的定义和度量是可信性研究的基础和重要组成部分。本书对不同角度、不同应用背景下的仿真可信性定义进行分析，并对可信性评估的相关理论进行介绍。

1. 仿真可信性定义

仿真可信性的定义是仿真系统可信性评估的基础。目前学术界提出的仿真可信性定义，依据研究人员的工程技术背景可大体分为三类。具体如下：

(1)基于相似度的可信性定义：仿真系统可信度是由仿真系统与原型系统之间的相似性决定的，是仿真系统与原型系统相适应的程度。这里，可信性定义是仿真系统与真实系统进行比较的结果，侧重于可信性的客观性。

(2)基于置信度的可信性定义：仿真系统实验结果处于置信区间内的概率为仿真系统可信度。这里的置信区间是确定可信度的关键因素，带有一定的主观性。

(3)基于误差的可信性定义:仿真可信性取决于仿真结果的精度,仿真系统可信度是指仿真系统使用者对仿真实验结果的应用到某一研究时的正确性的信任程度。这里可信性取决于仿真应用和仿真实验人员,强调了仿真可信性的目的性。

从上面的定义和分析中,可以看出,仿真系统可信性具有目的相关性、多因素性、客观性和主观性的特点,而仿真可信度则是仿真可信性的定量表示。因此,本书所涉及的仿真可信性可定义为:仿真可信性唯一对应于被仿真对象的某一特定仿真目的,其作用为描述仿真模型、系统在该次仿真过程中所表现的仿真精确程度。

2. VV&A

VV&A(Verification,Validation and Accreditation)是校核、验证和确认的缩写。VV&A是贯穿于仿真系统整个生命周期的活动。因此,此处的校核是指促进和确定建立的数值模型,仿真系统和相关仿真数据是否能够正确反映开发者的概念描述和相关技术规范的过程;验证是指依据仿真系统的开发目的,促进和确定建立的数值模型,仿真系统和相关仿真数据是否精确的描述仿真对象的活动和过程;确认是指相关部门对仿真系统开发的模型、仿真系统和仿真结果能够用于特定仿真目的的认证过程。

3. 逼真度定义

在仿真评估中还存在一个评估指标,即仿真逼真度。美国国防部给出逼真度的定义如下:逼真度是模型或仿真与真实世界相比其表现正确的程度。由此可以看出,逼真度强调的是模型与仿真和仿真对象差异性,而可信性针对此差异性对特定的仿真需求可用性的影响,仿真逼真度只是仿真可信性需要考察的一方面。

二、VV&A 的主要过程及其内容

VV&A 的目的是增强 M&S 的可信性,提高使用者对于 M&S 的信心。建立一个满足应用目标要求的、可信的仿真系统是用户的基本要求。仿真系统的基础理论是模型论、仿真算法和仿真可信度评估理论,其可信度评估问题必须通过 VV&A 来解决。

(一)VV&A 定义

1. 校核(Verification)

校核的目的是保证模型从一种形式高精度地转换为另一种形式,校核关心的是“是否正确地建立 M&S 系统”的问题。校核是确定 M&S 能否确切反映开发者的概念描述和说明,并符合需求文档所提要求的过程。

根据校核技术应用于 M&S 的不同阶段,可将校核进一步分为概念模型校核、设计校核和代码校核。

一般地,概念模型中应该说明需求如何分解、模块之间如何交互以及所应用方程和算法的描述等,因此概念模型校核就是对概念模型进行审核,以确保它满足用户的模型需求的过程。经过概念模型校核之后,M&S 开发者需要写出软件设计报告,具体说明概念模型在软件上如何实现,确定在概念模型的基础上编写仿真软件时所需的组件和要素,审核详细设计以确保它与概念模型相一致的过程称设计校核。在经过设计校核之后,仿真开发者要将概念模型和相应的设计报告转化为实际的仿真软、硬件实现,因此还要进行相应的代码校核,以确保仿真系统正确地实现了设计报告中的内容。

2. 验证(Validation)

验证的目的是保证模型在其适用范围内以足够精度同 M&S 对象保持一致，是从 M&S 预期应用角度确定 M&S 是否精确反映真实世界的过程，验证过程中关心的主要问题是“建立的 M&S 是否正确”。

验证首先要对来自 M&S 的输出结果与来自真实世界的观测结果进行比较，并且对 M&S 输出结果是否符合使用要求进行判断。但实际上验证不仅仅限于对 M&S 输出结果和测试标准数据的比较，还应包括使用敏感性分析等 V&V 技术来测试仿真系统在极限条件下的性能表现，与现有的其他高逼真度 M&S 进行比较，以及征求相关领域专家对 M&S 结果的看法和意见等等。

根据应用的不同阶段，验证一般分为两种：概念模型验证和仿真结果验证。概念模型验证通常由相关领域专家完成，目的是考察根据概念模型所做的假定是否正确，以及相关的设计要素和结构是否能够满足预期应用需求；仿真结果验证是将 M&S 输出结果与该 M&S 所要达到的目标进行比较，以确定这些输出对于该 M&S 预期应用而言是否足够精确。

对验证过程的一个基本但却很重要的理解是，验证并不说明 M&S 的优劣，其目的只在于衡量 M&S 仿真结果与真实世界之间的差距。利用相关验证结论，权威机构便可以确定这些差距对于预期应用来说是否足够小，M&S 是否能够满足使用要求。

3. 确认(Accreditation)

确认是对 M&S 基于特定目标的可用性进行正式认可的过程。M&S 确认是在校核验证的基础上，由仿真系统的主管部门和用户组成的确认小组对仿真系统的可接受性和有效性做出正式的确认。校核和验证的最终目的是一致的，都是为确认过程提供依据。校核和验证之后进行的确认则是对 M&S 的一个正式认证，确定该 M&S 对于预期应用来说是否可用。最终的确认结论主要依据 V&V 文档做出，这些文档包括开发过程记录、阶段性 V&V 报告、综合性的 V&V 报告以及配置管理文件等。确认一般通过专家评审来进行，即根据预期应用所确定的 M&S 需求和可接受性判据，由相关领域专家来评价针对 M&S 进行的校核和验证结果，确定 M&S 的可信度和 M&S 在实际应用中可能的风险，以及最终对 M&S 的是否可接受提出建议。

需要注意的是，确认不是一种凭空做出的结论，而是建立在客观依据基础上的关于仿真对预期应用来说是否可用的客观评价。一个特定的仿真系统针对某种应用所做的确认结论，对其他应用并不适用。

(二)VV&A 作用

对于 M&S 来说，VV&A 的作用反映在以下五个方面：

(1)提高 M&S 用户应用仿真手段解决实际问题的信心：无论是训练还是工程研究，M&S 用户都非常关心仿真结果是否正确，是否与真实情况相一致，VV&A 最主要的目的就是对 M&S 提供一个客观的评价。

(2)降低 M&S 应用的风险：由于 M&S 结果常常是作为重要决策、关键研究或者训练管理的依据，因此不准确或可信度不高的 M&S 结果将导致基于 M&S 的决策、研究或训练出现错误甚至是重大损失，显然，VV&A 可以降低使用 M&S 结果作为重要决策、关键研究的依据时存在的风险。

(3)提高M&S的可重用性：VV&A可以给以后的M&S开发和V&V过程带来长远的效益，进行了VV&A并在特定使用范围内确定了可信度的M&S，可作为其他用户进行类似的M&S开发和V&V的参考，从整体上讲可以减少重复性的开发工作，提高开发效率。

(4)校核与验证工作减少了开支：从表面上看，校核与验证工作会增加仿真系统开发的费用，事实上通过校核与验证工作，可以及早发现设计开发中的错误，减少由此造成的损失，实践表明校核与验证工作的费用通常是仿真系统开发费用的5%、17.5%。

(5)为M&S的开发提供指导：通过V&V，M&S开发者可以了解开发的薄弱环节和对仿真可信度影响较大的环节，这样就可以有针对性地在主要方向上增加投入，在次要方向上降低投入，从而提高整个系统的性价比。

三、可信性评估与VV&A的区别与联系

美国国防部的《VV&A实践指南》指出"模型与仿真的可信度可以通过V&V来测量"，因此可信性评估与VV&A都是以可信度为纽带，二者之间既有联系又有区别，主要表现为：

(1)参与可信性评估与VV&A活动的主体不一样：可信性评估活动的主体主要是专门的评估人员，是V&V人员的一部分；而VV&A活动的主体比较广泛，可以认为参与列控仿真系统建设所有人员都是VV&A活动的主体。

(2)VV&A为可信性评估提供文档、数据、方法和工具的支持，进行可信性评估时要充分利用V&V的成果，而可信性评估的结果也可以为VV&A的确认工作提供重要的参考依据。

(3)VV&A是贯穿于列控仿真系统整个生命周期的一项重要活动，通过以一定规范去约束系统的开发，利用V&V技术与方法来确保仿真系统的可信度。若可信度达不到要求，可以督促开发人员进行修改，再次进行V&V与评估。因此，VV&A是一个重复迭代的过程。而可信性评估是对列控仿真的各个阶段产品进行可信性度量的活动，这个过程要比VV&A过程短。仿真系统一旦建成并投入使用后，该系统的可信性评估活动就结束。

VV&A中的确认结论是在系统的可信度满足要求的情况下由确认代理作出，其中可信性评估的结果是确认的一个重要条件；而可信性评估只是对模型与仿真系统进行客观评价，不需要对评价结果作出是否可以接受的判断。

第二节　列控仿真系统可信性分析

一、列控仿真系统可信性评估的必要性

列控仿真测试系统是一个由多个子系统和下属分系统构成的复杂半实物仿真大系统，具有结构复杂、层次多、规模庞大、系统模型复杂、运行时空范围广、仿真功能强且具有严格精度要求等特点。列控仿真系统作为一个大型、复杂的分布式仿真系统，主要包括以下几个部分：

(1)众多描述实际系统或元部件的数学模型;

(2)实现模型运行和系统管理的仿真计算机系统及仿真支撑软件;

(3)产生某种物理效应的仿真器软、硬件设备;

(4)特殊仿真环境生成工具和装置;

(5)人机交互界面和仿真系统各部分连接接口及交互通信系统;

(6)仿真系统测试、监控和显示设备;

(7)参与开发和使用仿真系统的人员等。

列控系统是一个实时分布式的复杂系统,对适用于不同运输能力线路的CTCS-2级到CTCS-4级,其相对应的车载和地面设备也不尽相同,而针对不同的应用目的(如功能测试、互联互通测试、控制算法优化、安全评估、运营评估、培训等)和系统生命周期的不同阶段(列控系统的设计、综合测试、试验、验证等),不同的人员(如决策者、设计人员、研究人员、工程实施人员、培训人员等)对列车、线路、车载子系统、地面设备、车地信息交互过程等的侧重点和细节层次也是不同的。因此,为了提高列控系统仿真与测试的可信性,必须从系统的角度构建完备的列控仿真测试系统可信性评估体系,结合具体仿真目的、系统的不同层次的需求,建立多层次、高可靠性的评估模型,并注重将模型的多分辨率问题及列控仿真系统VV&A技术贯穿于列控系统仿真建模及实现的全过程,以提高仿真系统适用性,降低仿真系统的应用风险,增强用户对仿真结果的可信性的信心。

二、列控系统仿真可信度评估顶层指标体系

评估指标体系是实现复杂仿真系统定量评估的基础。对列控仿真系统进行可信性评估,首先必须建立一套合适的可信性评估指标体系,否则得到的评估结果将不能使用。

1. 对评估指标的要求

评估指标体系的内容主要包括评估项目、评估指标及评估值,其中评估值可以由评估人员定量或定性给出。评估指标的选择由评估目标与实际情况共同决定,它具有以下特点:

(1)相关性,即评估指标必须与评估目的和目标密切相关;

(2)完备性,即评估指标应当构成一个完整的体系,即应当全面地反映所需评价对象的各个方面;

(3)有限性,即评估指标总数应当尽可能地少,以降低评估负担;

(4)可测量性,即各层(尤其底层)评估指标可以直接或间接度量;

(5)独立性,即各个评估指标能够被独立地进行处理。

列控仿真系统的可信性评估指标体系主要包括模型和数据的可信性评估指标体系。而列控仿真系统的数据评估指标体系要求高,建立比较困难,主要原因有:

①列控仿真系统的数据可信性评估要从数据提供者和数据用户两个角度进行,两者对数据关注的重点会不一样。

②根据数据性质不同,列控仿真系统的数据往往可以分为以下几类:参考数据、固定数据、实例数据、验证数据和交换数据等;按照数据作用不同,列控仿真系统的数据又可以分为基础数据、想定数据、方案数据、模型数据及仿真运行管理与控制数据等几种。这样,使得列控仿真系统数据的评估指标体系比较复杂,难以建立统一的评估指标体系。而大多数情况下,数据都

采用标准格式数据，与模型有关的数据被置于模型中，参与模型的可信性评估。

2. 列控系统仿真可信度评估顶层指标体系

根据复杂仿真系统评估的特点，可建立如图 6-1 所示的列控仿真系统可信性评估顶层指标体系。

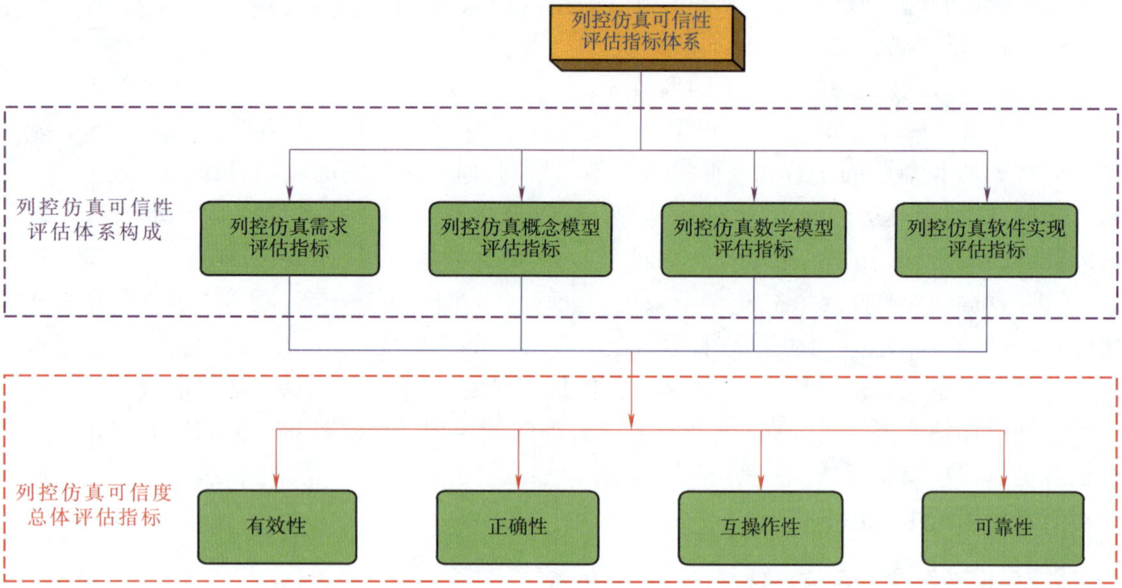

图 6-1　列控仿真系统可信性评估顶层指标体系

列控仿真系统可信性评估顶层指标体系主要包含列控仿真需求评估指标、列控仿真概念模型评估指标、列控仿真数学模型评估指标及列控仿真软件实现评估指标四个方面，通常称之为一级评估指标。在上述四个评估指标的基础上，对列控仿真系统可信性进一步做出总体评估，总体评估的指标包括有效性、正确性、互操作性、可靠性。

(1)有效性：仿真系统满足其应用目标的程度；

(2)正确性：仿真系统从一种表示形式转化到另一种表示形式的一致和完整程度；

(3)互操作性：仿真系统为其他的仿真系统提供服务并接受其服务，并利用这些交换的服务在一起有效运行的能力；

(4)可靠性：复杂仿真系统在规定的运行环境下，在规定的时间内无失效运行的概率。

一级评估指标的权重视实际情况由主题专家共同决定，一般而言列控仿真需求与仿真概念模型所占的权重要比系统设计和系统实现的权重要大，列控仿真系统是否能够真实地再现实际列控过程中的各种场景主要取决于列控仿真需求与仿真概念模型是否正确、可信。

三、列控系统仿真评估指标

(一)列控系统仿真需求评估指标

列控系统仿真需求主要体现列控仿真系统建设的目的和目标，列控系统仿真需求评估指标应该反映列控系统的各方面需求。就列控系统而言，对其仿真需求进行评估的项目主要有列控系统仿真任务分析、列控系统仿真背景描述、列控系统仿真过程描述、列控系统实体划分、各子系统关系描述、实际列车运行环境、列控系统等级划分及使用相关术语的规范性等，称之为二级评估指标；二级指标以下又可以细分为评估细则，称之为三级评估指标，如图 6-2 所示。对列控系统仿真需求进行可信性评估时，可以根据实际情况对二级和三级评估指标进行适当剪裁或增补，必要时还可以增加四级评估指标。

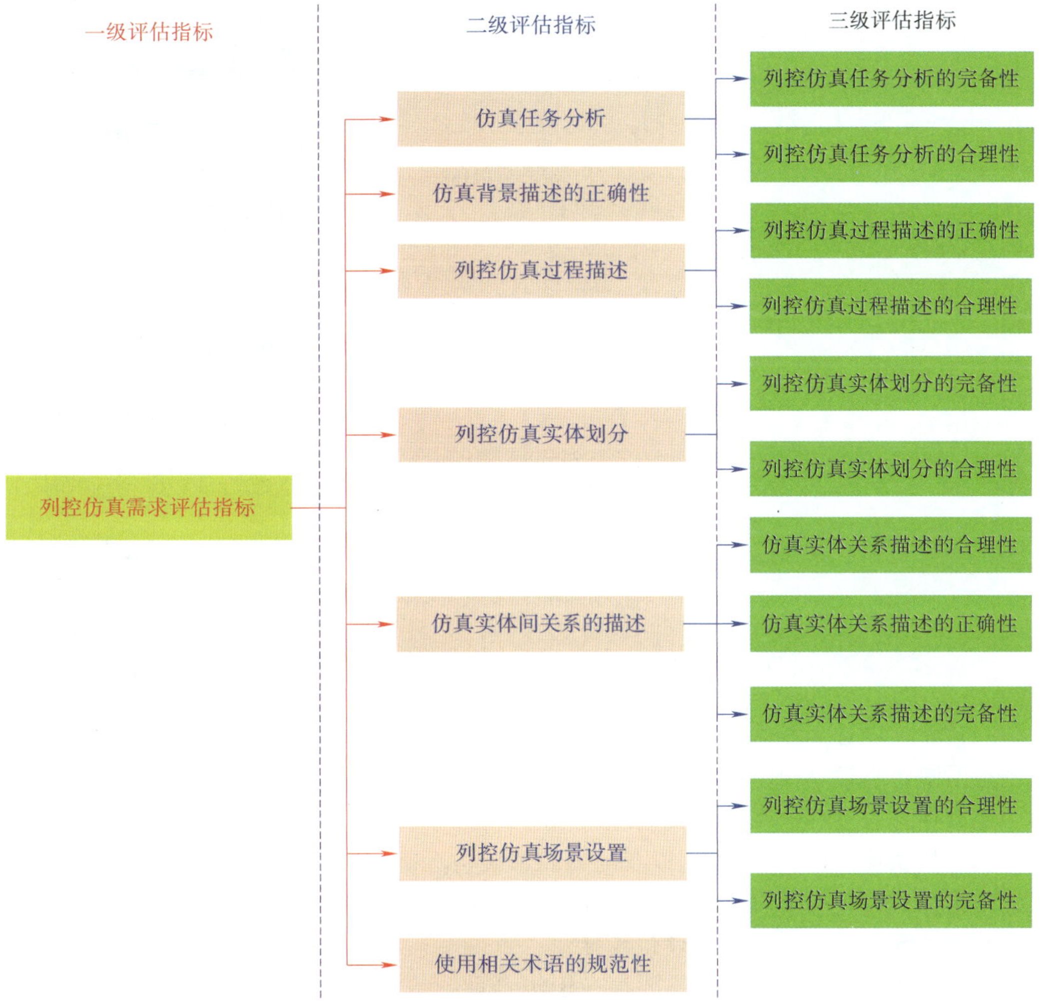

图 6-2 列控系统仿真需求评估指标

（二）列控系统仿真概念模型评估指标

列控系统仿真概念模型的评估指标应该覆盖到列控系统仿真概念模型的各个重要方面。对列控系统仿真概念模型的可信性评估主要从模型体系、列控过程描述、实体属性、假设条件、实体交互、模型粒度及使用相关术语的规范性等方面进行，称之为二级评估指标。二级指标以下又可以细分为三级评估指标，如图 6-3 所示。同样，可以根据实际情况对二级和三级评估指标进行适当剪裁或增补，必要时还可以增加四级评估指标。

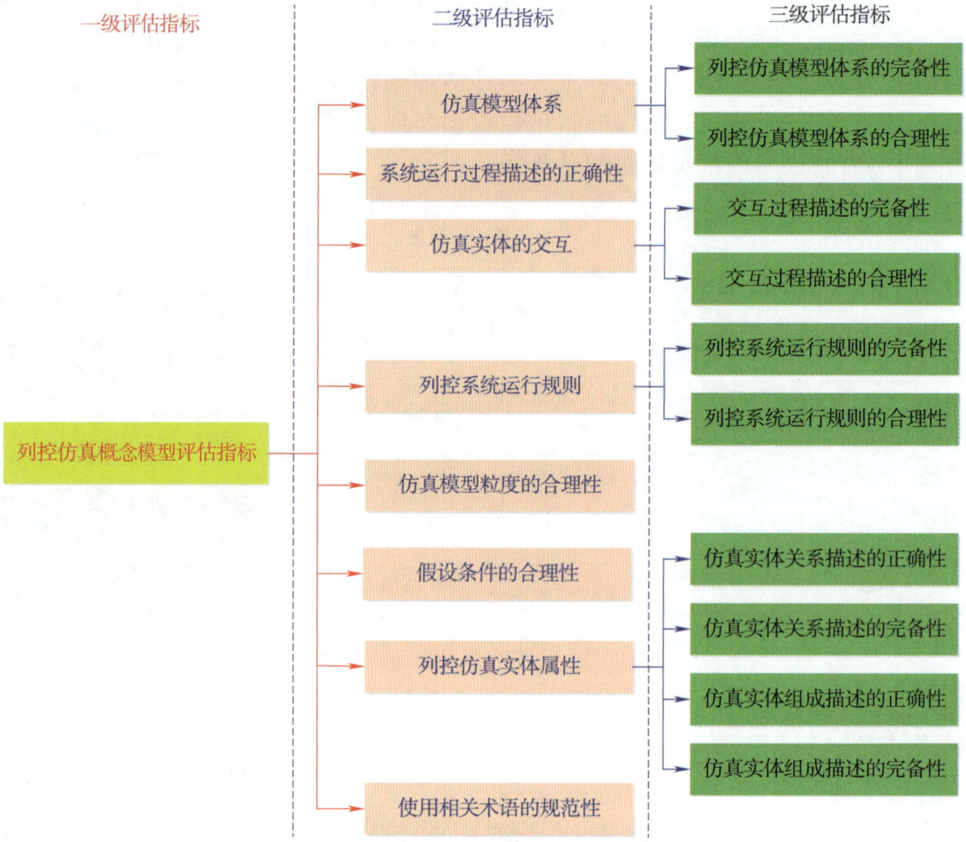

图 6-3　列控系统仿真概念模型评估指标

（三）列控系统仿真数学模型评估指标

列控系统仿真数学模型评估指标主要存在于仿真系统的概要设计和详细设计过程中，采用数学或其他方法对列控系统仿真概念模型进行抽象。因此，列控系统仿真数学模型的可信性评估主要从实体描述、实体数据以及与列控系统仿真概念模型的一致性等方面进行，称之为二级评估指标。二级指标以下又可以细分为三级评估指标，如图 6-4 所示。

（四）列控系统仿真软件实现评估指标

列控系统仿真实现评估指标主要存在于仿真系统的详细设计和实现两个过程中。因此，列控系统仿真实现的可信性评估主要从静态检查及模型测试两个方面进行，称之为二级评估指标，如图 6-5 所示。静态检查主要从算法、程序框图、程序代码、接口及与数学模型的一致性等评估细则进行评估；模型测试主要从功能测试、接口测试、性能测试、容错性测试、易恢复性测试及互操作性测试等评估细则进行评估，称之为三级评估指标。根据需要，三级指标以下又可以细分为四级评估指标。

通过将四个阶段的可信性评估指标进行综合，便可以得到一套比较完整的列控仿真系统可信性评估指标体系。

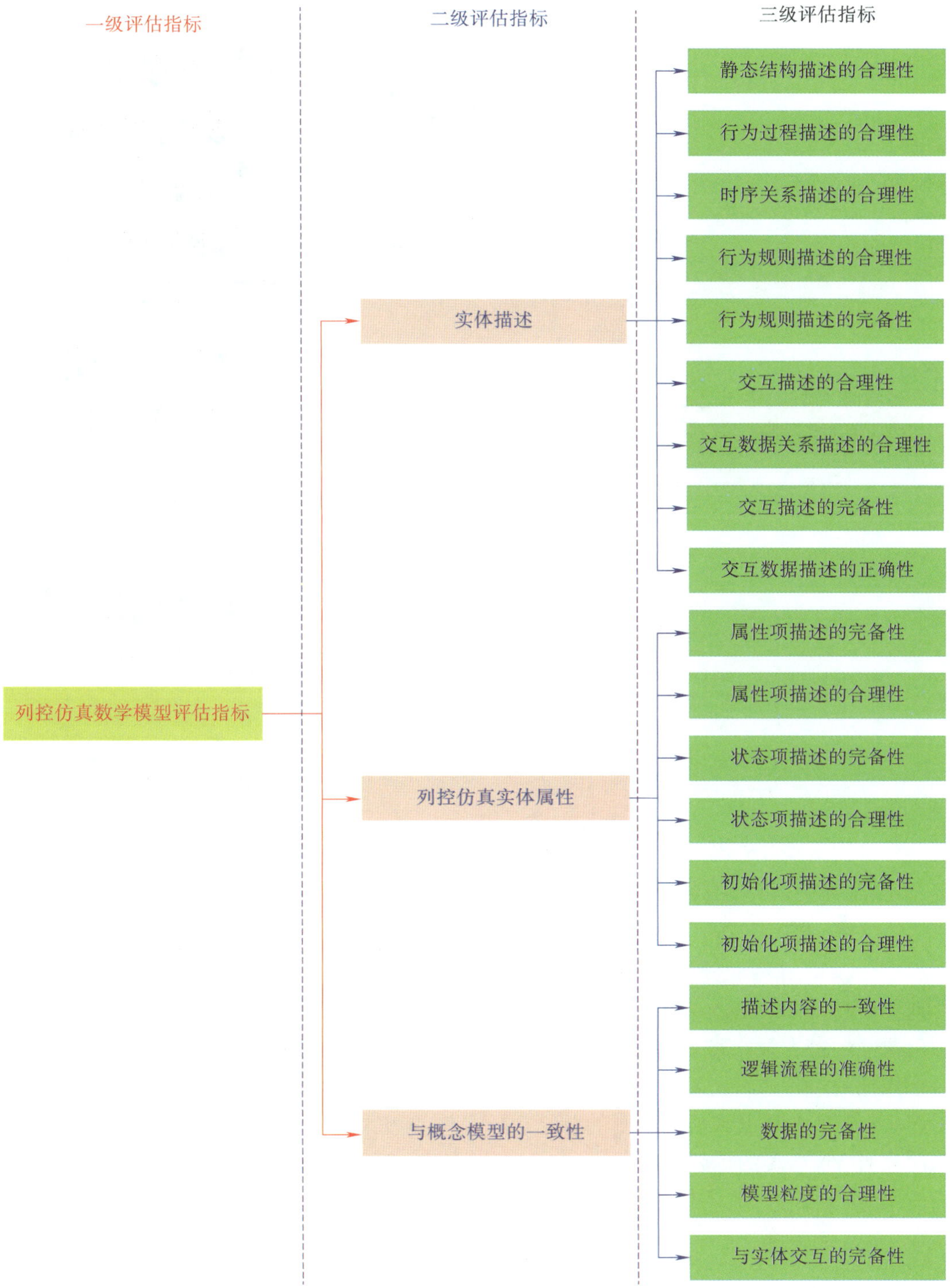

图 6-4　列控系统仿真数学模型评估指标

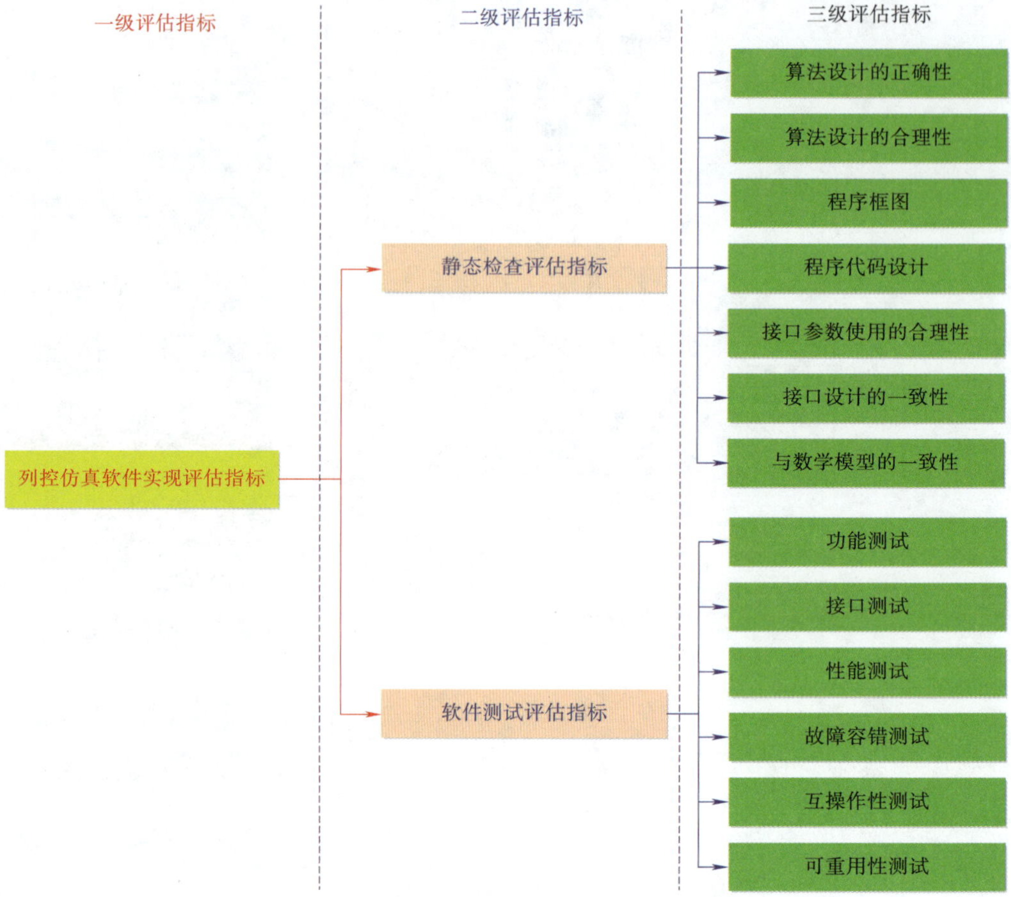

图 6-5　列控系统仿真软件实现评估指标

第三节　列控系统全生命周期可信性框架设计

列控仿真 VV&A 是一项贯穿于列控仿真全过程的活动，是保证仿真正确性和提高仿真系统可信性的最有效途径。列控仿真 VV&A 工作的顺利开展需要遵循一些基本原则，并按照一个规范的过程进行。VV&A 原则是指一种可接受的或被承认的 VV&A 行为或规则，是关于 VV&A 基本观点和活动准则的总结，是 VV&A 工作的指导方针。讨论 VV&A 的原则可以深化对 VV&A 的理解，对 VV&A 的理论研究和工程实践都有重要的指导作用。建立并正确应用 VV&A 原则，不仅是 VV&A 工作顺利开展的保障，而且能够有效地利用各种资源，提高 VV&A 的效率。

一、基于 HLA 的列控系统仿真 VV&A 原则

列控仿真 VV&A 除了遵循普遍适用的 12 条 VV&A 基本原则外，还应该遵循以下原则：

原则 1：全系统原则

列控仿真系统规模庞大，分系统及子系统数量众多，每一个分系统或子系统又可以细分为

部件、组件、模块或单元,系统中的任何一个组成部分的不可信都将影响到整个系统的可信性。因此,必须对整个列控仿真系统进行 VV&A。

原则 2:伴随仿真系统建设全过程原则

VV&A 不是列控仿真生命周期的一个阶段或步骤,而是贯穿于仿真系统建设全生命周期的一项连续活动。系统建设中的任何一个步骤的不规范和不正确,都将影响到整个系统的可信性。因此,应该根据列控仿真系统全生命周期中的每一个阶段的研究内容和对实现应用目标的影响安排适合的 VV&A 活动,以发现可能存在的问题和缺陷,VV&A 工作必须伴随系统建设全生命周期。

原则 3:自下而上与由上而下相结合、逐层逐级实施原则

列控仿真系统的显著特点就是它的递阶层次性,主要表现在:一是列控仿真可以分为技术层、战术层、战役层及战略层四层;二是列控仿真系统具有多层次性,如 HLA 仿真系统可以分为仿真组件层、联邦成员层和联邦层三层;三是列控仿真系统的 VV&A 机构应该分为多级结构,至少应该在分系统或子系统成立相应的 VV&A 小组,负责本单元的 VV&A 工作,在系统建设总体组建立 VV&A 组,负责整个系统的 VV&A 工作。VV&A 工作应遵循自下而上与由上而下相结合、逐层逐级实施的原则,确保整个列控仿真系统的可信性。

原则 4:所有研制人员全程具有 VV&A 义务的原则

理论上,VV&A 工作应该由独立于仿真系统开发之外的机构来完成,但参与建设列控仿真系统的每个单位和个人全程都有 VV&A 义务,具有 VV&A 意识,应尽可能证明自己的开发过程和研制产品都是可信的。同时,所有研制人员应该具有配合 VV&A 人员工作的义务。

原则 5:管理全方位的原则

列控仿真 VV&A 不仅是一项仿真技术,还是一门管理技术。管理全方位 VV&A 包含对人员的管理、模型的管理、数据的管理、文档的管理、规范的管理、VV&A 过程的管理,以及全程的质量管理。当 VV&A 技术发展到一定的阶段,对 VV&A 进行全方位管理是提高仿真系统可信性的一个主要途径。这一原则在美国等 VV&A 技术开展比较好的国家已经得到了充分证明。

二、基于 HLA 的列控仿真系统全生命周期 VV&A 开发模型

对基于 HLA 的列控仿真系统来说,采用 FEDEP(Federation Development and Execution Process,联邦开发与运行过程模型)可以显著提高仿真系统的可重用性,并对仿真系统开发提供指导。同时,VV&A 作为解决仿真系统可信度问题的有效工具,需要在列控仿真系统开发中与 FEDEP 同步进行且互相影响,共同实现一个可信的基于 HLA 的列控仿真系统。

仿真系统生命周期是指仿真系统从提出问题开始,通过完成需求分析、设计、实现、测试等开发工作,直到仿真系统运行(即使用)、维护及管理的全过程。为了提高基于 HLA 的列控仿真系统的可信度,必须对列控系统建模与仿真的全过程进行可信性研究,即将 VV&A 贯穿于列控系统 M&S 的全生命周期中,以期有效地提高系统的可信度水平和仿真结果的正确性,增强使用者的信心,同时降低系统应用的风险,减少不必要投资,提高列控仿真系统的重用性。基于 HLA 的列控仿真系统全生命周期 VV&A 开发过程模型如图 6-6 所示。

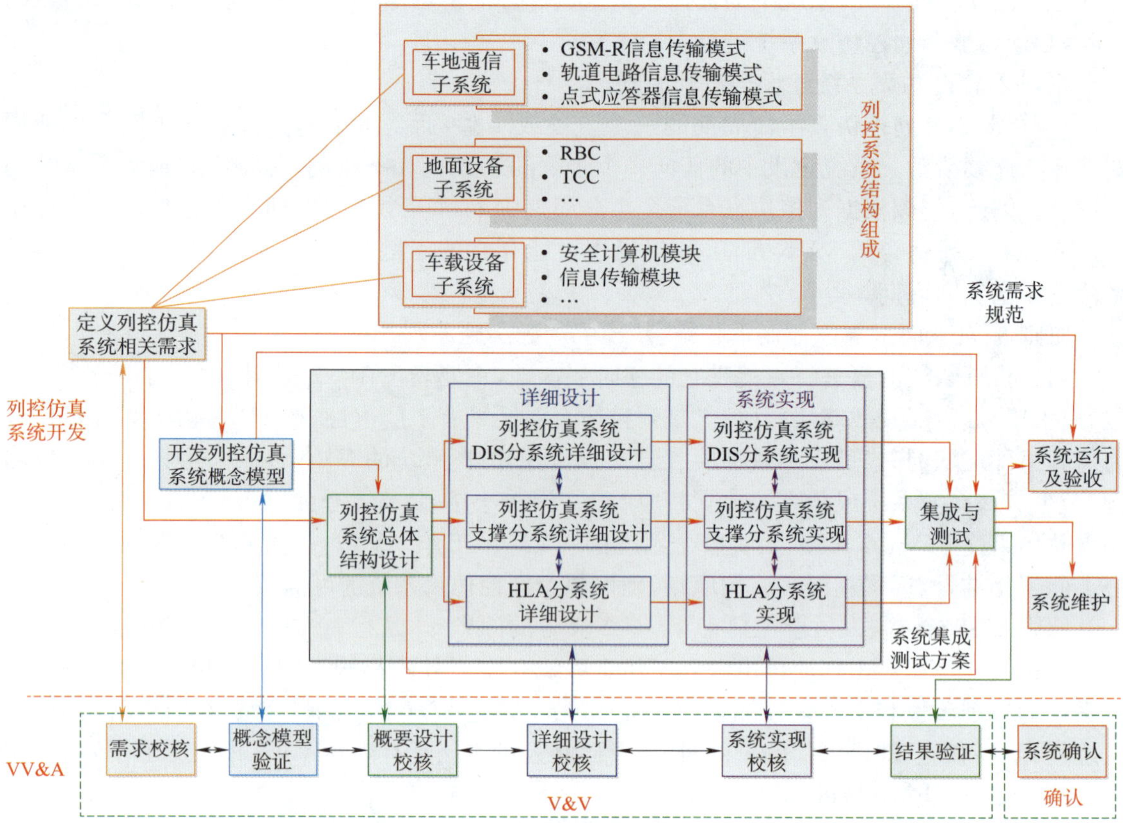

图 6-6　基于 HLA 的列控仿真系统全生命周期 VV&A 开发过程模型

在基于 HLA 的列控仿真系统 VV&A 开发过程模型中的每一步内，FEDEP 针对各种创建 HLA 仿真系统的具体工作做了第一级活动描述，包括活动的名称、内容、输入、输出、所需资源和执行者，并用流程图显示了这些活动间的执行顺序和数据传递关系，活动所需资源通过与相应的资源库交互获得，这些资源库包括剧情库、对象模型库、对象模型数据字典库等。活动执行者用角色描述，角色是 HLA 开发人员依工作性质所拥有的身份，包括资助者/用户、项目负责人、联邦开发人员等等。除了重要的"开发 FOM"活动以外，FEDEP 所描述的活动内容都是概述性的，并未详细说明实现方法、工具等要素。

在每一步内，VV&A 活动对 FEDEP 活动的成果进行相应的校核验证与验收工作，它们基本上与 FEDEP 活动相对应。VV&A 活动的输入往往是 FEDEP 活动的输出，而 VV&A 活动的输出则影响 FEDEP 的进行。例如，如果 FEDEP 中某活动的 VV&A 过程不能通过该活动，则应重新进行或者返回到该活动前适当的活动重新进行，同时由于 FEDEP 进程的改变，VV&A 进程也相应地被改变，二者之间是一种较复杂的耦合相干关系，任何抛开 FEDEP 而谈 VV&A 的做法都是不合理的。列控仿真系统 VV&A 过程可以形式化定义为：

定义 6.1　列控仿真系统 VV&A 过程：列控仿真系统的 VV&A 过程(TCSVP)可以形式化定义为：$TCSVP=\{VVP,AP\}$，其中：

$VVP=\{Requirement\ Ver, VV\ Plan, MCM\ Val, Degine\ VV, SR\ VV, Result\ Val\}$表示 V&V 过程集合，即需求校核、V&V 计划制定、概念模型验证、系统设计 V&V、系统实现

V&V、仿真结果验证等。

$AP=\{Model\ Accreditation, System\ Accreditation\}$表示确认过程集合，包括列控系统模型确认和仿真系统确认。综上所述，列控仿真 VV&A 过程具有以下特征：

(1)每一个 VV&A 过程都有一个相应的仿真开发过程。

(2)过程规定和包含了若干主要 VV&A 活动，如军事需求校核、军事概念模型验证等。

(3)过程执行中要利用资源(如文档资源、数据资源、专家资源等)，并在约束条件下给出中间产品和最终产品(如需求校核报告、VV&A 报告等)。

(4)过程可由若干子过程(如分系统或子系统的 VV&A 过程)构成，这些子过程可以是并列关系(如各个分系统的需求校核就是并列关系)，也可能是包含关系(如整个仿真系统的需求校核就包含各个分系统的需求校核)。

(5)每一个过程都有其入口准则和出口准则，这些准则表明了活动在什么情况下开始，在什么情况下结束。

(6)VV&A 过程的活动一般是顺序组织的，合并起来形成一个 VV&A 工作流；过程的活动应有自己的目标，过程的实施将组织、管理者、人员和技术基础设施汇聚起来，以实现过程的业务目标(如确定仿真系统是否可信、评估仿真系统的可信度)为目的。

第四节 CTCS-3 级列控系统半实物仿真平台

CTCS-3 级列控系统仿真支撑环境具有良好的重用能力，能够实现仿真模块及仿真算法的继承，利用原有算法实现具体功能，同时可在原有算法的基础上进行改进，优化模型，扩充原有功能。基于 HLA 的仿真环境能够使得列控系统仿真支撑环境具备便捷、迅速的成员、功能以及接口扩展能力，能够为列控系统多分辨率模型的仿真运行提供便捷的分辨率切换模型重组功能。

一、CTCS-3 级列控系统仿真平台功能需求

CTCS-3 级列控系统为基于无线传输信息并采用轨道电路等方式检查列车占用的列控系统，包括地面设备和车载设备两部分，此外，还包括车地通信部分，如图 6-7 所示。

CTCS-3 级列控系统地面设备由 RBC、TCC、ZPW-2000(UM)系列轨道电路、应答器(含LEU)、GSM-R 通信接口设备等组成；车载设备由车载安全计算机、GSM-R 无线通信单元(RTU)、轨道电路信息接收单元(TCR)、应答器信息接收模块(BTM)、记录单元(JRU/DRU)、人机界面(DMI)、列车接口单元(TIU)等组成。

二、CTCS-3 级列控系统仿真平台仿真需求

高速列控系统为了确保安全，其内部传输数据非常频繁，而仿真测试平台作为一个半实物的实时仿真平台，除在真实系统中需要传输的数据之外，还需要解决仿真与实物之间的差距，这些差距又带来了更多的数据传输与处理。需要采用高性能服务器，提高计算机的运算速度，采用合理的软件结构和仿真支撑环境，构建仿真网内的千兆冗余网络，提高仿真平台的计算与数据处理的速度，增强系统实时性。为了与真实列控系统实际运行状态尽可能相似，需要从硬件设备上来确保数据传输及处理的准确性及实时性。

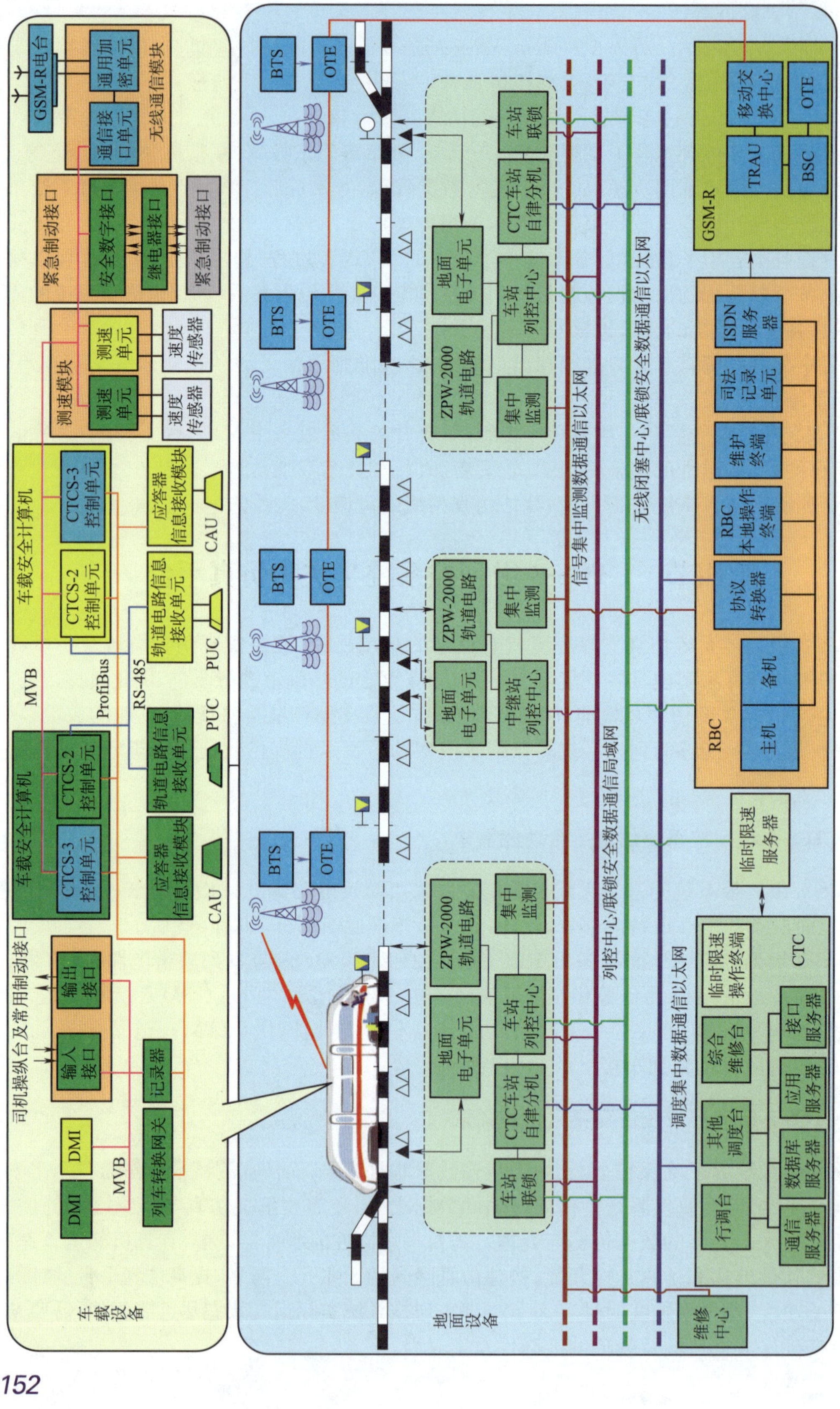

图6-7　CTCS-3级列控系统结构

从平台硬件角度主要考虑以下几点原则：

(1)采用高性能服务器进行数据集成管理和并行实时处理；

(2)采用高速全千兆网管交换机提高数据传输速率；

(3)采用高分辨率显示器实现全站场信息的同步显示；

(4)采用 KVM 键鼠切换设备实现多台服务器的集中管理，便于操作与数据管理；

(5)采用机柜内部设置 KVM 液晶套件实现服务器数据信息的本地管理；

(6)部分列控系统设备采用真实设备的仿真软件实现，提高系统的可信性。

从系统接口角度，列控系统仿真测试平台的接口关系主要有内部接口及外部接口。内部接口在前文已有所阐述。外部接口主要有两个：行车指挥平台及 GSM-R 网络平台。仿真平台与行车指挥平台的接口为 CTC 车站自律分机；与 GSM-R 网络平台的接口为 RBC。此外车载和列车群模拟器需要和行车指挥平台连接以便下载行车计划。列控系统仿真测试平台的接口关系如图 6-8 所示。

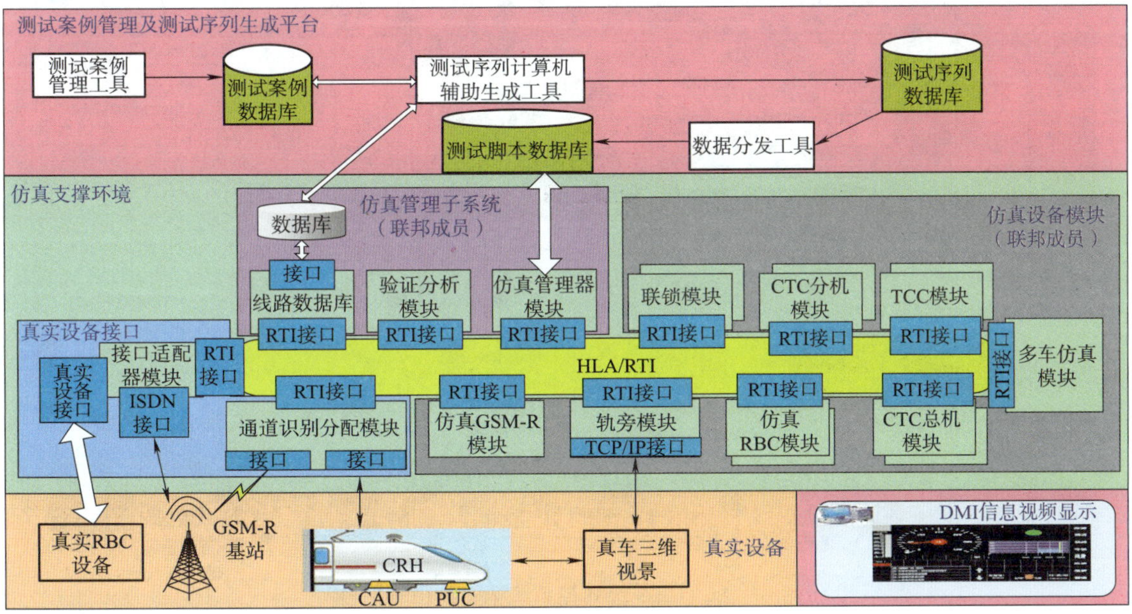

图 6-8　列控系统仿真测试平台的接口关系

三、列控系统半实物仿真平台总体方案设计

半实物仿真也称硬件在环仿真(Hardware-in-the-loop)，它为物理部件创造一个模拟实际环境的仿真环境，利用物理部件实物与仿真系统共同完成仿真过程。半实物仿真技术可使无法准确建立模型的部件直接进入仿真回路，通过模型与实物之间的切换，进一步校验模型，同时也能验证实物部件对系统性能的影响。基于半实物的仿真环境和三维视景的 CTCS-3 级列控系统仿真平台方案如图 6-9 所示。

CTCS-3 级列控系统半实物仿真平台由四大部分组成：仿真辅助模块、仿真支撑环境、真实设备和 HLA/RTI 组成。

仿真辅助模块：主要完成仿真前期准备和仿真后的数据分析验证。仿真前期准备由测试案

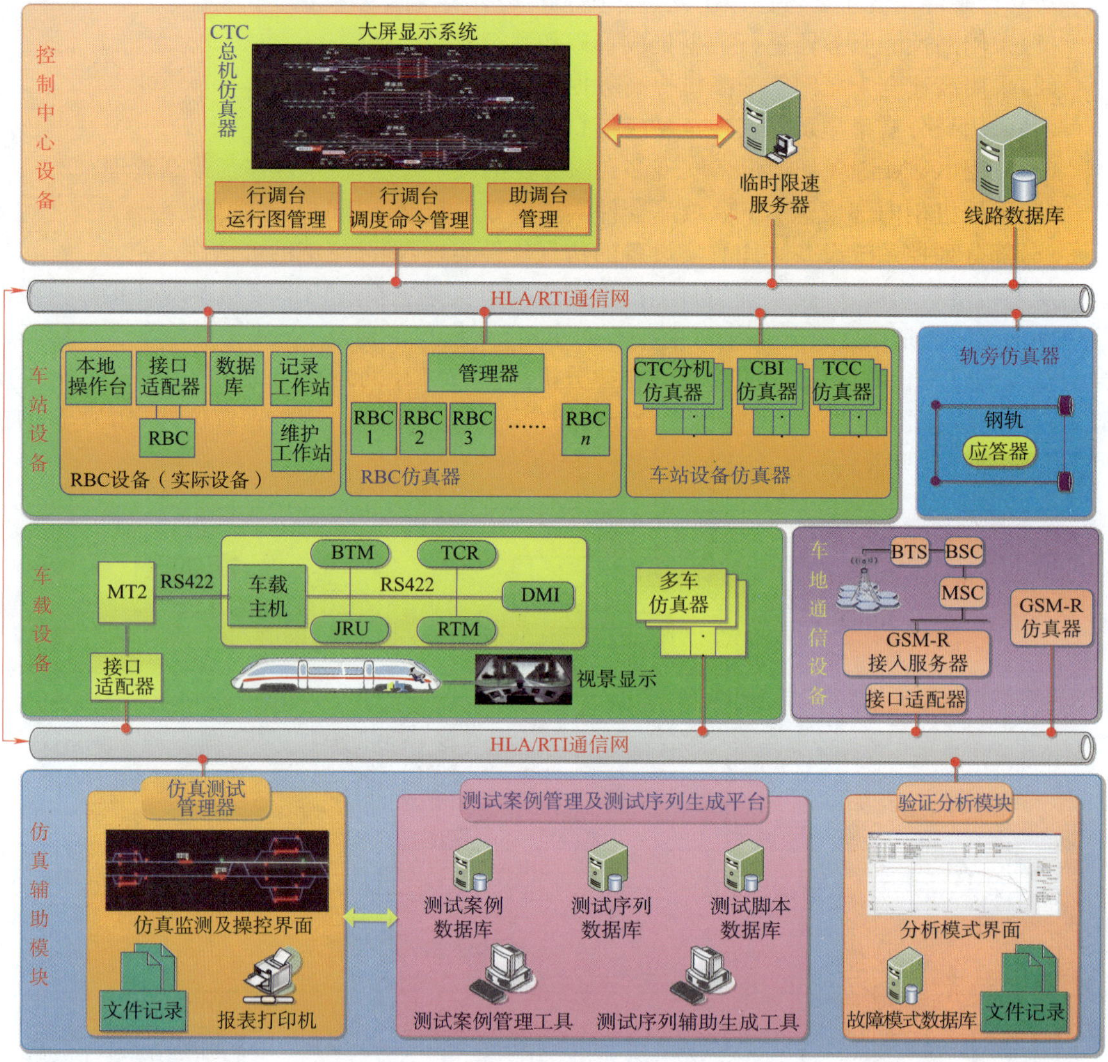

图 6-9　CTCS-3 级列控系统半实物仿真平台

例管理及测试序列生成子平台结合基础线路数据库完成测试案例 XML 脚本的生成，仿真管理器解读后生成相关的测试控制命令。同时仿真管理器完成仿真前数据的下达和结点准备，为仿真开始做好准备。验证分析模块在仿真结束后分析仿真过程中的数据，获取评定的结果。

仿真支撑环境：由列控系统的各个部分组成。其中仿真 GSM-R 模块、仿真 RBC 模块、联锁模块、TCC 模块、临时限速模块、轨旁模块、CTC 分机模块、CTC 总机、多车仿真模块，为真实系统既有模块，仿真管理器模块和通道识别及接口适配模块是为了完成仿真功能而加入的模块。

真实设备：真实设备包括真实 RBC、真实车载设备及真实 GSM-R 网络，它们通过通道识别及接口适配模块接入到仿真支撑环境中，实现仿真设备和真实设备的数据交互。

HLA/RTI：是仿真测试平台的通信底层协议，完成各个模块之间数据的交互，确保数据的完整性、可靠性及实时性。

第五节　列控系统控车模型多分辨率仿真实现

基于本章第一节的 CTCS-3 级列控系统半实物仿真支撑平台，本节以列控过程中的控车模型为例，详细介绍基于多分辨率建模与 HLA 的列控系统仿真实现过程。对列控系统控车过程进行描述，并以车载设备与地面设备间的信息交互为例，介绍该场景下的多分辨率建模过程及模型的详细设计过程。

一、列控系统控车模型多分辨率建模

1. 联邦组成和功能

列车控车模型包括四个联邦，分别完成四个不同的功能，如图 6-10 所示。

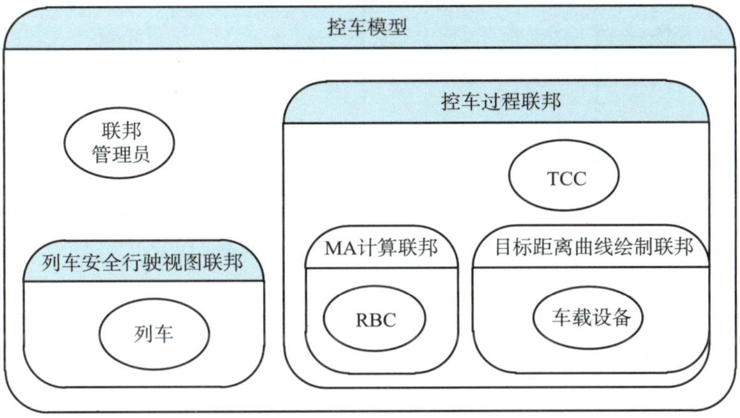

图 6-10　控车模型联邦与成员的构成

四个联邦是列车安全行驶视图联邦、控车过程联邦、MA 计算联邦和目标距离曲线绘制联邦，各联邦的组成和功能如下：

(1)列车安全行驶视图联邦：它是由列车成员完成的低分辨率模型的联邦，通过订购车载成员的位置及目标距离信息，在目标距离曲线的监控下，直观地显示列车行驶的位置及目标距离的信息，并且这些信息是简单而粗略的，作为低分辨率模型出现。

(2)控车过程联邦：它是由 TCC、RBC、车载安全计算机、应答器共同组成的中分辨率模型的联邦，主要完成对列车位置的校验及 RBC 向车载设备发送 MA 的过程。

(3)MA 计算联邦和目标距离曲线绘制联邦：它们分别是由 RBC 及车载设备的 EVC 独立完成的 2 个高分辨率模型的联邦，其中，MA 计算联邦描述的是 RBC 成员内部关于 MA 计算的功能，目标距离曲线绘制联邦描述的是车载设备成员内部 EVC 关于目标距离曲线绘制的功能。

图 6-10 中，最大的联邦为控车模型，包括五个成员，分别是联邦管理员、列车、TCC、RBC、车载设备。其中，联邦管理员负责管理这些成员加入或退出联邦，即对应整个控车模型。低分辨率模型的联邦是列车成员完成的列车安全行驶视图联邦；中分辨率模型的联邦是由 TCC、RBC、车载设备共同组成的控车过程联邦；高分辨率模型是由 RBC 及车载设备的 EVC 独立完

成功能的两个联邦组成。

2. 不同控车模型功能

CTCS-3 级列控系统的控车模型按信息交互的细节层次不同划分，可以分为三种不同分辨率的模型来研究，每种分辨率模型里按完成功能的个数确定其拥有的联邦个数。

控车模型按信息交互的细节层次可以划分为：低分辨率模型是列车安全行驶视图；中分辨率模型是控车过程；高分辨率模型由行车许可 MA 计算及目标距离曲线计算组成。控车模型的层次框架如图 6-11 所示。

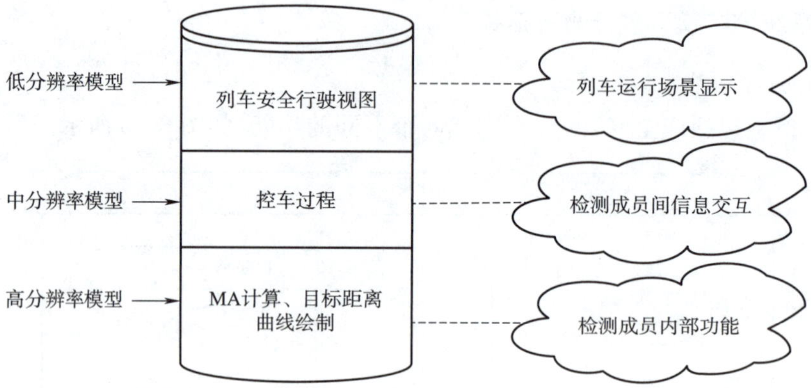

图 6-11　控车模型的三种分辨率及应用场合

各模型的主要功能如下：

(1)列车安全行驶视图模型用来显示列车在区间安全行驶的视图，该模型可以作为控车的结果演示；

(2)控车过程模型的主要功能是实现各成员间的信息交互，完成列车位置的校验及 MA 的发送；

(3)MA 计算及目标距离曲线计算模型完成的主要功能是 RBC 对 MA 的计算及 EVC 对目标距离曲线的绘制，该模型所体现出的信息是实现列控系统控车最深层的信息。

在多分辨率建模中，还需要考虑不同分辨率模型之间的关系。在不同分辨率模型之间，高分辨率模型的输出信息可以被低分辨率模型作为输入信息应用；而低分辨率模型的信息相对高分辨率模型而言，信息的精确度或准确性无法满足高分辨率模型的要求。因此在多分辨率模型中，信息的传递方式有两种：一种是相同分辨率模型或对象间的信息交互；一种可以看成是信息的提取，即信息从高分辨率模型或对象传向低分辨率模型或对象。

对于由三种分辨率模型组成的控车模型，从高分辨率模型开始，信息逐层向低分辨率模型传递，在传递过程中既存在同一分辨率对象间的信息交互，同时也有低分辨率模型对高分分辨率模型的信息提取。控车模型的主要信息传递过程如图 6-12 所示。

在图 6-12 所示的车载设备与地面设备信息交互场景模式下，列控系统控车模型多分辨率实体的结构划分可用图 6-13 来描述。

基于车载-地面设备交互场景的系统实体结构图，可采用本书第二章第三节部分介绍的方法对多分辨率模型进行数学描述，在此不再赘述。

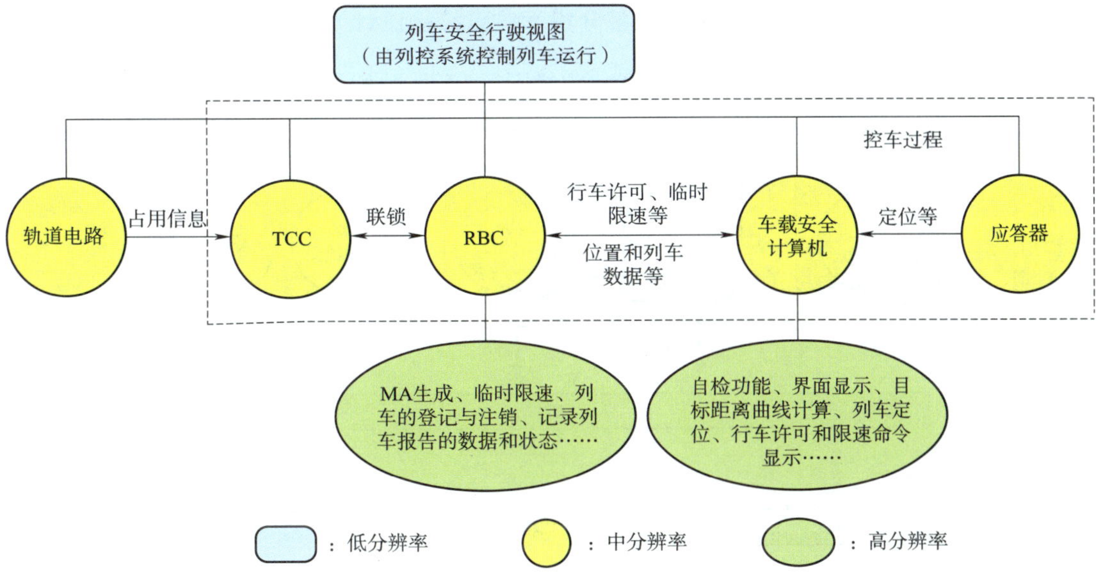

图 6-12　控车模型的主要信息传递

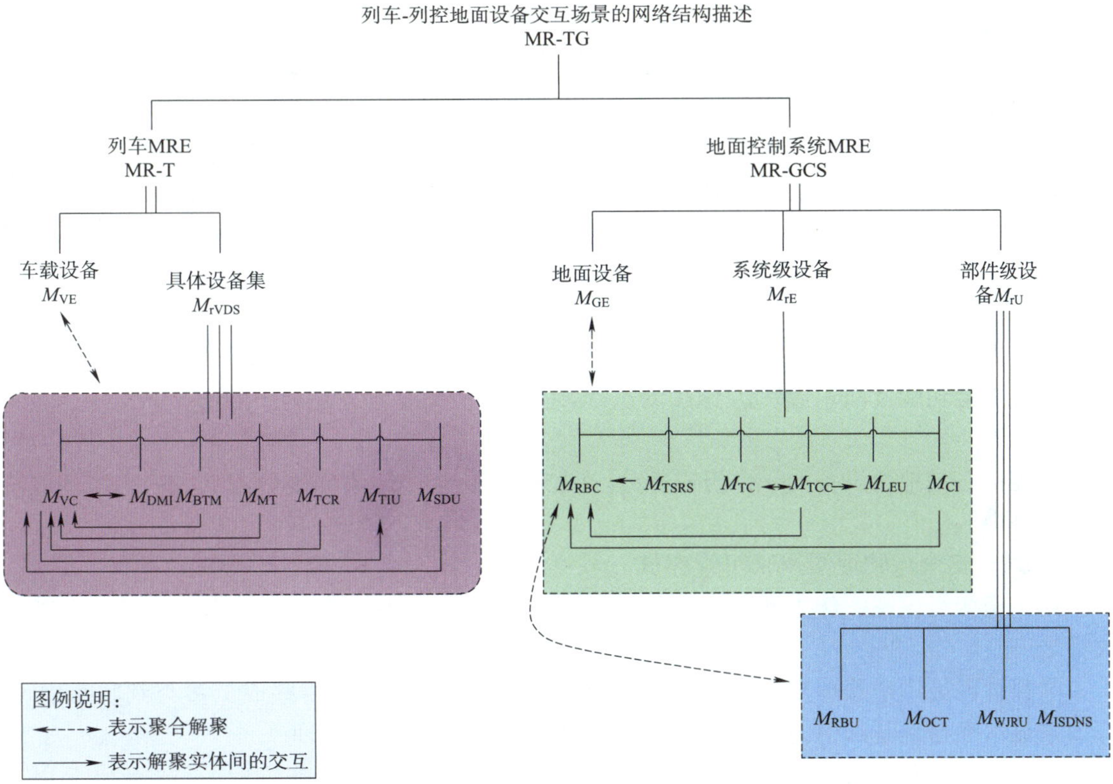

图 6-13　车载-地面设备交互场景的系统实体结构

二、基于 HLA 的列控系统控车模型多分辨率仿真结构设计

CTCS-3 级列控系统的控车模型仿真结构如图 6-14 所示。

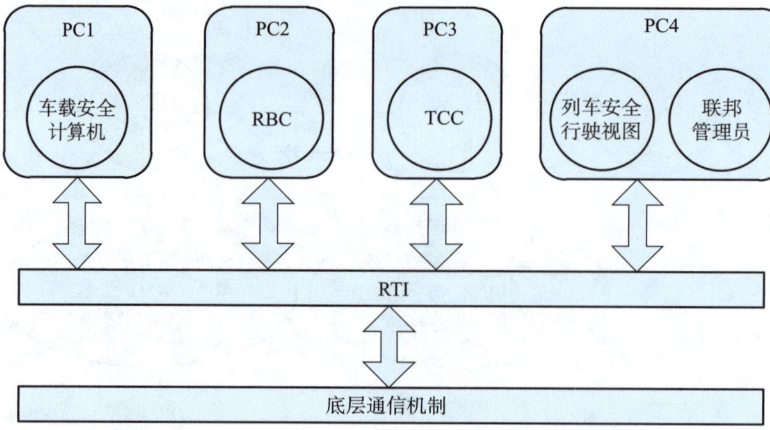

图 6-14　CTCS-3 级列控系统控车模型仿真结构

控车模型仿真主要由四台 PC 机组成。PC1 主要完成车载安全计算机绘制目标距离曲线，以及应答器信息传输模块。PC2 主要完成位置校验、MA 计算并发送 MA。PC3 主要完成列控中心对区间占用信息的显示及传递。PC4 主要完成列车安全行驶的视图和联邦管理。

1. 车载安全计算机及应答器接收模块

作为车载设备的两个组成部分，两个功能模块虽然在一台 PC 机上实现，但从软件设计的角度，上述两者的功能是独立的，分别是分布式仿真系统中的两个成员。车载安全计算绘制目标距离曲线作为高分辨率模型联邦之一，而应答器信息传输模块的应答器信息作为位置校验条件之一参与到中分辨率模型中。

2. RBC

作为地面设备的重要组成部分，RBC 作为控车模型中一个单独的成员参与仿真。RBC 实现了位置检验功能及向车载发送 MA 的过程，也实现了 MA 计算功能。

3. TCC

列控中心是地面设备的一个组成部分，在控车模型中，作为位置校验条件之一参与到中分辨率模型中。

4. 列车安全行驶视图及联邦管理员

列车安全行驶视图作为低分辨率模型参与到控车模型中，列车也作为分布仿真系统中的成员之一。

联邦管理员用来管理整个联邦，即控车模型联邦，用来显示有哪些成员参与到联邦中，并可用来显示参与到联邦中的各成员信息，方便对控车模型的统一管理。

每台 PC 机上都装有 RTI 管理服务器，为了完成联合仿真任务，必须首先开启 RTI 服务器软件，以便其他成员连接进入联邦并进行属性交互和更新。RTI 管理服务器是仿真功能与仿真运行管理、底层通信传输三者分离的基础。RTI 管理服务器界面如图 6-15 所示。

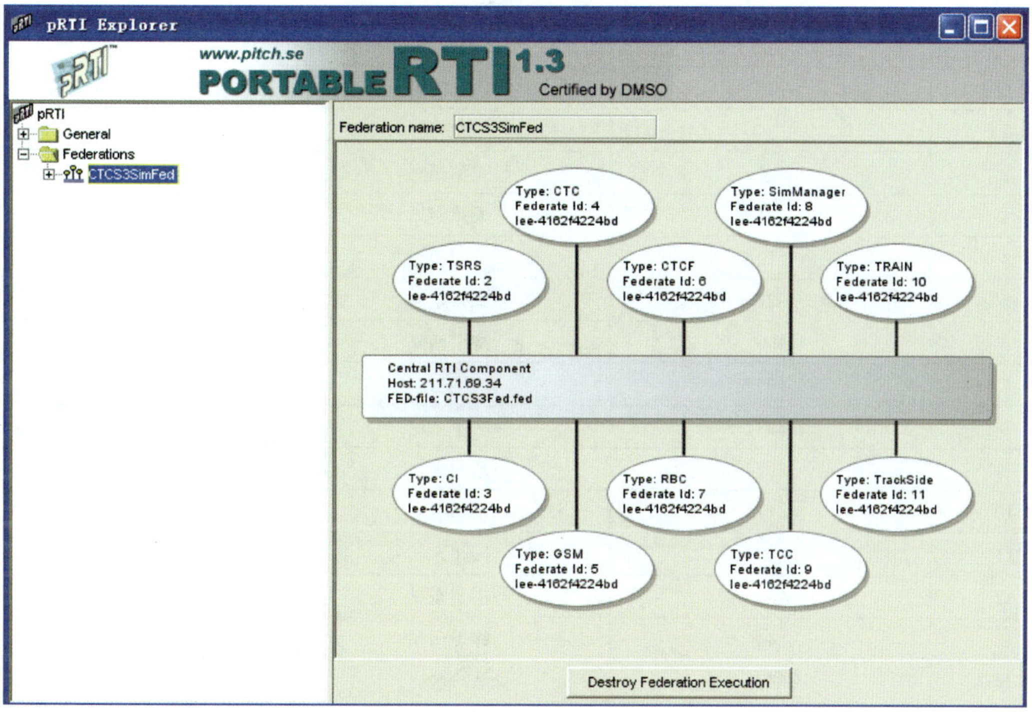

图 6-15　RTI 管理服务器界面

第六节　列控系统多分辨率模型注入事件的仿真实现

在方案验证的过程中，面向多层分辨率的仿真测试可以模拟列控系统在特定输入的多分辨率事件的情况下系统的响应，以及该事件对于系统不同分辨率层次的影响。以下对两个多分辨率事件实例进行分析及实现。

一、宏观事件注入的多分辨率仿真实现实例

事件名称：局部地区暴雪。

事件所在分辨率层次：系统宏观模型。

事件作用位置：灾害防护。

事件描述：预测的北京地区暴雪，对于接下来 12 h 内进入北京南—滕州东区间内的所有列车，临时限速 200 km/h。

事件分析：目前常规设定最高速度为 300 km/h，临时限速后在北京南—滕州东区间内的列车为 200 km/h。

预设条件：以京沪高铁为例，选取北京南—滕州东区间为限速 200 km/h 区域，限速时间为 12：00 至次日 00：00，京沪高铁车站及里程见表 6-1。

表 6-1　京沪高铁车站及里程表　　单位:km

序　号	自北京起(下行)	始发站	自上海起(上行)
0	0	北京南站	1 318
1	59	廊坊站	1 259
2	—	天津西站	—
3	131	天津南站	1 187
4	219	沧州西站	1 099
5	327	德州东站	991
6	406	济南西站	912
7	462	泰安站	856
8	533	曲阜东站	785
9	591	滕州东站	727
10	627	枣庄站	691
11	692	徐州东站	626
12	767	宿州东站	551
13	844	蚌埠南站	474
14	897	定远站	421
15	959	滁州站	359
16	1 023	南京南站	295
17	1 087	镇江南站	231
18	1 112	丹阳北站	206
19	1 144	常州北站	174
20	1 201	无锡东站	117
21	1 227	苏州北站	91
22	1 268	昆山南站	50
23	1 318	上海虹桥站	0

设定线路上均为高铁列车,仿真列车车次以及列车运行时刻参考当前最新列车时刻表,选取线路上的北京到上海的 30 对列车进行仿真,仿真参考的上行和下行列车时刻表的始、终站描述见表 6-2、表 6-3。

表 6-2　仿真参考的上行时刻表

序　号	车　次	始　发	终　到
1	G102	上海虹桥 07:00	北京南 12:23
2	G104	上海虹桥 07:10	北京南 12:42
3	G106	上海虹桥 07:20	北京南 13:09
4	G108	上海虹桥 07:30	北京南 13:33
5	G12	上海虹桥 08:00	北京南 13:16
6	G110	上海虹桥 08:05	北京南 13:55

续上表

序 号	车 次	始 发	终 到
7	G112	上海虹桥 08:25	北京南 14:14
8	G2	上海虹桥 09:00	北京南 13:48
9	G114	上海虹桥 09:10	北京南 14:45
10	G116	上海虹桥 09:34	北京南 15:21
11	G14	上海虹桥 10:00	北京南 14:55
12	G118	上海虹桥 10:05	北京南 15:48
13	G122	上海虹桥 10:46	北京南 16:27
14	G16	上海虹桥 11:00	北京南 15:55
15	G126	上海虹桥 11:10	北京南 16:50
16	G130	上海虹桥 11:33	北京南 17:35
17	G132	上海虹桥 12:18	北京南 18:14
18	G134	上海虹桥 13:00	北京南 18:53
19	G138	上海虹桥 13:29	北京南 19:08
20	G140	上海虹桥 13:41	北京南 19:25
21	G4	上海虹桥 14:00	北京南 18:48
22	G142	上海虹桥 14:21	北京南 20:06
23	G144	上海虹桥 14:39	北京南 20:13
24	G18	上海虹桥 15:00	北京南 19:55
25	G146	上海虹桥 15:05	北京南 20:50
26	G148	上海虹桥 15:19	北京南 20:57
27	G20	上海虹桥 16:00	北京南 21:09
28	G150	上海虹桥 16:05	北京南 21:41
29	G152	上海虹桥 16:20	北京南 21:58
30	G22	上海虹桥 17:00	北京南 22:16

表 6-3 仿真参考的下行时刻表

序 号	车 次	始 发	终 到
1	G101	北京南 07:00	上海虹桥 12:36
2	G105	北京南 07:36	上海虹桥 13:21
3	G11	北京南 08:00	上海虹桥 13:09
4	G107	北京南 08:06	上海虹桥 13:41
5	G109	北京南 08:35	上海虹桥 14:13
6	G111	北京南 08:40	上海虹桥 14:20
7	G1	北京南 09:00	上海虹桥 13:48
8	G113	北京南 09:05	上海虹桥 14:29
9	G115	北京南 09:16	上海虹桥 14:48

续上表

序　号	车　次	始　发	终　到
10	G117	北京南 09:44	上海虹桥 15:42
11	G13	北京南 10:00	上海虹桥 14:55
12	G119	北京南 10:05	上海虹桥 15:50
13	G121	北京南 10:28	上海虹桥 16:19
14	G15	北京南 11:00	上海虹桥 15:55
15	G127	北京南 11:35	上海虹桥 17:15
16	G129	北京南 12:13	上海虹桥 17:48
17	G131	北京南 12:27	上海虹桥 18:12
18	G133	北京南 12:48	上海虹桥 18:25
19	G135	北京南 13:06	上海虹桥 18:53
20	G137	北京南 13:40	上海虹桥 19:20
21	G3	北京南 14:00	上海虹桥 18:48
22	G139	北京南 14:16	上海虹桥 19:47
23	G141	北京南 14:41	上海虹桥 20:31
24	G17	北京南 15:00	上海虹桥 19:59
25	G143	北京南 15:12	上海虹桥 21:07
26	G145	北京南 15:30	上海虹桥 21:12
27	G19	北京南 16:00	上海虹桥 21:16
28	G147	北京南 16:10	上海虹桥 21:50
29	G149	北京南 16:15	上海虹桥 22:02
30	G21	北京南 17:00	上海虹桥 22:35

上、下行列车的参考运行图如图 6-16 所示。

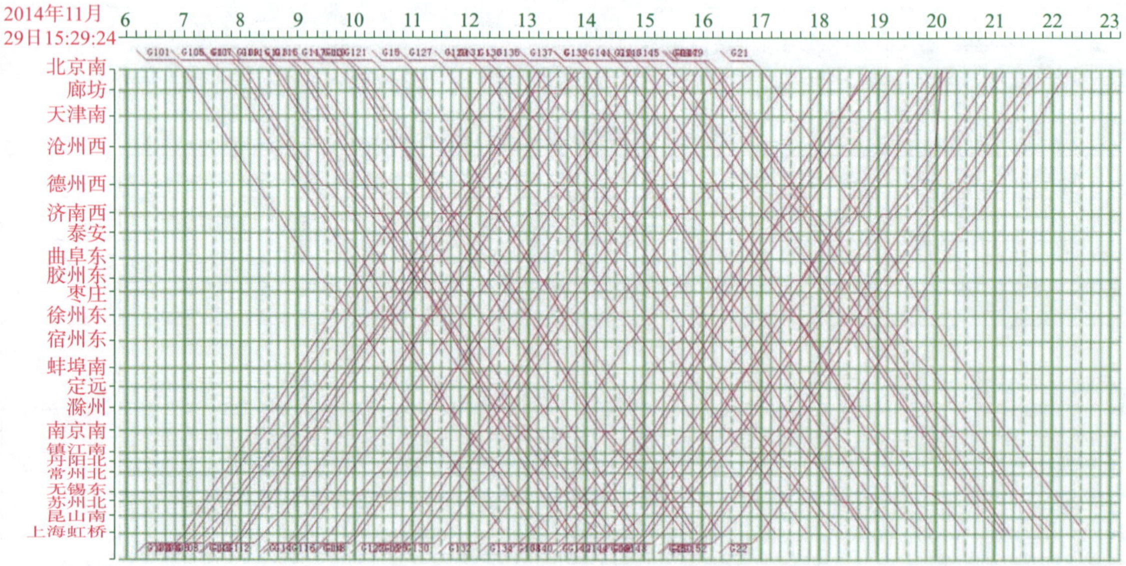

图 6-16　仿真参考的上、下行列车的运行图

在系统宏观模型，根据现行的列车时刻表作出如下假设：

（1）限速后，目前在线列车的始点和终点不变；

（2）限速后，列车始发站点的发车时间不变；

（3）限速后，不考虑沿途站点的站台数限制，列车进路不需调整；

（4）限速后，列车在各站点的停车时间不变；

（5）确定不同车次的列车速度不考虑进站减速、出站加速的情况，只考虑两个站点间的平均速度。

对于上述列车时刻表进行调整，得到的限速后上、下行列车的运行时刻表见表 6-4、表 6-5。其中，备注项表示列车在限速起点、终点的状态。

表 6-4　调整后的上行时刻表

序　号	车　次	始　发	终到（限速后）	限速起点	限速终点	备　注	
1	G102	上海虹桥 07:00	北京南 12:35	1198	北京南	经过	终点
2	G104	上海虹桥 07:10	北京南 13:02	1140	北京南	经过	终点
3	G106	上海虹桥 07:20	北京南 13:44	990	北京南	经过	终点
4	G108	上海虹桥 07:30	北京南 14:17	930	北京南	经过	终点
5	G12	上海虹桥 08:00	北京南 14:00	953	北京南	经过	终点
6	G110	上海虹桥 08:05	北京南 14:47	济南西	北京南	经停	终点
7	G112	上海虹桥 08:25	北京南 15:24	滕州东	北京南	经过	终点
8	G2	上海虹桥 09:00	北京南 14:42	800	北京南	经过	终点
9	G114	上海虹桥 09:10	北京南 15:53	滕州东	北京南	经过	终点
10	G116	上海虹桥 09:34	北京南 16:31	滕州东	北京南	经过	终点
11	G14	上海虹桥 10:00	北京南 16:00	滕州东	北京南	经过	终点
12	G118	上海虹桥 10:05	北京南 17:00	滕州东	北京南	经过	终点
13	G122	上海虹桥 10:46	北京南 17:38	滕州东	北京南	经过	终点
14	G16	上海虹桥 11:00	北京南 17:00	滕州东	北京南	经过	终点
15	G126	上海虹桥 11:10	北京南 18:00	滕州东	北京南	经过	终点
16	G130	上海虹桥 11:33	北京南 18:48	滕州东	北京南	经停	终点
17	G132	上海虹桥 12:18	北京南 19:26	滕州东	北京南	经停	终点
18	G134	上海虹桥 13:00	北京南 20:04	滕州东	北京南	经过	终点
19	G138	上海虹桥 13:29	北京南 20:19	滕州东	北京南	经过	终点
20	G140	上海虹桥 13:41	北京南 20:39	滕州东	北京南	经停	终点
21	G4	上海虹桥 14:00	北京南 19:52	滕州东	北京南	经过	终点
22	G142	上海虹桥 14:21	北京南 21:16	滕州东	北京南	经停	终点
23	G144	上海虹桥 14:39	北京南 21:20	滕州东	北京南	经过	终点
24	G18	上海虹桥 15:00	北京南 21:00	滕州东	北京南	经过	终点
25	G146	上海虹桥 15:05	北京南 21:59	滕州东	北京南	经过	终点
26	G148	上海虹桥 15:19	北京南 22:18	滕州东	北京南	经过	终点
27	G20	上海虹桥 16:00	北京南 22:16	滕州东	北京南	经停	终点

续上表

序　号	车　次	始　发	终到(限速后)	限速起点	限速终点	备　注	
28	G150	上海虹桥 16:05	北京南 22:55	滕州东	北京南	经过	终点
29	G152	上海虹桥 16:20	北京南 23:12	滕州东	北京南	经停	终点
30	G22	上海虹桥 17:00	北京南 23:25	滕州东	北京南	经过	终点

表 6-5　调整后的下行时刻表

序　号	车　次	始　发	终到(限速后)	限速起点	限速终点	备　注	
1	G101	北京南 07:00	上海虹桥 12:36	无	无	无	无
2	G105	北京南 07:36	上海虹桥 13:21	无	无	无	无
3	G11	北京南 08:00	上海虹桥 13:09	无	无	无	无
4	G107	北京南 08:06	上海虹桥 13:41	无	无	无	无
5	G109	北京南 08:35	上海虹桥 14:13	无	无	无	无
6	G111	北京南 08:40	上海虹桥 14:20	无	无	无	无
7	G1	北京南 09:00	上海虹桥 13:48	无	无	无	无
8	G113	北京南 09:05	上海虹桥 14:29	无	无	无	无
9	G115	北京南 09:16	上海虹桥 14:48	无	无	无	无
10	G117	北京南 09:44	上海虹桥 15:56	490	滕州东	经过	经停
11	G13	北京南 10:00	上海虹桥 15:02	537	滕州东	经过	经停
12	G119	北京南 10:05	上海虹桥 16:11	455	滕州东	经过	经过
13	G121	北京南 10:28	上海虹桥 16:52	332	滕州东	经过	经停
14	G15	北京南 11:00	上海虹桥 16:29	274	滕州东	经过	经过
15	G127	北京南 11:35	上海虹桥 18:17	109	滕州东	经过	经过
16	G129	北京南 12:13	上海虹桥 18:57	北京南	滕州东	始发	经过
17	G131	北京南 12:27	上海虹桥 19:24	北京南	滕州东	始发	经过
18	G133	北京南 12:48	上海虹桥 19:36	北京南	滕州东	始发	经过
19	G135	北京南 13:06	上海虹桥 20:05	北京南	滕州东	始发	经过
20	G137	北京南 13:40	上海虹桥 20:31	北京南	滕州东	始发	经过
21	G3	北京南 14:00	上海虹桥 19:52	北京南	滕州东	始发	经过
22	G139	北京南 14:16	上海虹桥 20:56	北京南	滕州东	始发	经过
23	G141	北京南 14:41	上海虹桥 21:40	北京南	滕州东	始发	经停
24	G17	北京南 15:00	上海虹桥 21:04	北京南	滕州东	始发	经过
25	G143	北京南 15:12	上海虹桥 22:25	北京南	滕州东	始发	经过
26	G145	北京南 15:30	上海虹桥 22:26	北京南	滕州东	始发	经停
27	G19	北京南 16:00	上海虹桥 22:25	北京南	滕州东	始发	经过
28	G147	北京南 16:10	上海虹桥 23:01	北京南	滕州东	始发	经过
29	G149	北京南 16:15	上海虹桥 23:13	北京南	滕州东	始发	经过
30	G21	北京南 17:00	上海虹桥 23:47	北京南	滕州东	始发	经过

限速后，在系统宏观模型的体现就是时刻表的变化和列车运行时间的延长。上行列车的延迟时间统计如图 6-17 所示，下行列车的延迟时间统计如图 6-18 所示。

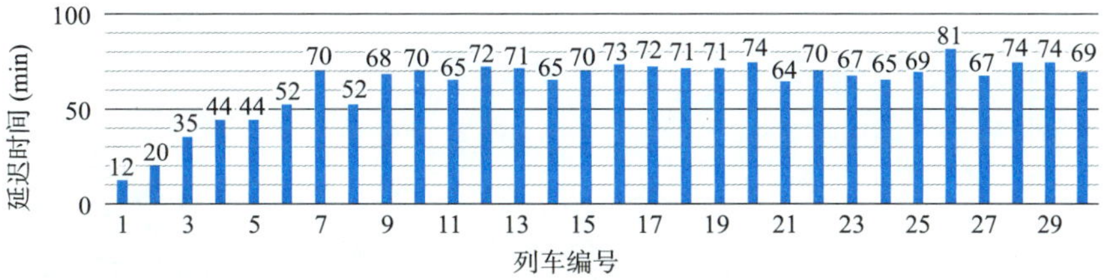

图 6-17　30 列上行列车的延迟时间统计

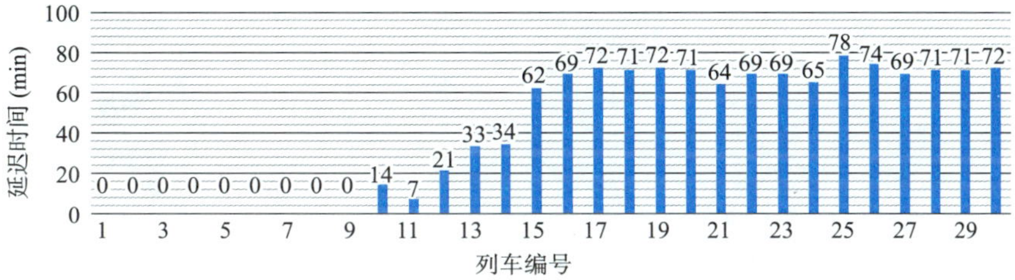

图 6-18　30 列下行列车的延迟时间统计

将图 6-17 和图 6-18 进行对比，可以看出，调整时刻表后，上行列车比下行列车受影响要严重一些，部分下行列车的运行时刻没有受到影响，多数受影响列车的延迟时间为 70 min 左右。相对于之前的时刻表，上行列车的平均晚点延迟时间为 62.367 min，而下行列车的平均晚点延迟时间为 40.93 min。因此，该限速执行后，对于上行列车影响较大。

在多车追踪运行控制模型，关注的是某段线路上多列列车追踪运行的过程，选取下行七列列车 G133，G115，G117，G13，G119，G121，G15 在限速后的运行过程作为关注点，作出如下假设：

(1) 临时限速命令执行后，不考虑列车惰行减速的情况，只笼统的考虑运行速度的变化；

(2) 常规运行下列车按照列车时刻表准确运行。

记录这七列列车的里程值和时间，绘制得到的仿真列车追踪运行图如图 6-19 所示。

可以看出，在 12:00 之后进入限速区域的列车均完成降速，即图 6-19 中虚线框内的列车运行轨迹的斜率的变化。当驶出限速区域之后，列车恢复到最高速度运行。

在单车运行控制模型，选取 G13 车次的实时运行过程作为关注点，列车在 12:00 开始限速之后，在限速区域内部时，按照限速条件运行，当驶出限速区间时，再提速继续运行。

该段运行过程经仿真记录，得到的列车运行的速度距离曲线如图 6-20 所示。

其中，曲线由限速曲线、理想曲线、实际跟踪曲线三条曲线组成，可以看出，列车在限速激活后，完成从 300 km/h 到 200 km/h 的降速，当驶出限速区域(北京南至滕州东，里程值：0～591 km)之后，恢复最高速度为 300 km/h，继续正常运行。

总体来说，系统宏观模型、多车追踪运行控制模型和单车运行控制模型三个处于不同分辨率层次的模型仿真结果对于该事件的表现是具有不同的侧重点的，该事件对于全路网的影响、对于某段线路的影响以及对于某列列车的运行过程的影响都能够有不同的分辨率体现。可

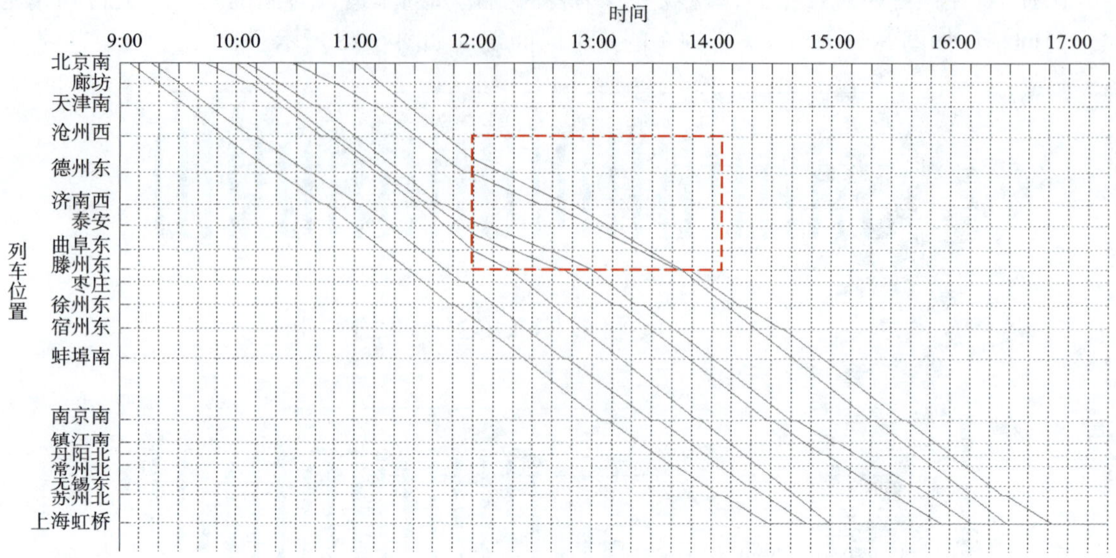

图 6-19　仿真多车运行轨迹图

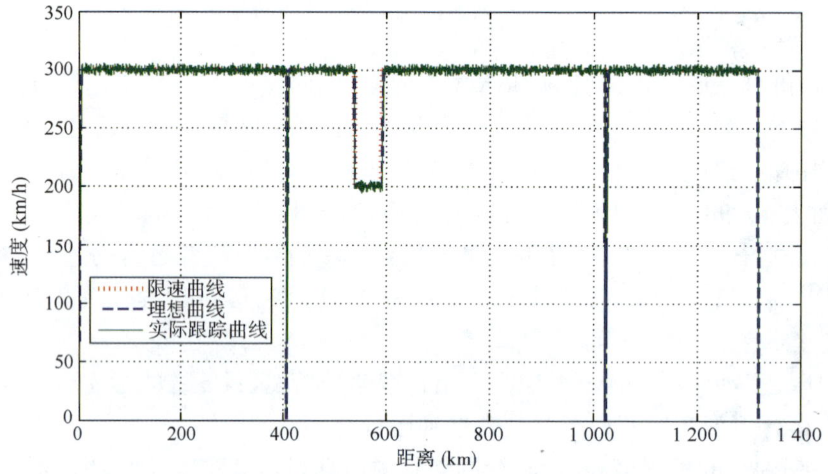

图 6-20　单车仿真运行的速度-距离曲线

见，某些较大事件的仿真验证，可以应用较为宏观的，也就是较低分辨率的模型进行仿真。

二、微观事件注入的多分辨率仿真实现实例

较高分辨率模型的关注点更为微观，宏观事件在较高分辨率模型中也只是某个场景的再现。为了体现较高分辨率模型的有效性，注入一个较为微观的事件进行验证。

事件名称：轨道电路故障（不能检测列车占用）。

事件所在分辨率层次：仿真场景模型。

事件作用位置：列车降级。

事件描述：列车在线路上的信号点 17 防护区段运行，收到的 MA 已经延伸到 25 号信号

点,此时 23 号信号点防护区段轨道电路故障。

事件分析:可分为两个关键步骤考虑,一个是列车在故障区段前紧急停车;一个是列车通过故障区段。

预设条件:列车在两站间的区间内正常运行,限速为 300 km/h,由于区段的长度、坡度等线路信息对于该事件的仿真验证影响较小,因此,作出如下假设:

(1) 所有区段长度均为 40 km,所有区段线路基本信息一致;

(2) 列车运行过程、车地通信过程、设备内部信息处理过程均是理想正常状态。

在单车运行控制模型,为了完整表述整个过程,假设列车先是正常行车,限速为 300 km/h,在 17G 区段内收到 RBC 的紧急停车信息,调整到以 23 信号点为目标的紧急停车,在 23G 故障区段入口前停车 2 min;人工进入目视行车模式,进入 23G 故障区段,并按照规范(每 300 m 或每60 s)要求司机按压警惕按钮;到达正常的 25G 区段后,收到 RBC 的 MA,恢复完全监控模式。

该段运行过程经仿真记录,得到的列车运行的速度-距离曲线如图 6-21 所示。

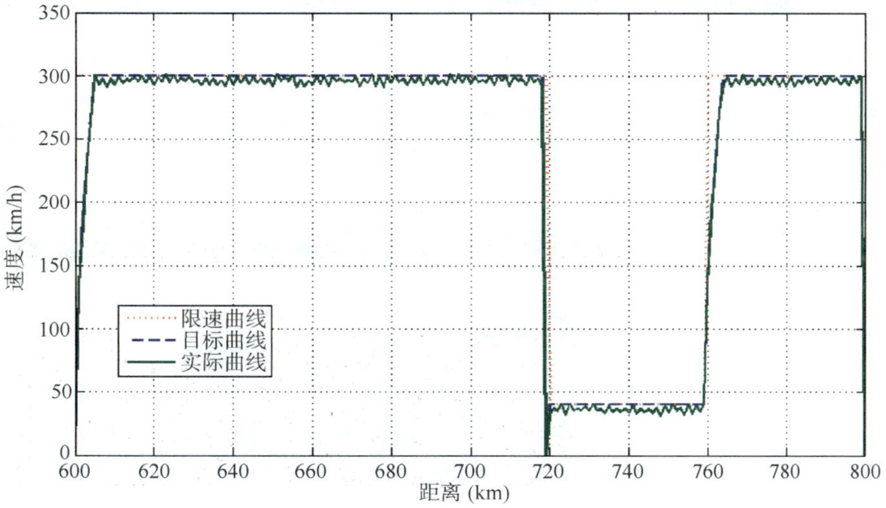

图 6-21　单车仿真运行的速度-距离曲线

可以看出,列车在限速激活后,完成紧急停车的过程,在故障区段以固定限制速度 40 km/h 进行目视行车,当驶出故障区段之后,重新启动,最高速度为 300 km/h,继续正常运行。

在支撑仿真运行的场景仿真模型中,调用的是轨旁设备故障的场景,主要模型实体包括:轨道电路、车载设备、RBC。主要功能包括:行车许可管理、紧急停车、目视行车、自动转换完全监控模式。

仿真运行过程中,仿真支撑场景界面的截图如图 6-22 所示。

可以看出,此时列车已经进入了故障区段,通过仿真列车管理器的截图(图 6-23)可以看出,列车目前的模式是目视行车模式(OS)。

在支撑仿真运行的功能仿真模型中,就是对关于某个功能的设备内部的计算实现方式进一步细化。在轨旁故障场景中,需要各个相关仿真实体进行配合,实现全流程。此处以关注 RBC 与车载之间进行消息处理实现目视行车的功能为例。

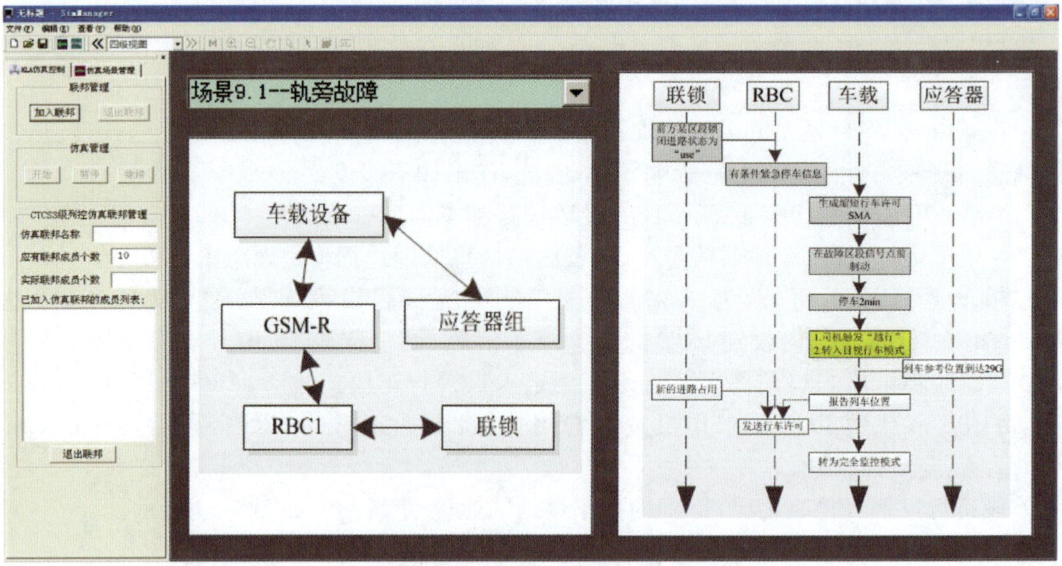

图 6-22　轨旁故障场景

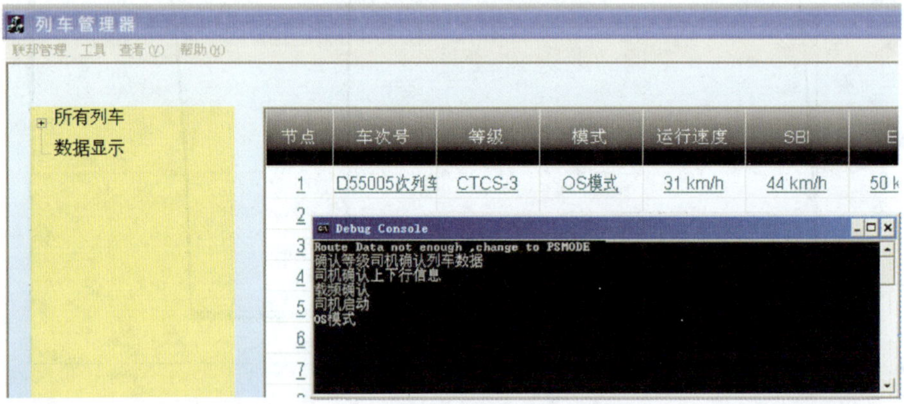

图 6-23　仿真列车管理器监控界面

功能定义：地面设备故障、列控车载设备显示禁止信号且列车停车后需继续运行，根据行车管理办法，经司机操作，列控车载设备按固定限制速度 40 km/h 监控列车运行，列车每运行一定距离(300 m)或一定时间(60 s)司机需确认一次，此模式即为目视行车模式。

功能描述：当新的进路占用与列车报告位置的时间间隔在 6 s 以内时，RBC 将向列车发送新的完全监控行车许可。否则列车将继续以目视行车模式(OS)运行。车载设备获得新的行车许可(MA)后，自动转为完全监控模式(FS)继续运行。

设计流程图(图 6-24)：

函数名称：void OnSendOSMA(struct_EVCInfo ＊p_EVCInfo)。函数功能：判断 OS 模式下发送 MA 的时机。函数接口的输入：列车管理数组。函数接口的输出：列车管理数组。

图 6-24 中，p_EVCInfo->Onstart 为计时标志位，true 为正处于计时状态，false 为还未开始计时；p_EVCInfo->OSFlag 为 MA 发送标志位，true 为需要发送 MA，False 为不需要发送 MA；p_EVCInfo->Secseries[16]为计时所对应的区段编号。

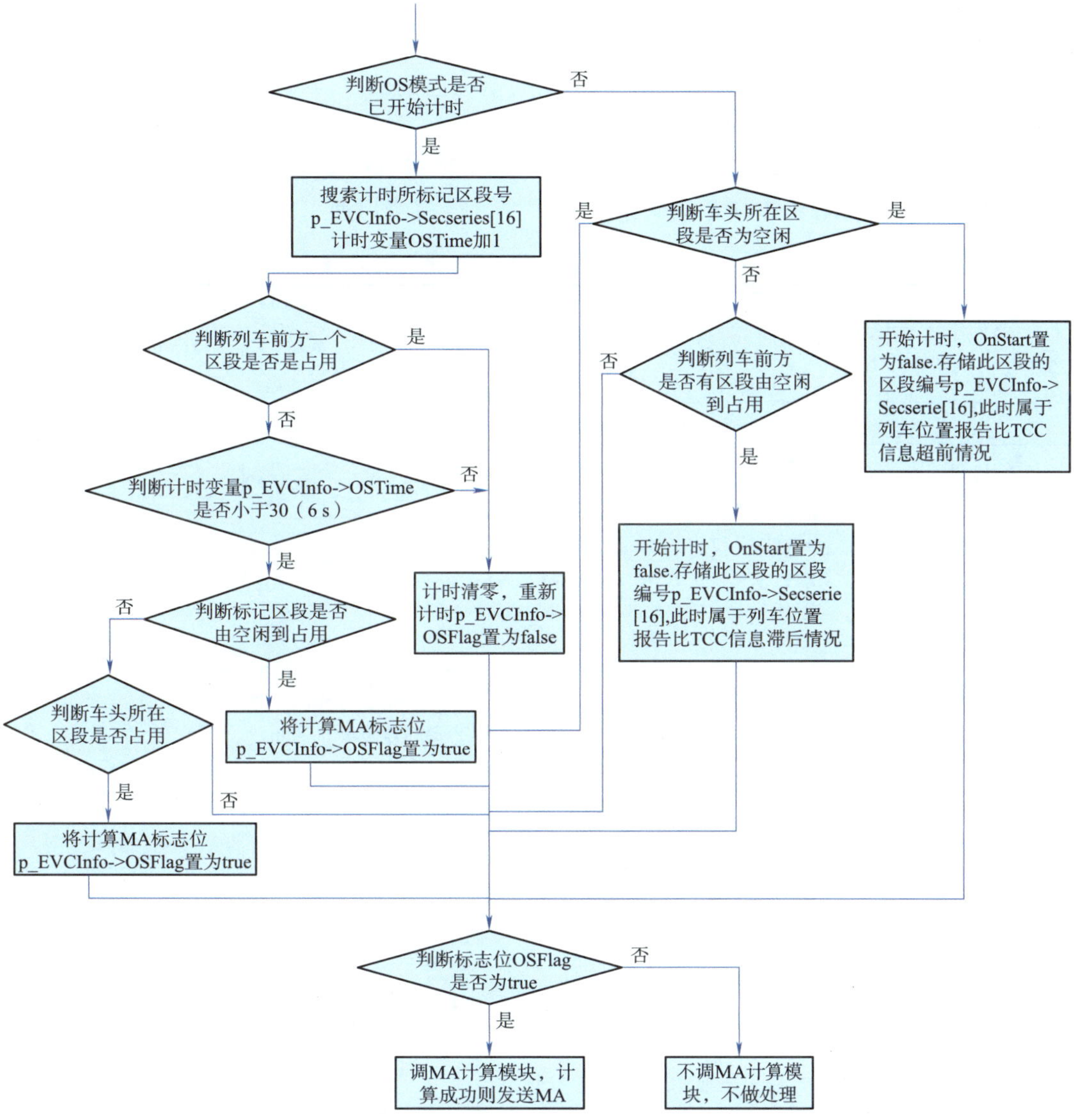

图 6-24 OS 模式下发送 MA 的时机判断流程

总体来说，仿真支撑的基础就是功能模型，能够详细体现具体设备的具体实现过程，事件发生的时间、列车的状态等对于功能模型结果都没有什么影响，功能模型是最忠于系统规范的。仿真支撑的场景模型描述针对列车运行过程中常见的一些小事件的基本流程进行完整的描述，为单车运行控制模型仿真构建场景。单车运行控制模型能够体现某些小事件对于某列车的运行过程的影响，如果进一步聚合，可能该影响就很难在宏观上得到体现，当然，也可能该小事件会造成蝴蝶效应，对于全路网造成十分大的影响，这就需要进一步进行分析，选择适合的多分辨率层次进行仿真体现。

三、列控系统多分辨率模型再现运行计划的仿真验证

为了验证列控系统多分辨率模型能够再现列车正常运行的状态，并验证在事件注入情况

下再现列车特殊状况下运行的状态，实验室在汉宜（武汉—宜昌）铁路进行了真车正常及特殊情况下追踪运行的试验。基于列车试验计划，参考在试验中采集的部分列车运行数据，结合线路数据，根据规范，可以分析推断补充得到车地的全部通信数据，再现各个列车的运行过程，在仿真平台进行多分辨率的场景再现。

试验的行车计划见表 6-6。其中，CRH5-127 和 CRH5-129 是特殊情况下追踪运行的两列列车，CRH5-131 和 CRH5-133 是正常情况下追踪运行的两列列车。

表 6-6　试验行车计划

<table>
<tr><td colspan="2">编　号</td><td colspan="7">YJ-HY-08</td></tr>
<tr><td>序号</td><td>机车号</td><td>汉川
77 km</td><td>天门南
114 km</td><td>仙桃西
145 km</td><td>潜江
165 km</td><td>荆州
235 km</td><td>枝江北
279 km</td><td>宜昌东
323 km</td></tr>
<tr><td colspan="9">下　　行</td></tr>
<tr><td rowspan="2">1</td><td rowspan="2">CRH5-127</td><td>5G 停、开→下行线</td><td>3G 停、开→下行线</td><td>ⅠG 通过→下行线</td><td>3G 停、开→下行线</td><td>3G 停、开→下行线</td><td>3G 停、开→下行线</td><td>3G 停</td></tr>
<tr><td colspan="7">1. CRH5-127 汉川站 5G 停车，等待试验指挥通知后 5G 发车进下行线。
2. CRH5-127 抵达 K875+000 时人工限速 30 km/h，等待试验指挥通知后取消限速。
3. CRH5-127 天门南站 3G 停车 1 min。
4. CRH5-127 仙桃西站ⅠG 通过不停车。
5. CRH5-127 潜江站 3G 停车等待 CRH5-129 到达，接到试验指挥通知后 3G 发车进下行线。
6. CRH5-127 荆州站 3G 停车 2 min。
7. CRH5-127 枝江北 3G 由于突发事件（站台落物），停车 30 min。
8. CRH5-127 宜昌东 3G 停车。</td></tr>
<tr><td rowspan="2">2</td><td rowspan="2">CRH5-129</td><td>ⅠG 通过→下行线</td><td>3G 停、开→下行线</td><td>ⅠG 通过→下行线</td><td>5G 停、开→下行线</td><td>ⅠG 通过→下行线</td><td>ⅠG 通过→下行线</td><td>7G 停</td></tr>
<tr><td colspan="7">1. CRH5-127 到达约 K875+000 时，CRH5-129 汉口站发车进下行线。
2. CRH5-129 汉川站ⅠG 通过不停车。
3. CRH5-129 天门南站 3G 停车 1 min。
4. CRH5-129 仙桃西站ⅠG 通过不停车。
5. CRH5-129 潜江站 5G 由于道岔故障，停车 35 min。
6. CRH5-129 抵达 K985+500 时，CTC 向车载设备发送无条件紧急停车消息 UEM，列车紧急停车，等待试验指挥通知后取消紧急停车。
7. CRH5-129 荆州站ⅠG 通过不停车。
8. CRH5-129 枝江北ⅠG 通过不停车。
9. CRH5-129 宜昌东 7G 停车。</td></tr>
<tr><td rowspan="2">3</td><td rowspan="2">CRH5-131</td><td>ⅠG 通过→下行线</td><td>ⅠG 通过→下行线</td><td>3G 停、开→下行线</td><td>Ⅰ通过→下行线</td><td>3G 停、开→下行线</td><td>3G 停、开→下行线</td><td>3G 停</td></tr>
<tr><td colspan="7">1. CRH5-131 汉口站 5G 停车，等待试验指挥通知后 5G 发车进下行线。
2. CRH5-131 汉川站停车 1 min。
3. CRH5-131 天门南站通过不停车。
4. CRH5-131 仙桃西站 3G 停车 1 min。
5. CRH5-131 潜江站通过不停车。
6. CRH5-131 荆州站 3G 停车 1 min。
7. CRH5-131 枝江北 3G 停车，等待试验指挥通知后 3G 发车进下行线。
8. CRH5-131 宜昌东 3G 停车。</td></tr>
</table>

续上表

编　号		YJ-HY-08						
序号	机车号	汉川 77 km	天门南 114 km	仙桃西 145 km	潜江 165 km	荆州 235 km	枝江北 279 km	宜昌东 323 km
下　行								
4	CRH5-133	ⅠG通过→ 下行线	ⅠG通过→ 下行线	ⅠG通过→ 下行线	ⅠG通过→ 下行线	ⅠG通过→ 下行线	3G通过→ 下行线	7G停
		1. CRH5-131从汉川站发车4 min后,CRH5-133汉口站发车进下行线。 2. CRH5-133汉川站ⅠG通过不停车。 3. CRH5-133天门南站ⅠG通过不停车。 4. CRH5-133仙桃西站ⅠG通过不停车。 5. CRH5-133潜江站ⅠG通过不停车。 6. CRH5-133荆州站ⅠG通过不停车。 7. CRH5-133枝江北3G减速通过,不停车。 8. CRH5-133宜昌东7G停车。						
备注:试验期间CRH5-127、CRH5-129、CRH5-131、CRH5-133各站停车时间及行车速度在不违反行车有关规定前提下可由试验指挥人员通知调整。								

各个列车的进路安排如图6-25～图6-28所示。

一般来说,实时的列车位置数据可以通过截取车地通信的列车位置报告进行获得。但是,在试验中,为了不影响列控系统的正常运行,在试验车上安装了卫星定位设备,以获得列车实时的经纬度信息,将列车实时的经纬度信息实时地和铁路的轨道数字地图数据库进行匹配处理,得到列车实时的里程值,该里程值的误差范围小于100 m。试验获得包括地图匹配收到的列车经纬度数据和匹配后得到的里程数据,部分原始数据如下:

10:29:59≫$MapMatch

Send:ff,7e,29,00,81,79,53,d7,4f,ce,09,0a,00,17,a6,07,0d,00,0a,4b,10,01,02,07,00,00,00,04,a6,d6,ad,bd,b1,b1,be,d5,00,00,00,00,00

10:29:59≫$MapMatch

Receive: ff, 7e, 24, 00, 01, 7a, 53, d7, 4f, 1b, 46, 03, 00, 501291, 112.600256389, 30.370186389,0.000000,03,985482,0.000000

10:29:59≫$MapMatch

Send:ff,7e,29,00,81,7a,53,d7,4f,1b,46,03,00,2b,a6,07,0d,00,34,09,0f,01,00,06,00,00,00,01,a3,be,dd,d6,be,d5,00,00,00,00,60,94,00

10:30:01≫$MapMatch

Receive: ff, 7e, 24, 00, 01, 7b, 53, d7, 4f, f7, 5a, 08, 00, 501271, 111.764611667, 30.481139722,0.000000,02,1067786,0.000000

关于该数据,有接收的卫星定位数据和发送的匹配结果数据两个方向,“Receive”开头的数据包括了接收到的时间戳、列车的车载设备ID、经纬度、速度等信息,“Send”开头的数据包括了列车的车载设备ID、经处理得到的对应时间戳的列车经过的公里标、列车方向等信息。将时间戳对应的两个信息结合,可以得到车载设备ID、时间、列车经过的公里标、方向、速度等信息。在测试过程中,列车的限速为210 km/h。

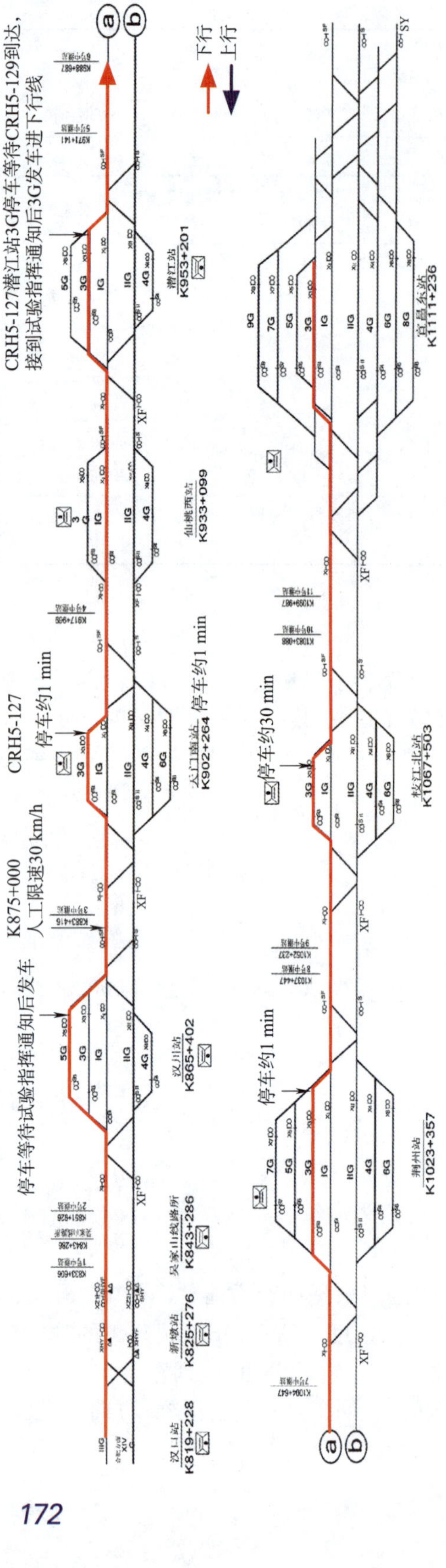

图6-25　CRH5-127的进路安排

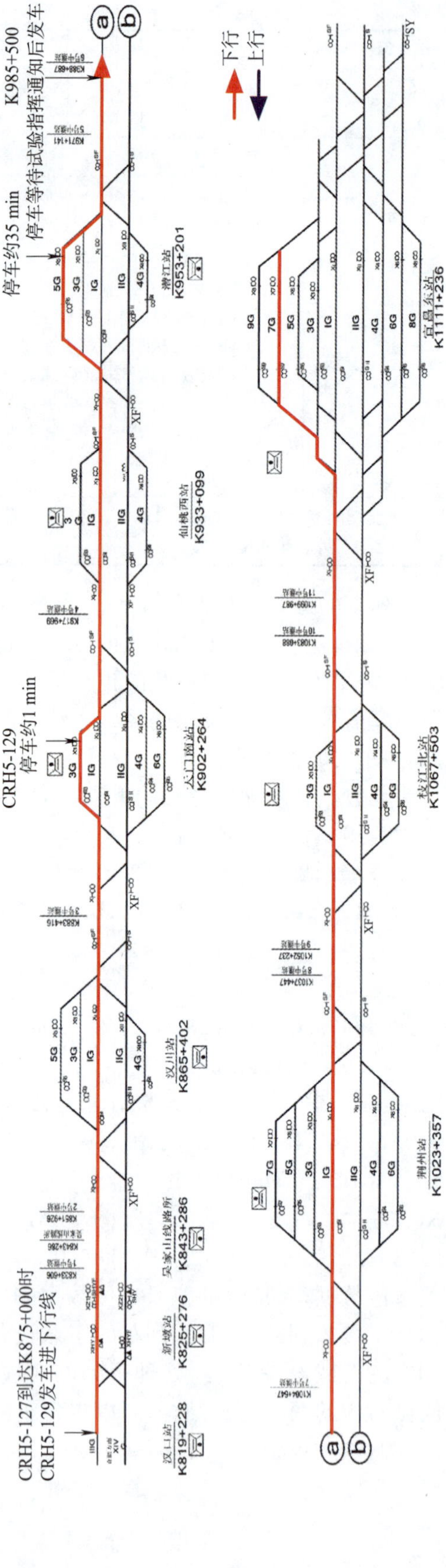

图6-26　CRH5-129的进路安排

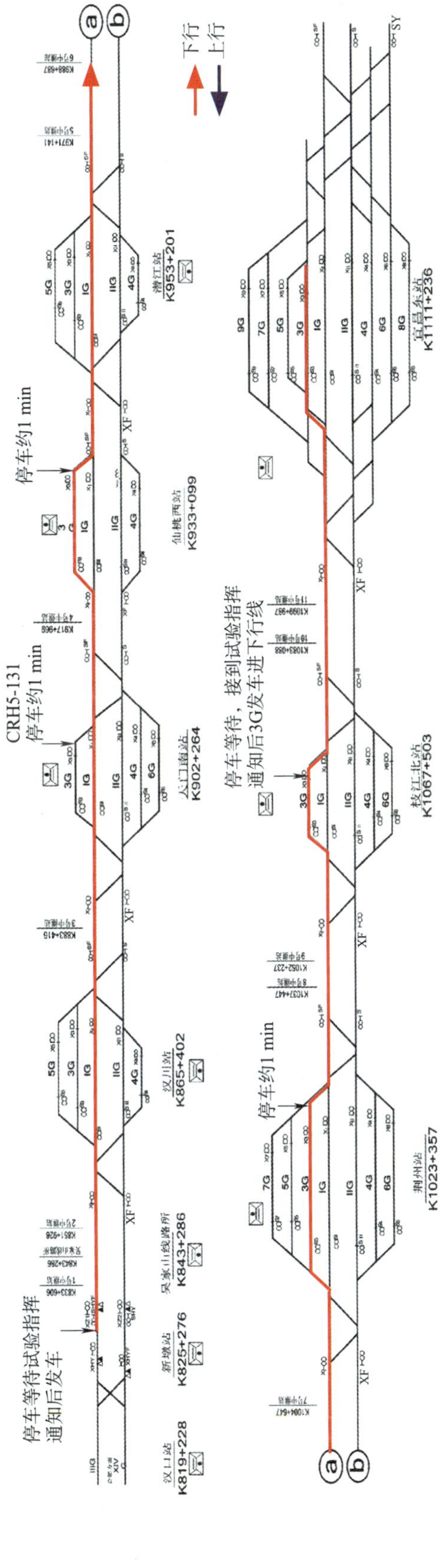

图6-27　CRH5-131的进路安排

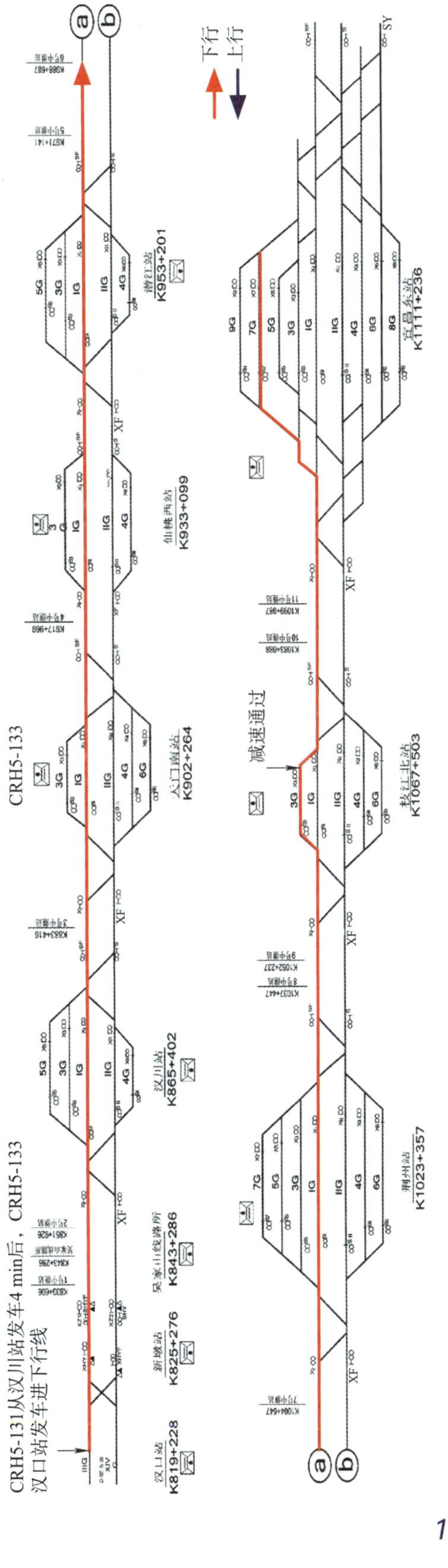

图6-28　CRH5-133的进路安排

将测试数据替代仿真系统的部分输入数据，作为多分辨率模型的数据输入。将列车经过的公里标处理，可以近似得到列车在线路上运行的实时的里程值，从而可以得到四列列车在实际运行过程中里程与时间的关系如图 6-29 所示。

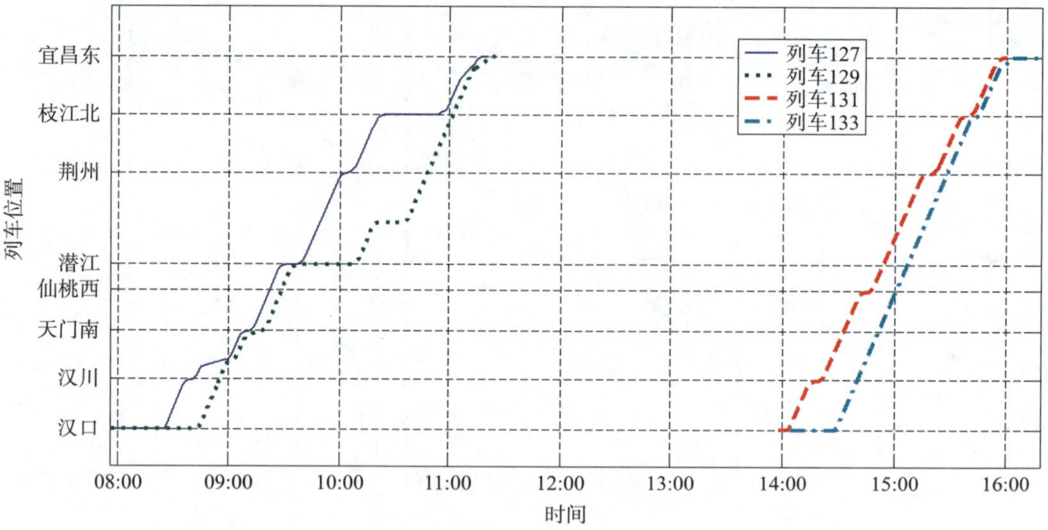

图 6-29　实际试验列车运行过程

首先令模型不进行分辨率变化，按照试验计划，只运行单一分辨率的多车追踪运行控制模型，得到的四列列车的仿真运行图如图 6-30 所示。

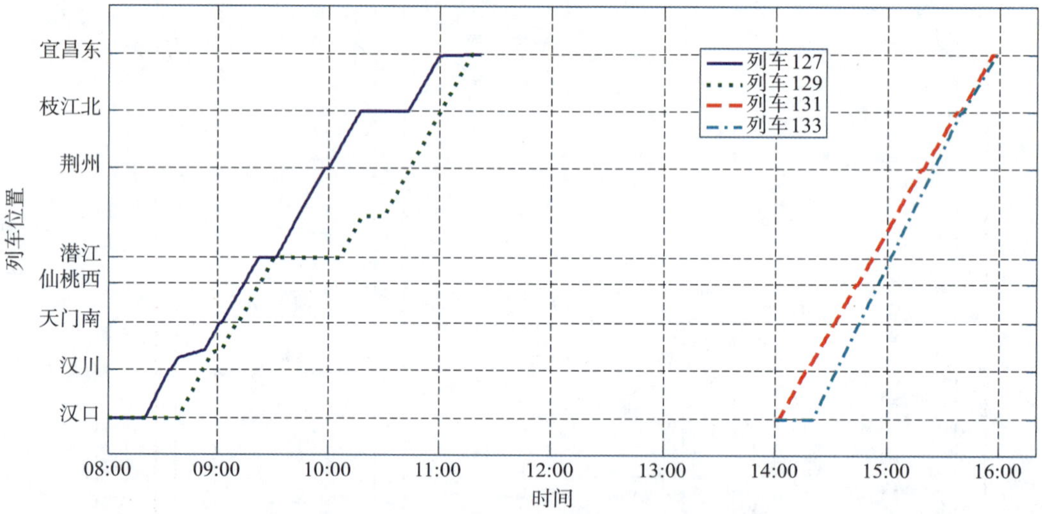

图 6-30　多车模型单一分辨率仿真得到的列车运行过程

将列车实际运行的结果和仿真结果进行比较，可以看出，按照试验计划，进行单一分辨率仿真，运行图的各个列车运行的趋势是一致的。进一步比较，由于实际测试的时间与列车仿真设置的时间存在差异，因此近似的统一时间轴，以各个列车启动的时间为零点，按照列车运行的相对时间作为横轴，将真实数据与仿真结果做差，四列列车位置的误差如图 6-31 所示。

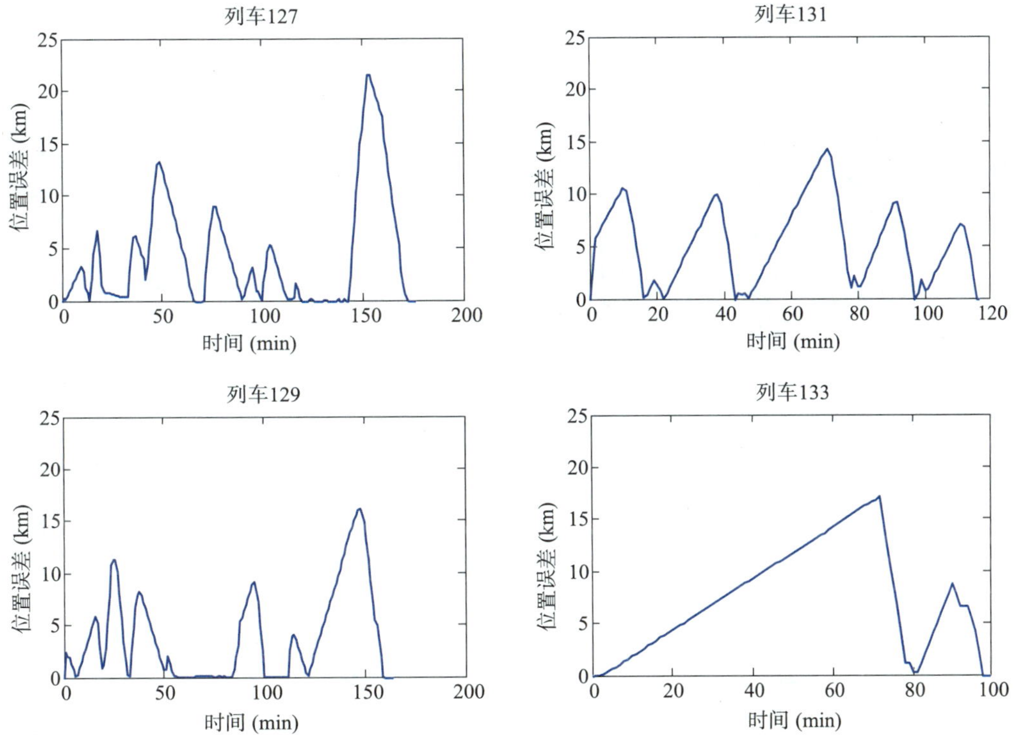

图 6-31 仿真数据与真实数据比对四列列车位置的误差

可以看出，仿真数据与真实数据的误差普遍在 15 km 以内，误差最大值出现在列车 127 的 160 min 时刻左右。结合试验计划来看，列车位置的误差的较小值一般存在于列车运行抵达车站的时刻，这是由于列车抵达车站的时间是按照试验计划进行的，仿真与真实基本一致。误差出现的主要原因在于多车追踪运行控制模型的分辨率较低，不能很好地描述列车提速、降速等过程，表现较为粗糙，从而使得在出站后，仿真与真实数据在短时间之内产生了很大的差别。存在误差最大的是列车 127，由于试验计划中，列车 127 的许多控制命令的下达(比如临时限速、根据调度指挥发车等等)与人因有着很大的关系，这些在仿真过程中较低分辨率的多车协同控制功能仿真模型和多车追踪运行仿真模型也没有详细的描述，从而使得误差较大。

针对此类情况，应用多分辨率建模思想，在仿真运行过程中进行模型分辨率的切换，在列车降速及提速过程应用较高分辨率的单车运行控制模型；在列车运行到最大许可速度时应用较低分辨率的多车追踪运行控制模型。执行同样的试验计划，仿真后，得到的多分辨率的运行结果，即四列列车的速度-距离曲线如图 6-32 所示。

经过对仿真结果的综合处理，将较高分辨率的运行结果映射到较低分辨率层次上，从而得到的经过多分辨率模型运行后的仿真列车运行轨迹如图 6-33 所示。

将列车实际运行的结果和多分辨率仿真结果进行比较，可以看出，按照试验计划，进行多分辨率仿真，运行图的各个列车运行的趋势与实际更加一致。同样，统一时间轴，按照列车运行的相对时间作为横轴，将真实数据与多分辨率仿真结果做差，四列列车位置的误差如图 6-34 所示。

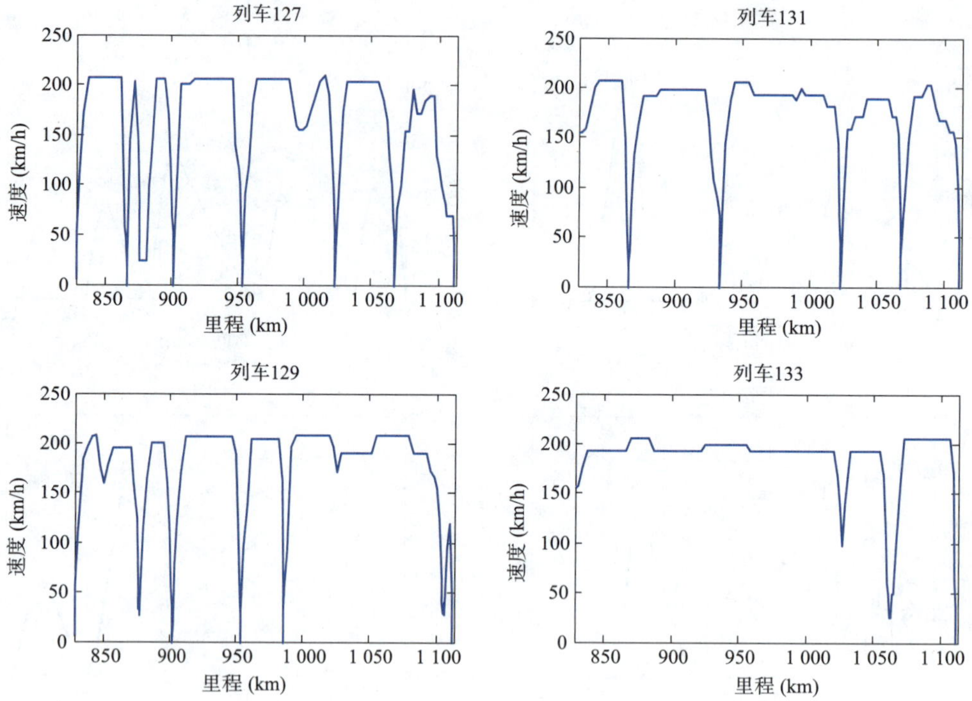

图 6-32　多分辨率仿真得到的列车速度-距离曲线

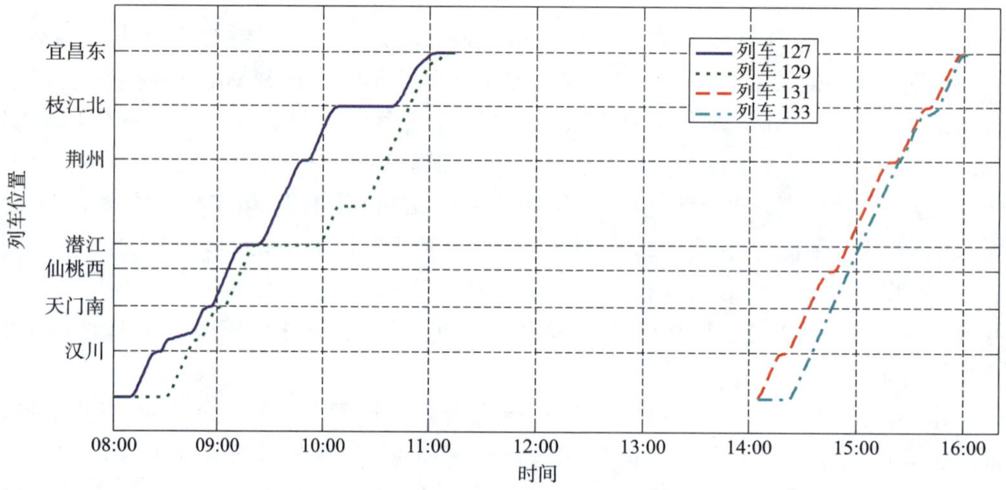

图 6-33　多分辨率仿真得到的列车运行过程

可以看出，多分辨率模型的运行能够很好地处理列车的提速和减速过程，从而使得仿真得到的列车运行数据与真实数据更加逼近，将仿真数据与真实数据的差值控制在了 5 km 之内，只有列车 133 的部分路段运行的差值在 5～10 km 之间。结合试验计划，该部分差值主要出现在列车 133 紧密追踪列车 131 的过程中，两列列车之间的距离很近，列车 133 的运行状态与司机的驾驶习惯这种不可控因素极其相关，而这些在多分辨率模型中较难描述，从而使得列车运行过程中的仿真的列车位置与真实的列车位置数据存在一些差异。

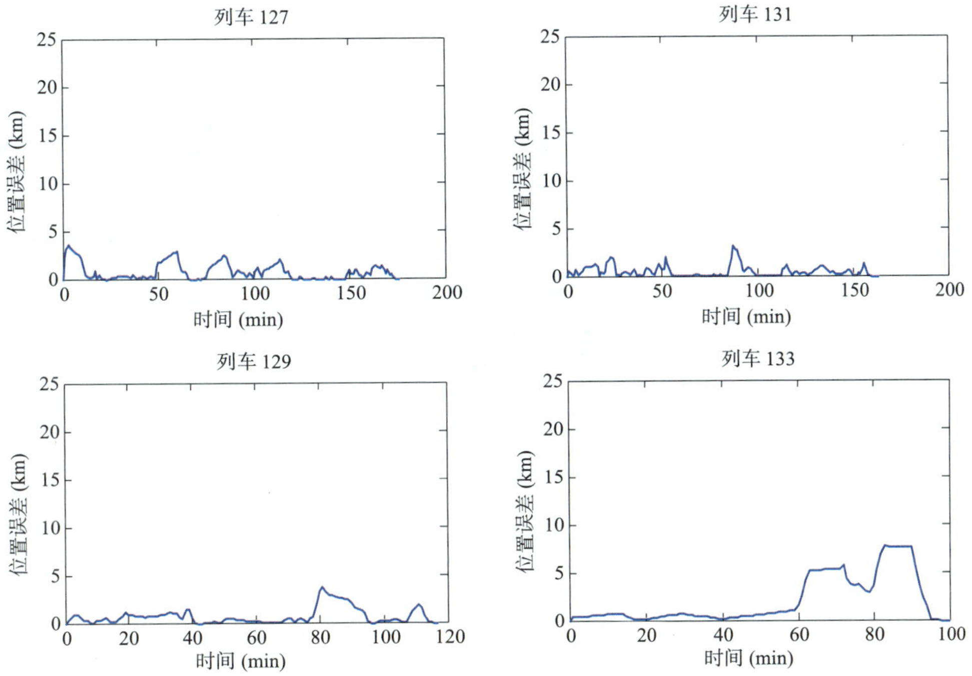

图 6-34　多分辨率仿真数据与真实数据比对四列列车位置的误差

综上所述，多分辨率模型能够根据列车的运行计划在仿真平台上进行实现，能够很好地再现列车在正常状态下以及特殊情况下的运行过程，经过和实际试验数据比对，仿真得到的结果较为精确，能够较为准确地刻画列车追踪运行的运行规律，很好地再现故障情况下的列车运行过程及相关单车的运行状态，验证了多分辨率建模思想在列控系统建模仿真中应用的有效性。

附录 名词术语英(缩略语)中对照

英文缩写	英 文 全 称	中 文 全 称
ADG	Attribute Dependency Graphs	属性依赖性关联图
API	Application Programming Interface	应用程序编程接口
ATO	Automatic Train Operation	列车自动驾驶
ATP	Automatic Train Protection	列车自动防护
BTM	Balise Transmission Module	应答器信息接收单元
CA	Cellular Automata	元胞自动机
CBI	Computer Based Interlocking	计算机联锁系统
CCS	Communication Calculus System	通信系统演算
CORBA	Common Object Request Broker Architecture	公共对象请求代理体系结构
CPN	Colored Petri Net	有色 Petri 网
CRC	Cyclic Redundancy Check	循环冗余校验码
CSM	Ceiling Speed Monitoring	顶棚速度监视
CSP	Communication Sequential Process	通信顺序进程
CTC	Centralized Traffic Control	调度集中
CTCS	Chinese Train Control System	中国列车运行控制系统
CTL	Computation Tree Logic	计算树逻辑
DAI	Distributed Artificial Intelligence	分布式人工智能
DC	Duration Calculus	时段演算
DE	Damage Expectancy	计算毁伤期望
DEVS	Discrete EVent system Specification	模型形式化描述规范
DIS	Digital Information System	数字化信息系统
DIS	Distributed Interactive Simulation	分布式交互仿真
DM	Declaration Management	声明管理
DMI	Driver Machine Interface	人机界面
DR	Dead Reckoning	导航推测
EASI	Environment as Active Support of Interaction	基于环境的交互模型
ETCS	European Train Control System	欧洲列车运行控制系统
EVC	Ethernet Virtual Connection	以太网虚连接
FEDEP	FEderation Development and Execution Process	联邦开发和执行过程模型
FED	File Execute Data	联邦执行数据文件
FMECA	Failure Modes Effects and Criticality Analysis	故障模式和效果分析方法

续上表

英文缩写	英文全称	中文全称
FOM	Federation Object Model	联邦对象模型
FRS	Functional Requirement Specification	功能需求规范
FS	Full Supervision Mode	完全监控模式
FTA	Fault Tree Analysis	故障树分析
GPRS	General Packet Radio Service	通用分组无线服务技术
GSM-R	GSM for Railway	铁路数字移动通信系统
GVT	Global Virtual Time	全局虚拟时钟
HAZOPS	HAZard and OPerability Study	操作风险研究
HCA	Hybrid Cellular Automata	混杂元胞自动机
HCSP	Hybrid Communicating Sequential Processes	混合通信顺序进程
HLA	High Level Architecture	高层体系结构
IHVR	Integrated Hierarchical Variable Resolution Modeling	综合层次化可变分辨率建模
ISDN	Integrated Services Digital Network	综合业务数字网
ITCS	Integrated Train Control System	增强型列控系统
JRU	Judicial Recording Unit	司法记录单元
LRBG	Lately Related Balise Group	最近相关应答器组
LTL	Linear Temporal Logic	线性时态逻辑
M&S	Modeling and Simulation	建模与仿真
MA	Movement Authorization	移动授权
MAS	Multi-Agent System	多智能体系统
MOM	Management Object Model	管理对象模型
MRE	Multi-Resolution Entities	多分辨率实体法
MRE	Multi-Resolution Entity	多分辨率实体
MRM&S	Multi-Resolution Modeling and Simulation	多分辨率建模与仿真
MRS	Multi-Resolution System	多分辨率系统
MR-DEVS	Multi-Resolution DEVS	多分辨率 DEVS 描述规范
MUD	Multiple User Dimension	多用户层面
OBE	On Board Equipment	车载设备
OM	Object Model	对象类型
OOAD	Object-Oriented Analysis and Design	采用面向对象方法
OS	On Sight Mode	目视行车模式
PDU	Protocol Data Unit	协议数据单元
PHA	Preliminary Hazard Analysis	预先危险分析
RBC	Raid Block Center	无线闭塞中心
RO	Receive Order	接收顺序

续上表

英文缩写	英 文 全 称	中 文 全 称
RTI	Run-Time Infrastructure	运行时支持环境
RTM	Radio Transmission Module	无线传输单元
SA	Signal Authority	信号授权
SCF	Service Control Functionality	调度智能体
SF	Signaling Functionality	信号智能体
SOM	Simulation Object Model	仿真对象模型
SRS	System Requirement Specifications	系统需求规范
SSP	Static Speed Profile	静态速度限制
STM	Specific Transmission Module	轨道信息接收单元
TAR	Time Advance Request	时间推进请求
TCC	Train Control Center	列控中心
TCP	Transmission Control Protocol	传输控制协议
THR/THRs	Tolerable Hazard Rate(s)	容许风险概率
TIU	Train Interface Unit	列车接口单元
TL	Temporal Logic	时序逻辑
TOF	Train Operation Functionality	列车控制智能体
TSM	Target Speed Monitoring	目标速度监视
TSO	Time Stamp Order	时间戳顺序
TSRS	Temporary Speed Restriction Server	临时限速服务器
TSR	Temporary Speed Restriction	临时限速
UML	Unified Modeling Language	统一建模语言
VV&A	Verification, Validation and Accreditation	校核、确认与验证
XML	Extensible Markup Language	可扩展标记语言

参考文献

[1] 汪希时. 智能铁路运输系统 ITS-R[M]. 北京:中国铁道出版社,2004.

[2] 苟晨曦. 列车运行控制系统多分辨率建模理论与方法研究[D]. 北京:北京交通大学, 2015.

[3] 钱立新. 世界高速铁路技术[M]. 北京:中国铁道出版社,2003.

[4] ERTMS/ETCS Class1. System Requirements Specification ISSUE 2. 2. 2. 1. 2,2002.

[5] 傅世善. 闭塞与列控概论[M]. 北京:中国铁道出版社,2006.

[6] 内田清五. 日本新干线列车制动系统[M]. 陈贺,等译. 北京:中国铁道出版社,2004.

[7] 科技运〔2004〕14 号 中国列控系统 CTCS 技术规范总则(暂行)[S].

[8] 唐涛,徐田华,赵林. 列控系统规范建模与验证[M]. 北京:中国铁道出版社,2010.

[9] Xiang YAN, Xinya SUN, Yindong JI. The Modeling and Simulation of High-Speed Railway Signal Equipment based on Component Technology[C]//2nd IEEE International Conference on Computer Science and Information Technology. New York:IEEE,2009: 73-77.

[10] 何文锋. 基于 UML 的 CTCS-3 级列控车载设备建模、仿真和测试研究[D]. 北京:北京交通大学,2009: 27-37.

[11] 王艳. 基于 UML 的有色 Petri 网建模及其在 CTCS3 中的应用[D]. 北京:北京交通大学,2009:53-66.

[12] 吴海俊. 模糊神经网络在列车制动控制中的建模及应用[D]. 北京:北京交通大学,2008:35-39.

[13] Shang Guanwei, Cai Baigen, et al. Multi-resolution simulation strategy and its simulation implementation of Train Control System. IEEE International Conference on Service Operations, Logistics, and Informatics (SOLI). Beijing, China, 2011, pp: 579-583.

[14] 贾斌,高自友. 基于元胞自动机的交通系统建模与模拟[M]. 北京:科学出版社,2007.

[15] 刘宝宏. 多分辨率建模的理论与关键技术研究[D]. 长沙:国防科技大学,2003.

[16] IEEE Std 1516. 4-2007. IEEE Standard for Modeling and Simulation(M&S) High Level Architecture (HLA)-Verification, Validation and Accreditation of a Federation [S]. IEEE Computer Society, Institute of Electrical and Electronics Engineers, Inc. , NewYork,USA,2007.

[17] 科技运〔2008〕144 号 CTCS-3 级列控系统应答器应用原则(V 1. 0)[S].

[18] 刘宝宏,黄柯棣. 分布交互式仿真中的多分辨率模型并发运行问题研究[J]. 系统仿真学报,2007, 19(5):1038-1040,1077.

[19] 彭其渊,王慈光. 铁路行车组织[M]. 北京:中国铁道出版社,2007.

[20] 张家详. HLA 仿真技术应用教程[M]. 北京:国防工业出版社,2007.

[21] 倪建军. 复杂系统多 Agent 建模与控制的理论及应用[M]. 北京:电子工业出版社,2011.

[22] 隽志才. 交通系统建模与仿真[M]. 北京:科学出版社,2011.

[23] 科技运〔2008〕34 号. CTCS-3 级列控系统总体技术方案[S].

[24] 刘兴堂. 复杂系统建模理论、方法与技术[S]. 北京:科学出版社,2008.